DIE UNTERSEEBOOTE
ISLAND
FARÖER-INSELN
SHETLAND-INSELN
SCAPA FLOW
ORKNEY-INSELN
LOCH EWE
Malin Head
Glasgow
NORDSEE
IRLAND
GROSS-BRITANNIEN
Queenstown
Fastnet Rock
Old Head of Kinsale
SCILLY-INSELN
Plymouth
Harwich
London
Folkestone
STRASSE VON DOVER
ARMELKANAL
Brest
Lorient
Saint-Nazaire
BRETAGNE
La Pallice
GOLF VON BISCAYA
Bordeaux
FRANKREICH
Paris
Vichy
Kap Gris-Nez
BELGIEN
FLANDERN
NIEDERLANDE
Den Haag
Wilhelmshaven
Helgoland
Kiel
Hamburg
Bremen
Berlin
DÄNEMARK
NORWEGEN
Bergen
Trondheim
SCHWEDEN
FINNLAND
OSTSEE
RUSSLAND
DEUTSCHLAND
Nürnberg
München
Zürich
ALPEN
EUROPA
SCHWARZES MEER
BALKAN
Gallipoli
DARDANELLEN
TÜRKEI
ADRIA
ITALIEN
Sizilien
Kap Passero
Malta
MITTELMEER
SPANIEN
PORTUGAL
Lissabon
Kap São Vicente
Gibraltar
STRASSE VON GIBRALTAR
AZOREN
MADEIRA
KANARISCHE INSELN
SPANISCH-SAHARA
KAPVERDISCHE INSELN
Dakar
SIERRA LEONE
Freetown
LIBERIA
AFRIKA

Die deutschen

UNTERSEEBOOTE

im 1. und 2. Weltkrieg

Douglas Botting

Die deutschen UNTERSEEBOOTE im 1. und 2. Weltkrieg

Gondrom

Lizenzausgabe für Gondrom Verlag GmbH, Bindlach 2001

ISBN 3-8112-1853-0

Der Umwelt zuliebe gedruckt auf chlorfrei gebleichtem Papier.

Inhalt

Nußschalen aus Stahl durchstreifen die See

Romantiker und Propagandaleute nannten sie die Grauen Wölfe. Ihre Opfer verfluchten sie als Piratenschiffe. Die Männer, die auf ihnen fuhren, bezeichneten sie eher als eiserne Särge. Wie auch immer sie benannt wurden, die Unterseeboote, abgekürzt U-Boote, waren in zwei Weltkriegen die Hauptwaffe der deutschen Kriegsmarine und erzielten so durchschlagende Erfolge, daß sie um ein Haar Großbritanniens lebenswichtige Zufuhren über See völlig abgewürgt hätten.

In beiden Kriegen zusammen wurden fast 8000 Handelsschiffe und Kriegsschiffe von U-Booten versenkt. Hunderttausende von Menschen verloren dabei ihr Leben. Daß die U-Boote nicht endgültig die Oberhand gewannen, lag in beiden Kriegen an der übermächtigen Stärke der Alliierten und wurde durch ihre eigene hohe Verletzlichkeit bedingt. Bis zum Ende des Zweiten Weltkrieges waren insgesamt 962 U-Boote vernichtet worden, und fast die Hälfte aller U-Bootfahrer, etwa 33 000 Mann, war in ihren Booten umgekommen. Die einzelnen Gefechte dieses brutalen Kampfes waren im allgemeinen von begrenztem Umfang: eine Handvoll entschlossener Männer in winzigen stählernen Nußschalen, die in der Weite der See den Feind aufspürten.

Offiziere und Mannschaften der U-Boote wurden indes zu Nationalhelden, den mittelalterlichen Rittern der deutschen Sagen vergleichbar. Das entsprang dem sehr persönlichen Einsatz, den gerade ihre Art der Kriegführung bedingte. Claus Bergen, ein Kunstmaler, der im Ersten Weltkrieg die Taten der deutschen Flotte in Bildern festhielt, trug dazu bei, den U-Bootmännern ein Denkmal zu setzen. Auf seinen Gemälden sind sie Helden, die auf ihren grauen, stählernen Schlachtrossen die weite See beherrschen. Im Juni und Juli 1917 nahm Bergen an Bord von U 53 an einer wagemutigen Fernfahrt in den Nordatlantik teil. Kommandant war Oberleutnant zur See Hans Rose, und die Feindfahrt führte zu den entscheidend wichtigen alliierten Schiffahrtswegen vor der Küste Irlands. Aufmerksam beobachtete und skizzierte Bergen für seine späteren Gemälde die Freude und die Langeweile, die Traurigkeit und die Befriedigung einer zweimonatigen Feindfahrt.

Der Maler erlebte das Zusammentreffen mit U-Bootjägern, mußte Wasserbombenangriffe überstehen und sah zu, wie feindliche Schiffe torpediert, durch Sprengladungen oder durch Geschützfeuer versenkt wurden. Die Aussicht auf Kampf war allgegenwärtig, und der Tod blieb ständiger Begleiter in der langen Nacht des Krieges unter den Wogen.

Bergen malte seine Bilder in dem Bewußtsein, daß denen, die in ihren U-Booten starben, nur wenige Denkmäler gesetzt würden. Er schrieb: „Keine Kreuze, keine Blumen bezeichnen die letzte Ruhestätte der Helden, die in ihren durchlöcherten und zerschlagenen stählernen Särgen liegen.“

Die Morgenröte wirft erste Lichter auf den Nordatlantik, als U 53 einem heimfahrenden Boot begegnete. „Wie klein das graue Ding in der Weite des Ozeans aussah“, meinte Bergen. „Die Besatzungen beider Boote drängten sich auf dem Turm, um Zeuge dieses frohen Treffens zu werden.“ Während ein Signalgast auf U 53 einen Spruch mit Winkflaggen absetzt, ruft Rose das andere Boot durch Megaphon an, um neue Feindmeldungen zu erhalten.

CLAUS BERGEN

Mit einem Schuß vor den Bug zwingt die Geschützbedienung von U 53 den britischen Segler „Atlantic“ vor den Hebriden zum Beidrehen. Nachdem die Besatzung der „Atlantic“ in die Boote gegangen war, wurde ihr Schiff von U 53 durch Geschützfeuer versenkt. Bergen sagte: „Nur die Notwendigkeit, jedes Schiff im Kriegsgebiet zu versenken, konnte die Trauer zurückdämmen, die jeder echte Seemann beim Anblick der Vernichtung eines so herrlichen Seglers empfindet.“

Ein alliierter Frachter wird mit Sprengladungen versenkt, nachdem seine Besatzung in die Rettungsboote gegangen ist. Das deutsche Sprengkommando rudert zu U 53 zurück. „Der Druck von Luft und Wasser“, schrieb Bergen, „bläst eine kleine schwarze Rußwolke aus dem Schornstein, die sogenannte ‚Schwarze Seele‘ – das Lebewohl eines Dampfers auf seinem Weg zum Meeresgrund.“

Höhnisch bedenkt die Besatzung von U 53 das Vorbeigleiten des Sehrohres des britischen U-Bootes J 6 mit Schimpfworten. Es hatte in der Nähe der Shetland-Inseln erfolglos versucht, ihr eigenes Boot zu torpedieren. Nach Fehlschüssen auf nahe Entfernung gab J 6 den Angriff auf und lief unter Wasser ab. Das seltene Ereignis des Angriffs eines U-Bootes auf ein anderes geschah sechs Wochen bevor Bergen auf U 53 einstieg. Auf Drängen der U-Bootbesatzung hat er die Szene rekonstruiert.

Kapitel 1

Die Erprobung einer furchtbaren neuen Waffe

Leere Patronenhülsen von Maschinengewehren lagen im November 1945 überall verstreut zwischen dem dürren Herbstlaub auf dem Innenhof des Justizpalastes in Nürnberg. Zwei deutsche SS-Divisionen hatten in dieser Stadt letzten Widerstand geleistet, hatten fast eine Woche standgehalten, bis amerikanische Artillerie und Jagdbomber sie vertrieben. Jetzt, sechs Monate nach der Kapitulation, sah der Ort immer noch aus, als würde er belagert. Die zerstörte Stadt war von einem Ring amerikanischer Infanterie und Flakgeschütze umgeben; Jagdflieger standen nicht weit entfernt auf dem Flugplatz in Alarmbereitschaft. Fünf Sherman-Panzer bewachten den Justizpalast, in dessen Innenhof und Fluren Soldaten an Maschinengewehren hinter Sandsackbarrieren hockten. Im Gefängnisblock neben dem Gerichtsgebäude, in dem 21 führende Persönlichkeiten des III. Reiches auf ihren Prozeß vor dem Internationalen Militärgericht warteten, hielten Soldaten in Stahlhelmen Tag und Nacht scharfe Wache.

Unter den an diesem bedrückenden Platz Eingekerkerten befand sich einer von Deutschlands hervorragendsten Marineoffizieren – der ehemalige Großadmiral Karl Dönitz. U-Bootkommandant im Ersten Weltkrieg, Befehlshaber der U-Boote im Zweiten Weltkrieg, dann Oberbefehlshaber der deutschen Kriegsmarine und schließlich Hitlers Nachfolger als Staatsoberhaupt, bewohnte Dönitz jetzt eine Zelle von vier mal zwei Metern mit kaltem Steinfußboden und schmutzigen Backsteinwänden. Das ganze Mobiliar bestand aus einem wackeligen Sperrholztisch, einem Stuhl, einem eisernen Bettgestell mit einer muffigen Matratze und fünf amerikanischen Militärdecken sowie einem Klosettbecken ohne Sitz. Bei Tage drang fahles Zwielicht durch ein winziges Fenster oben in der Zellenwand. Nachts füllte eine starke elektrische Lampe die Zelle mit grellem, quälendem Lichtschein, der das Schlafen außerordentlich erschwerte. Die Nacht war die schlimmste Zeit. Nie herrschte auch nur für einen Augenblick Ruhe bei dem endlosen Geschwätz der jungen amerikanischen Soldaten vor der Tür, den widerhallenden Geräuschen auf den Steinfußböden der Gefängnisflure, dem Klirren der Kette am Guckloch in der Eisentür der Zelle und dem schweren, gemessenen Stampfen von Hermann Görings Stiefeln, wenn er in seiner nahen Zelle auf- und abschritt – drei Schritte in der einen Richtung, drei Schritte zurück –, immer und immer wieder.

Der Gefangene Karl Dönitz machte keine Schwierigkeiten. Mit dem Leben im Gefängnis fand er sich ganz gut ab, hielt seine Zelle sauber und seine Notizbücher wie Schreibutensilien in guter Ordnung. Sein Intelligenzquotient (IQ) lag – nach einem psychologischen Test der U.S. Army – mit 138 erheblich über dem Durchschnitt, und er offenbarte ein hohes Maß an schöpferischen Fähigkeiten, die ihm bei seinen Mitgefangenen Anerkennung erwarben. Viel Zeit verbrachte er mit dem Lesen englischer Dichtung und Prosa. Trotzdem blieb Dönitz ein verbitterter, desillusionierter Mensch. War er doch der Meinung, daß er überhaupt nicht als Gefangener gehalten werden dürfe und sich schon gar nicht vor Gericht verantworten müsse. Nach seiner eigenen Einschätzung war er keines Verbrechens schuldig.

Major Airey Neave, ein britischer Offizier, dem die Aufgabe zufiel, Dönitz in seiner Zelle bei der Bearbeitung der gegen ihn erhobenen Anklage behilflich zu sein, erinnerte sich, daß Dönitz' müde Augen plötzlich aufblitzten, als er die gegen ihn vorgebrachten Beschuldigungen las – Verschwörung, Verbrechen gegen den Frieden, Kriegsverbrechen – und sich von Grau zu einem scharfen, kalten Blau wandelten. Ein Ausdruck äußerster Verachtung flog über sein Gesicht.

„Welcher Verschwörung bin ich angeklagt?" fragte er. „Ich habe einen ehrenhaften Krieg gegen Ihr Land geführt."

Später, während seines Verfahrens, erklärte er: „Ich habe die Marine bis in den letzten Winkel sauber und anständig gehalten." Was Dönitz dabei nie

Mit der gleichmütigen, aber scharfen Aufmerksamkeit erfahrener Jäger stehen zwei Ausguckposten auf einem U-Boot auf Wache. Ihren aus dem Bootsinneren herauskletternden Kameraden beachten sie nicht. Mindestens vier Mann – zwei sind nicht zu sehen – waren zu jeder Zeit, die ein U-Boot aufgetaucht fuhr, als Ausguckposten eingeteilt, die stets alle Himmelsrichtungen nach Anzeichen feindlicher Schiffe abzusuchen hatten.

zu erfassen schien, war die der Anklage zugrunde liegende Auffassung. Denn gerade wegen seiner Erfolge als Führer der U-Boote stand er vor dem Internationalen Militärgericht. Er war als der herausragendste Verfechter der Unterwasserkriegführung der Geschichte angeklagt. Und in gewisser Weise teilten die vielen tausend Männer, die während der beiden Weltkriege in den U-Booten der deutschen Kriegsmarine gedient hatten, mit ihm den Platz auf der Anklagebank. Auch die von ihnen benutzte Waffe stand unter Anklage: das deutsche Unterseeboot, etwas Einmaliges in der modernen Kriegführung und das am meisten gefürchtete und gehaßte Schiff in den Annalen der Marine.

Zweimal in einem Zeitraum von 25 Jahren, in den kritischsten Stadien beider Weltkriege, besaßen nur die U-Boote die Macht, den Krieg zu Deutschlands Gunsten zu entscheiden. Beide Male hätten sie bei ihrem Versuch, England von seiner Versorgung abzuschneiden und zu Verhandlungen zu zwingen, fast den Sieg errungen. Beide Male wurden sie durch den Kriegseintritt der Vereinigten Staaten daran gehindert. Im Jahre 1917 wie im Jahre 1942 waren die U-Boote so nahe daran, den Krieg zu gewinnen, daß sich behaupten ließe, der Lauf der Geschichte sei zu beiden Zeitpunkten nur von ein paar Dutzend deutschen Unterseebooten und den tapferen Männern in ihnen entscheidend beeinflußt worden.

In seiner Eigenschaft als Waffe gegen die zivile Schiffahrt verkörperte das U-Boot den Vorreiter der neuen Erscheinung, die „Totaler Krieg" genannt wird – einen Zustand uneingeschränkter, allumfassender Kriegführung mit praktisch jedem Mittel, das den Feind niederwerfen kann. Unausweichlich warf die Vernichtung von Handelsschiffen und das Töten von Zivilpersonen durch die U-Bootfahrer die Frage der Rechtmäßigkeit ihrer Unternehmungen im Sinne des Völkerrechts auf. Aber die rein juristische Auseinandersetzung wurde von einer Woge aus Haß und Abscheu in den Völkern, die Opfer waren, überspült. Übermäßiger militärischer Eifer und unverhohlene Gefühllosigkeit gewisser U-Bootkommandanten, unbeabsichtigte Tragödien und offensichtlich gewollte Greueltaten – all die dunklen Aspekte der Kriegführung mit U-Booten weckten ein Gefühl allgemeiner Empörung. Die U-Bootfahrer – ob zu Recht oder Unrecht – wurden im Ersten Weltkrieg als barbarische Piraten und im Zweiten Weltkrieg als fanatische Nazis geschmäht. Waren sie aber wirklich Piraten – oder doch nur Berufssoldaten und Seeleute, die ihre Pflicht taten?

Die charakteristischen Eigenschaften des U-Bootes trugen teilweise Schuld an der Fragestellung. Das U-Boot war unsichtbar; es hielt sich nicht an die überlieferten Spielregeln; es verfügte über Vorteile, die als unfair angesehen wurden; es führte den Krieg auf See wie die Kommandotruppen an Land – es schlug zu und verschwand. Es wurde so sehr gefürchtet und so tief gehaßt, daß im Zweiten Weltkrieg das Britische Empire wie die Vereinigten Staaten von Amerika fast die Hälfte der industriellen Macht der Welt dagegen mobilisierten – in einer Kampagne, der höchste Dringlichkeitsstufe eingeräumt wurde. Obwohl die U-Boote in beiden Kriegen beträchtliche Verluste erlitten (etwa 45 Prozent im Ersten Weltkrieg und 60 Prozent im Zweiten Weltkrieg) – wirklich geschlagen wurde die U-Bootwaffe in keinem der beiden Kriege. Diszipliniert, loyal und das bittere Ende mißachtend, kämpften die U-Bootmänner gegen eine erschreckende Übermacht, bis der Zusammenbruch Deutschlands ihnen ihre Stützpunkte und den Anlaß für ihre Einsätze nahm.

In den Tagen ihres Triumphs wie bei ihrem Fall erwiesen sich die Männer der U-Boote als seefahrende Krieger ersten Ranges. Nur wenige Menschen unserer Zeit sind in engeren Kontakt mit der See in all ihren Erscheinungsformen gekommen: Den Elementen ausgesetzt und nahe der Wasseroberfläche, verschmolzen die Männer auf der Brücke eines aufgetauchten U-Bootes

Vordringen in eine fremde Sphäre

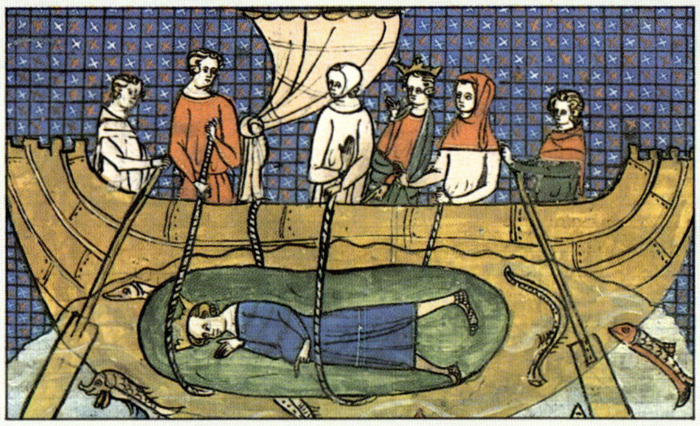

Auf dieser Darstellung aus dem Mittelalter unternimmt Alexander der Große allein eine Tauchfahrt. Nach einem anderen Bericht soll er zwei Zeichner mitgenommen haben.

Kaum hatte der Mensch gelernt, zur See zu fahren, begann er zweifellos auch schon, von der Eroberung der Tiefe zu träumen. In mehreren antiken Chroniken sind diesbezügliche, jedoch unsichere Hinweise enthalten. Im fünften vorchristlichen Jahrhundert erzählt Herodot von einem griechischen Taucher namens Scyllias, der „sich bei Aphetes in die See warf und erst bei Artemisium wieder an die Oberfläche kam" – in einer Entfernung von gut 14 Kilometern. Herodot fügte hinzu: „Ich kann nur annehmen, daß er die Strecke in einem Fahrzeug zurücklegte."

Knapp ein Jahrhundert später sollen Höflinge Alexanders des Großen eine tauchfähige Tonne aus Glas gebaut haben *(Bild oben)*, damit er die Geheimnisse der unterseeischen Welt sehen könne. Eingeschlossen in den Behälter, konnte Alexander an Seilen abgesenkt und heraufgeholt werden und mußte beim Atmen mit dem beschränkten Luftvorrat in der Tonne auskommen.

Zu Zeiten der Renaissance begannen Wissenschaftler die grundlegenden physikalischen Gesetze zu formulieren, deren Kenntnis in späteren Zeitläuften ausgedehnte Unterwasserfahrten ermöglichen sollten. Im 16. Jahrhundert entwickelte der englische Mathematiker William Bourne den Gedanken eines Tauchfahrzeuges mit veränderlichen Luftkammern, die die Wasserverdrängung des Fahrzeuges so regulierten, daß es „unter Wasser gehen möge bis zum Grunde und ebenso, ganz nach Willen, wieder aufsteigen könne".

Zwei Amerikaner, David Bushnell und Robert Fulton, bahnten, ausgehend von Bournes Entwurf, der militärischen Verwendung von Unterseebooten den Weg. Sie sahen dabei auch Möglichkeiten eines Unterwasserantriebes für die waagerechte Fortbewegung vor. Bushnells Tauchboot, die *Turtle*, stieg und sank mittels eines handbedienten Wasserventils, welches, verbunden mit einer Pumpe, die Wasserverdrängung des Schiffes regelte. Die *Turtle* fuhr 1776, angetrieben mit einer per Handkurbel bewegten Schiffsschraube, im Hafen von New York, wo sie versuchte, ein englisches Kriegsschiff mit einem Faß Schießpulver und Zeitzünder zu versenken. Wegen starker Strömung schlug der Versuch fehl. In einem französischen Hafen sprengte 25 Jahre später Fultons sechseinhalb Meter lange *Nautilus*, die zur Verbesserung der Steuerfähigkeit schon mit Horizontalruder ausgestattet war, einen alten Schoner in die Luft.

Die nächsten 70 Jahre des 19. Jahrhunderts sahen nur geringe Fortschritte, und längere Fahrten unter Wasser schienen immer noch reine Hirngespinste zu bleiben, als Jules Verne in seinem Roman von 1870 mit dem Titel *Zwanzigtausend Meilen unter dem Meer* sein Phantasieunterseeboot *Nautilus* vorstellte. Obzwar ein Kritiker höhnte, die Geschichte enthalte „kein bißchen brauchbare Spekulation", dauerte es nicht einmal mehr 40 Jahre, bis die ersten Unterseeboote einige von Vernes Vorstellungen Wirklichkeit werden ließen.

fast mit ihrer Umwelt. In einem ausgewachsenen Atlantiksturm brach das Wasser wie nasser Zement über die Brücke. Gewalt und Gewicht der Seen waren so groß, daß gelegentlich Männer über Bord gespült wurden. Bei solchem Wetter war der Ausblick von der Brücke furchterregend – eine unendliche Wildnis berghoher Wellen, die ein brüllender Wind mit weißer Gischt bedeckte. In diesen Stürmen mußte die Wachdauer auf der Brücke um die Hälfte verkürzt werden; kein Mensch konnte die Schläge der See und das Peitschen der Gischt länger als zwei Stunden aushalten. Selbst im Boot waren die Verhältnisse nur wenig besser. Die ungestümen Korkenzieherbewegungen des Bootes, sein Rollen, Stampfen und Gieren, der harte Schlag, wenn der Bug in eine Welle einsetzte, und der Klang wie ein Dampfhammer, wenn die See über den Bootskörper brach, machten es schwer, auch nur für eine Minute Ruhe zu finden.

Erleichterung gab es nur, wenn das U-Boot tauchte. Sobald das Boot unter Wasser lag, war alles friedlich und ruhig. „Eine feierliche Stille herrscht", erinnerte sich Claus Bergen, ein deutscher Marinemaler, der 1917 eine Feindfahrt auf einem U-Boot mitgemacht hatte. „Die Bewegungen des Sehrohres und das Arbeiten des Rudergestänges sind die einzigen Geräusche im Boot, die im Turm hörbar sind. Der Kommandant benutzt beide Hände, um das gefettete und glänzende Sehrohr, von dem jetzt das Wasser tropft, zu betätigen. Auf seinem Auge, dem einzigen Auge im Schiff, welches noch in Verbindung mit der oberen Welt steht, liegt der helle, glänzende Schein des Tageslichts."

Ob das Boot an der Oberfläche oder unter Wasser fuhr, die Lampen im Boot brannten 24 Stunden und verwischten so den Unterschied zwischen Tag und Nacht. Besonders auf langen Einsatzfahrten lebten die Besatzungen in einer immer unwirklicher werdenden Umwelt. Die Hitze war bedrükkend, die Luft war abgestanden und roch nach fauligem Bilgewasser, nach nassem Ölzeug, Gummistiefeln, Schweiß und dem Dunst von Dieselöl, der so dicht war, daß die Haare der Männer zu einer teerigen Masse verklebten. Bei der starken Kondensation und dem häufigen Wassereintritt durch das Turmluk wurde es im Boot immer feuchter. Die Kojen rochen vermodert, Seekarten fingen an zu faulen. Graugrüne Stockflecken bedeckten Schuhe und Hemden. In solcher Umgebung konnten Menschen leicht reizbar und verdrießlich, unter Streß sogar wahnsinnig oder gewalttätig werden. Blechkoller wurden solche Ausbrüche genannt.

Doch all dies standen die Männer der U-Boote durch. Mühsal und Entbehrungen waren ihre ständigen Begleiter. Sie kämpften mit Stürmen, Eis und Tropenhitze, lebten in der ständigen Erwartung des Todes durch Ersticken, Ertrinken oder eine Explosion. Nur ihre Jugend, Kameradschaft, Disziplin und ein verbissener Heldenmut ließen sie Nervenproben bestehen, die für viele Menschen unerträglich gewesen wären.

Anfangs wußte niemand genau, wie wirksam das Unterseeboot als Waffe sein würde – oder ob es überhaupt eine Wirkung ausüben könnte. Aus diesem Grunde nahm die deutsche U-Bootwaffe, die später zweimal nahe daran war, den Lauf der Geschichte zu beeinflussen, einen ungewöhnlich dürftigen und kümmerlichen Anfang. Im Jahre 1901, als andere Staaten bereits Unterwasserfahrzeuge entwickelten, erklärte Admiral Alfred von Tirpitz, der Schöpfer der modernen deutschen Flotte, rundheraus, daß „Deutschland keine Unterseeboote braucht". Später erläuterte er: „Ich weigerte mich, für Unterseeboote Geld hinauszuwerfen, solange sie nur in den Heimatgewässern operieren konnten." Erst im Dezember 1906 wurde das erste Unterseeboot für den Dienst in der Kaiserlichen Marine fertiggestellt, mehrere Jahre nachdem die rivalisierenden Kriegsmarinen von Großbritannien, Frankreich, Rußland und den Vereinigten Staaten brauchbare Unterseebootsflottillen angeschafft hatten. U 1 tauchte langsam und

Fünfzehn schlanke Unterseeboote liegen im Mai 1914 – drei Monate vor Ausbruch des Krieges – einsatzbereit im Kieler Hafen. Die vier Boote im Vordergrund besaßen neue Dieselmotoren mit geringem Treibstoffverbrauch, die ihnen mit einer einzigen Tankfüllung eine Fahrtstrecke von 4500 Seemeilen ermöglichten – von ihrem Stützpunkt in der Kieler Förde nach Großbritannien und zurück.

war mit nur einem Bugtorpedorohr dürftig bewaffnet. Aufgetaucht, das heißt in jenem Bereich, in dem die meisten Unterseeboote sich trotz ihrer Bezeichnung die meiste Zeit aufhielten, ließ es sich jedoch leicht handhaben und legte 1908 die 530 Seemeilen betragende Seereise von Helgoland um Jütland nach Kiel erfolgreich zurück. Diese Leistung trug dazu bei, das konservativ denkende Reichsmarineamt davon zu überzeugen, daß das Unterseeboot mehr Beachtung verdiene. Allerdings blieb es auch fortan als Waffe noch im Experimentierstadium.

Bald ließ Deutschland auf dem Gebiet der Unterseeboot-Technologie die anderen Nationen jedoch hinter sich. Seine Werften stellten 1909 zwei neue U-Boote fertig, die eine Überwassergeschwindigkeit von zwölf Knoten sowie eine Bewaffnung von vier Torpedorohren und einem Geschütz aufwiesen. Deutsche U-Boote konnten im Jahre 1910 bereits die Nordsee überqueren, im Zielgebiet eine Patrouillenfahrt durchführen und ohne Treibstoffaufnahme zum Stützpunkt zurückkehren. Im Jahre 1913 fuhren die Boote der U-19-Klasse, die leistungsfähigere Dieselmotoren, optisch verbesserte Sehrohre und starke Funksender besaßen, 4500 Seemeilen mit einer Durchschnittsgeschwindigkeit von acht Knoten – mit anderen Worten, sie waren in der Lage, in allen Gewässern vor den britischen Küsten ihre Operationen auszuführen.

Die militärische Bedeutung dieser technischen Fähigkeiten wurde in Großbritannien nicht völlig übersehen. Im Juli 1914, einen Monat vor

Ausbruch des Ersten Weltkrieges, schrieb Admiral Sir Percy Scott einen prophetischen Brief an die Londoner *Times*:

„Selbstverständlich ist jeder Krieg barbarisch. Aber im Kriege ist es nun einmal das erklärte Ziel des Feindes, seinen Gegner zu vernichten, und um dies zu erreichen, wird er ihn an seiner verwundbarsten Stelle angreifen. Unsere verletzlichste Stelle ist der Nachschub an Lebensmitteln und Erdöl. Das Unterseeboot hat eine neue Methode eingeführt, diesen Nachschub anzugreifen. Werden Gefühle der Menschlichkeit unseren Feind davon abhalten, sie anzuwenden?"

Scotts Logik war unwiderlegbar. Aber selbst der Erste Lord der Admiralität, Winston Churchill, der bezüglich Menschlichkeit im Kriege nur wenig Illusionen hegte, wies die Möglichkeit eines Unterseebootkrieges gegen die Handelsschiffahrt zurück. Er erklärte: „Ich glaube nicht, daß dies jemals von einem zivilisierten Staat unternommen wird." Und der Rest der Admiralität stimmte ihm zu. Nach ihrer Ansicht hatte sich das Unterseeboot an dieselben Regeln und Vorschriften zu halten wie ein Überwasserkriegsschiff. Diese Regeln, die sogenannte Prisenordnung, stammten aus dem 16. Jahrhundert, wurden aber von fast allen Seemächten als noch gültiges Völkerrecht anerkannt. Danach konnte ein Kriegsschiff ein unbewaffnetes Handelsschiff zum Zwecke der Durchsuchung mit einem Schuß vor den Bug stoppen. Wenn das Schiff sich als neutral erwies, mußte es freigelassen werden. Gehörte es hingegen zu einem kriegführenden Staat, konnten Schiff und Ladung als Prise beschlagnahmt und Besatzung wie Passagiere als Geiseln festgehalten werden. War es nicht möglich, ein Prisenkommando abzustellen, konnte das Schiff versenkt werden. Unter allen Umständen waren jedoch sowohl die Passagiere als auch die Besatzung mit jeder möglichen Rücksicht zu behandeln.

Es lag auf der Hand, daß Unterseeboote für die Befolgung der Prisenordnung wenig geeignet waren. Bei Durchsuchung eines Handelsschiffes mußte ein Unterseeboot sich aufgetaucht exponieren; es konnte weder Männer für ein Prisenkommando entbehren, noch konnte es Gefangene für längere Zeit an Bord halten. Aus diesen Gründen war auch, wie Churchill angenommen hatte, Krieg gegen Handelsschiffe in den Einsatzplänen für Deutschlands kleine Streitkraft an Unterseebooten – nur 20 Kampfboote im Vergleich zu der Gesamtzahl von 74 britischen U-Booten – nicht vorgesehen, als am 1. August 1914 der Krieg ausbrach.

Obgleich Deutschland zu diesem Zeitpunkt nur Rußland im Osten den Krieg erklärt hatte, wandten die U-Boote ihren Bug nach Westen, als sie in den frühen Stunden des 1. August an der Grenze der Helgoländer Bucht ihre erste Sicherungslinie bildeten. Unter den U-Booten, die in dieser statischen Verteidigungslinie aufgetaucht stillagen, befand sich U 9 unter dem Kommando eines Mannes, der Deutschlands – und der Welt – erstes Unterseeboot-As werden sollte, Kapitänleutnant Otto Weddigen. Als der Tag zur Neige ging und sich über dem Horizont in Richtung der britischen Inseln die rote Glut des Sonnenuntergangs ausbreitete, drehte sich Weddigen auf der Brücke zu seinem Ersten Wachoffizier, Johannes Spieß, um und sagte: „Spieß, sehen Sie, wie rot der Himmel ist. Die ganze Welt scheint in Blut gebadet zu sein. Denken Sie an meine Worte – England wird uns den Krieg erklären."

Das tat England am 4. August. Zwei Tage später liefen zehn U-Boote von Helgoland zur ersten Feindfahrt von Unterseebooten in der Geschichte aus. Im Gegensatz zu den Briten, die das Unterseeboot nur als defensive Waffe zur Unterstützung der Überwasserflotte sahen, ahnten die Deutschen, welch großes Angriffspotential das U-Boot besaß. Und sie wollten auch keine Zeit verlieren, die Probe aufs Exempel zu machen. Weddigen und die anderen U-Bootkommandanten hatten keinen geringeren Auftrag als den Angriff auf die britische Grand Fleet.

In einer dichten Qualmwolke sinkt im September 1914 der torpedierte britische Kreuzer „Pathfinder" mit dem Bug voran in die Tiefe der Nordsee; 259 Mann der Besatzung gingen mit dem Schiff unter. Der 2940 Tonnen große Kreuzer versank in nur vier Minuten. Er war das erste von einem U-Boot vernichtete Kriegsschiff.

In weiter Dwarslinie glitten die Boote hinaus in die Nordsee, verteilten sich dann nach Norden und Westen, bis sie einen sich vorwärts bewegenden Bogen mit 65 Kilometer Sehnenlänge bildeten. Zwei Tage später hatten sie 350 Seemeilen zurückgelegt und näherten sich den Orkney-Inseln. Dort erlitt das Unternehmen sehr bald einen Rückschlag. Ein U-Boot lief in ein Minenfeld und verschwand spurlos. Ein anderes, U 15, griff drei britische Schlachtschiffe mit Torpedos an, verfehlte aber jedesmal das Ziel. Später wurde das Boot, wegen Maschinenschadens aufgetaucht, von dem Kreuzer *Birmingham* überrascht und durch Rammstoß versenkt.

Der bahnbrechende Streifzug war also alles andere als erfolgreich verlaufen. Die Gruppe hatte nicht weniger als ein Fünftel ihrer Boote verloren und kein einziges Schiff versenkt. „Unsere U-Bootflotte war eben so gut wie jede andere in der Welt", bemerkte säuerlich ein U-Bootoffizier, „aber eben nicht sehr gut."

Trotzdem wurden in den folgenden Wochen weitere U-Boote hinausgeschickt, um einzeln oder zu zweit in dem Seegebiet östlich von England Kriegsschiffe zu jagen. Fast täglich sichteten britische Matrosen die Periskope, und dieser Zustand beunruhigte den Oberbefehlshaber der Grand Fleet, Admiral Sir John Jellicoe, so stark, daß er den großen Schlachtschiffen befahl, den Liegeplatz in Scapa Flow mit einer abgelegenen Bucht an der Nordwestküste von Schottland zu vertauschen. Andere britische Schiffe setzten jedoch ihre Aufklärungsfahrten fort, und am 5. September, knapp einen Monat nach Kriegsbeginn, wurde der kleine Kreuzer *Pathfinder* von einem Torpedo getroffen, den ein anderes zukünftiges As, Oberleutnant Otto Hersing, geschossen hatte. Der Kreuzer sank, als die Munitionskammer explodierte.

Es sollte für die Royal Navy noch viel schlimmer kommen. Am 22. September, kurz nach Hellwerden, sichtete Johannes Spieß, noch Erster

Wachoffizier auf U 9, das jetzt 30 Kilometer vor der niederländischen Küste stand, einen kleinen, über dem Horizont auftauchenden Masttopp. Später schrieb er: „Es sah wie der Mast eines Kriegsschiffes aus. Sollte dies unsere erste Feindsichtung im Kriege sein?" Er ließ die Diesel stoppen und rief Weddigen, der unter Deck gerade frühstückte. Obwohl das von Spieß ausgemachte Schiff noch mehrere Seemeilen entfernt war, ließ Weddigen U 9 sofort tauchen. Als sich die See über ihnen schloß, nahm er seinen Platz am Sehrohr ein. Während des Anlaufs des U-Bootes fuhr er das Sehrohr immer nur wenige Sekunden aus, damit sein weißes federförmiges Kielwasser nicht entdeckt würde.

U-Boot-As Oberleutnant zur See Otto Weddigen, photographiert mit den Eisernen Kreuzen, die ihm für die Versenkung von drei britischen Panzerkreuzern an einem einzigen Tage, dem 22. September 1914, verliehen wurden. Sein standhafter Blick veranlaßte einen Offizierskameraden, ihn den „Mann aus Eisen" zu nennen. Für seine späteren Erfolge erhielt Weddigen noch Deutschlands höchste Kriegsauszeichnung, den Pour le Mérite (unten).

Weddigen schlug plötzlich Spieß auf die Schulter, „Spieß", sagte er, „es sind drei englische Schlachtkreuzer. Sie sind von derselben Klasse wie die *Birmingham*" – das Schiff, welches vor einem Monat U 15 gerammt und versenkt hatte. „Rache!" antwortete Spieß.

In Wirklichkeit glichen die drei Schiffe durchaus nicht der *Birmingham*, sondern waren die alten Panzerkreuzer *Aboukir*, *Cressy* und *Hogue*. Den U-Bootfahrern war jedoch jedes Opfer eine höchst willkommene Vergeltung, hatten sie doch in diesem Kriege bisher mehr eigene Boote verloren als feindliche Schiffe versenkt.

Weddigen wählte als erstes Ziel die *Aboukir*, den in der Mitte fahrenden Panzerkreuzer. Die Torpedorohre wurden fertig gemacht. „Bugschuß", befahl er, „erstes Rohr."

Spieß schraubte den Sicherungsdeckel von dem elektrischen Abfeuermechanismus ab und stand bereit, mit dem Daumen den entsprechenden Knopf zu drücken.

„Sehrohr aus", sagte Weddigen. „Klar bei Rohr eins."

Die Männer auf U 9 hatten noch nie einen Torpedo im Kampf geschossen, hatten auch noch kein Schiff in die Luft fliegen sehen. Sie wußten nicht, was auf sie zukam. Sie waren nur knapp 500 Meter von der *Aboukir* entfernt, und einige hegten die Befürchtung, daß die Explosion des Torpedos sie mit ihrem Opfer in den Grund bohren würde.

„Rohr eins, los", befahl Weddigen. Dann: „Sehrohr einfahren."

Spieß drückte den Abfeuerknopf, fuhr gleichzeitig mit der anderen Hand das Sehrohr ein und meldete: „Rohr eins, abgefeuert." Automatisch kontrollierte er die Tiefenanzeige, um sicherzugehen, daß das Boot im Augenblick der Entlastung durch den Torpedoschuß bis zum Gewichtsausgleich durch das ins Rohr einströmende Seewasser nicht die Oberfläche durchbräche. Dann klammerte er sich mit beiden Händen an das Sehrohr und erwartete das Schlimmste.

Einunddreißig lange Sekunden verstrichen, ehe der Torpedo sein Ziel traf und der Schall zurückkehrte. Spieß hörte einen dumpfen Schlag, dann eine lautere Explosion. Alle jubelten.

Das Sehrohr fuhr wieder aus. Die *Aboukir* sank über das Heck. Ihre Begleiterin, die *Hogue*, welche heranlief, um Überlebende aufzufischen, wurde selber von zwei Torpedos des U 9 getroffen. „Wir im Turm", erinnerte sich Spieß, „versuchten, den grauenhaften Eindruck, den die ertrinkenden, zwischen treibenden Wrackteilen um ihr Leben kämpfenden und sich an gekenterte Rettungsboote klammernden Männer auf uns machten, zu verdrängen, indem wir auf die Engländer fluchten, die Japan und ganz Europa gegen uns aufgehetzt hatten."

Jetzt näherte sich der letzte der drei Kreuzer, *Cressy*, um Überlebende der beiden anderen Schiffe zu retten. Auch er erhielt zwei Treffer von U 9. „Das Sehrohr enthüllte ein schreckliches Bild", berichtete Spieß. „Der Riese mit den vier Schornsteinen wälzte sich langsam auf die Backbordseite. Männer kletterten wie Ameisen über seinen Rumpf und liefen, als er völlig kieloben lag, auf dem breiten, flachen Schiffsboden umher, bis das Schiff nach wenigen Minuten in den Wellen verschwand." Spieß beobachtete das

Geschehen durch das Sehrohr „mit einem Gefühl tragischen Schreckens", wie er schreibt. „Für viele Minuten waren wir wie betäubt." Wozu sie auch allen Grund hatten, hatten sie doch in kaum mehr als einer Stunde nicht nur drei Panzerkreuzer mit zusammen 36 000 Tonnen versenkt, sondern überdies 1460 Menschen getötet.

In Deutschland verbreitete die Nachricht eine wilde Freude. Jedes Besatzungsmitglied erhielt das Eiserne Kreuz II. Klasse, Weddigen das begehrte Eiserne Kreuz I. Klasse, und U 9 wurde das Recht verliehen, am Kommandoturm ein aufgemaltes Eisernes Kreuz zu fahren. Die britische Admiralität war verblüfft über die tödliche Leichtigkeit, mit der ein Unterseeboot drei Panzerkreuzer vernichtet hatte. Zwar verfluchten höhere Marineoffiziere die Versenkungen als irgendwie hinterlistig und unfair, erkannten aber auch, daß von nun an die U-Bootwaffe ein Machtfaktor sein würde, mit dem man rechnen mußte. Die neue Waffe hatte mit dem Angriff nur eines Bootes der britischen Kriegsmarine mehr Schaden zugefügt als die gesamte deutsche Hochseeflotte.

Sehr bald jedoch sollten die U-Boote ihre Wirksamkeit noch in anderer, weit verhängnisvollerer Weise demonstrieren. Am 20. Oktober versenkte U 17 nur 22 Kilometer vor der norwegischen Küste das englische Frachtschiff *Glitra* – das erste Handelsschiff, das je einem Unterseeboot zum Opfer fiel. U 17 hielt sich genau an die Prisenordnung; der Schiffsbesatzung wurde gestattet, in die Rettungsboote zu gehen, bevor das Schiff durch Öffnen der Seeventile versenkt wurde. Immerhin bot der Vorfall dem deutschen Oberkommando einen ersten kurzen Blick auf ein neues Konzept der Seekriegführung mit U-Booten – ein Konzept, welches, mit Nachdruck verfolgt, unweigerlich zur Abkehr von den bislang anerkannten Bräuchen auf See führen mußte.

Bis zu diesem Zeitpunkt hatten nur die Briten das internationale Seerecht verletzt – jedenfalls behaupteten das die Deutschen. Großbritanniens angebliche Untat war die Errichtung einer außerordentlich strengen Blockade des Feindes zur See. Britische Kriegsschiffe stoppten und durchsuchten alle Handelsschiffe, derer sie habhaft werden konnten – auch die neutralen –, nach für Deutschland bestimmter Konterbande. Dabei wurde der Begriff Konterbande so weit ausgelegt, daß er selbst Nahrungsmittel einschloß. Auch sperrten die Kriegsschiffe der Royal Navy der deutschen Schiffahrt die Ausgangswege zum Atlantik.

Nun stellte aber zu dieser Zeit eine derartige Blockade das einzige Mittel dar, mit dem eine Seemacht wie Großbritannien eine starke Landmacht wie Deutschland bekämpfen konnte. Deutschlands logischer Gegenzug wäre eine Gegenblockade Englands gewesen. Die wenigen deutschen Überwasser-Handelsstörer, die sich in die Nähe der britischen Hoheitsgewässer wagten, wurden jedoch von der Royal Navy schnell vertrieben. Für die Deutschen war daher das Unterseeboot die einzig mögliche Gegenmaßnahme. Bereits zu diesem frühen Zeitpunkt begannen einige führende Admirale, vom U-Boot als Deutschlands Hauptangriffswaffe zu sprechen. Die charakteristischen Eigenschaften des Unterseebootes machten es besonders geeignet, ungesehen auf den Seewegen zu patrouillieren und an deren empfindlichen Knotenpunkten den nach britischen Häfen fahrenden Schiffen aufzulauern. Richtig eingesetzt, besaß das U-Boot die Fähigkeiten, die maritimen Lebensadern Großbritanniens zu durchtrennen.

Die See war zugleich Hauptquelle von Großbritanniens Macht und seine größte Schwäche. Ein erheblicher Teil seiner Lebensmittel mußte über See eingeführt werden, dazu alles Öl und die meisten Rohstoffe, die seine Industrie und die Kriegsanstrengungen benötigten. Wurden diese Einfuhren durch Unterbrechnung der Seeverbindungen des Inselstaates drastisch vermindert, dann waren die Briten gezwungen, um Frieden zu bitten, oder standen vor dem Verhungern und der Niederlage. Zwar besaß Deutschland

Das tödliche Unterwassergeschoß

Die Sprengladung im Gefechtskopf des deutschen selbstangetriebenen Torpedos, der bis zum Ersten Weltkrieg technisch ausgereift war, riß selbst in den stärksten Schiffskörper ein gähnendes Loch. Der Torpedo konnte seinen Unterwasserschlag auch noch bei schwerem Seegang über eine Entfernung von fast drei Seemeilen erfolgreich anbringen. Um tödlich genau zu treffen, schossen die U-Bootmänner ihre seetüchtigen Geschosse im allgemeinen jedoch auf viel kürzere Entfernung ab.

Die beim Abschuß automatisch in Gang gesetzte Kolbenmaschine des Torpedos wurde mit Preßluft aus dem hinter dem Gefechtskopf liegenden großen Tank betrieben. Ein Brenner heizte die Luft auf und vergrößerte den Dampfdruck, wodurch etwa 30 Prozent mehr Leistung erzielt wurde.

Eine Welle übertrug die Kraft auf ein Getriebe am Ende des Torpedos. Das Getriebe bewegte zwei Schrauben, eine im Uhrzeigersinn, die andere im Gegenzeigersinn laufend, womit sichergestellt war, daß der Torpedo kein zu Kursabweichungen füh-

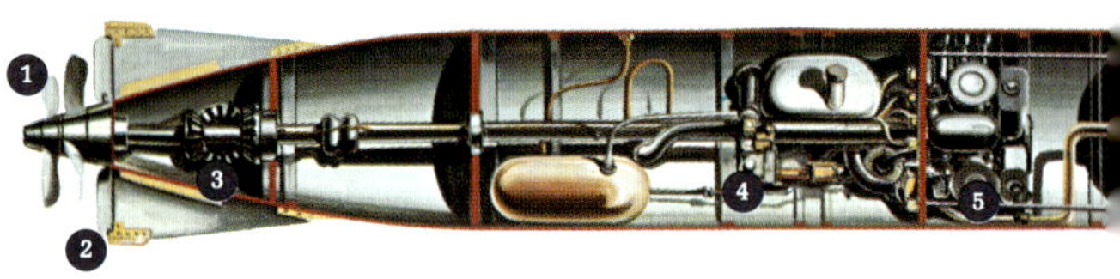

1. ANTRIEBSSCHRAUBEN
2. SEITENRUDER
3. GETRIEBE
4. KREISEL UND TIEFENSTEUERMEMBRAN

rendes Drehmoment aufnahm. Die Tandemschrauben verliehen dem Torpedo eine Geschwindigkeit von etwa 40 Knoten. Zwei Sätze Schwanzruder steuerten das Geschoß. Die Ruder an den senkrechten Schwanzflossen hielten den Torpedo auf Kurs. Sie wurden von einem Kreisel betätigt, der auf kleinste Richtungsänderungen ansprach. Die Tiefensteuerung erfolgte über Ruder an den waagerechten Schwanzflossen; ihre Bewegungen übten Druck auf eine Membran in der Torpedohülle aus.

Beim Auftreffen auf das Ziel bewirkte ein einfacher Zündmechanismus, der aus der Torpedonase herausragte, über eine Übertragungsladung – meist hochempfindliches Knallquecksilber – die Detonation des Gefechtskopfes. Der Zündmechanismus besaß eine raffinierte Sicherung gegen die gefährliche Möglichkeit einer unbeabsichtigten Detonation der Sprengladung. Den Zünder bedeckte eine Sicherungskappe in Form eines kleinen Propellers, der sich auf einer Spindel selbst abdrehte und nach etwa 30 Meter Laufstrecke abfiel.

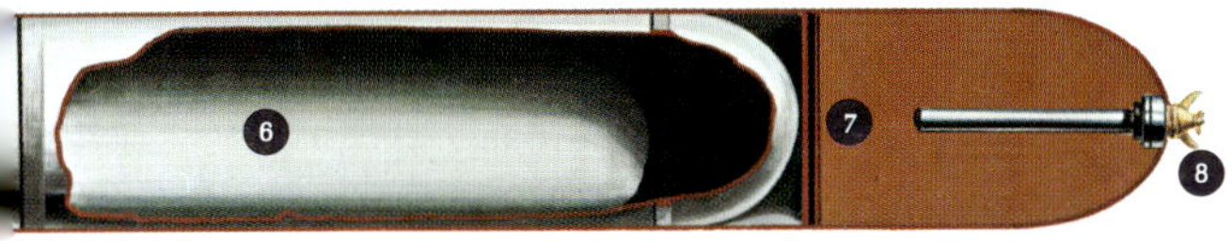

5. ANTRIEBSMASCHINE
6. PRESSLUFTTANK
7. GEFECHTSKOPF
8. ZÜNDER MIT SICHERUNGSKAPPE

für diese gewaltige Aufgabe nur wenige U-Boote – am Ende des Jahres 1914 waren es 29 – und die englische Handelsflotte war mit fast der Hälfte der gesamten Handelsschifftonnage der Welt riesengroß, indes wurde ein volles Drittel der britischen Importe auf Schiffen neutraler Länder transportiert, und hier lag die Achillesferse Großbritanniens. Wenn Deutschland einen unbeschränkten U-Bootkrieg erklärte, der die Gewässer um die Britischen Inseln zum Kriegsgebiet machte, in dem alle Schiffe ohne Warnung versenkt werden konnten, dann würde die neutrale Schiffahrt vom Handel mit Großbritannien abgeschreckt werden, und die Nation würde unweigerlich dahinwelken und sterben.

Die deutsche Regierung war über dieses Thema geteilter Meinung. Einige Deutsche befürchteten, die Reaktion neutraler Staaten – an der Spitze die USA – könnte die deutschen Interessen nachteilig beeinflussen. Sie wiesen darauf hin, daß ein entscheidender Unterschied zwischen der britischen Blockade und der vorgeschlagenen deutschen bestände: Bei der britischen Blockade ging nur die Ladung verloren; bei der deutschen gingen dazu noch das Schiff und die Menschen an Bord verloren.

Im Frühjahr 1915 waren die deutschen Hoffnungen auf einen schnellen Sieg zu Lande verflogen, und der Kaiser gelangte zu dem Schluß, daß ein entscheidender Sieg nun auf See gesucht werden müsse. Am 4. Februar erklärte er daher die Gewässer um die Britischen Inseln zum Kriegsgebiet. Jedes feindliche Schiff in dieser Zone werde ohne Vorwarnung versenkt, für die Sicherheit von Passagieren und Besatzungen könne keine Gewähr übernommen werden. Selbst neutrale Schiffe liefen Gefahr, im Kriegsgebiet versenkt zu werden. Man werde sich allerdings bemühen, Schiffe unter neutraler Flagge zu schonen, es sei denn, daß Anzeichen auf einen Flaggenmißbrauch hindeuteten.

So nahm der erste uneingeschränkte U-Bootkrieg seinen furchtbaren Lauf. Während der nächsten zwei Monate liefen etwa 20 U-Boote aus deutschen Stützpunkten nach dem Kriegsgebiet um Großbritannien aus. Innerhalb einer Woche nach Beginn der Offensive erreichten vier ihr Einsatzgebiet, griffen elf Schiffe an und versenkten sieben davon. Dann schnellten die Verluste der alliierten und neutralen Schiffahrt in die Höhe. Im Januar 1915, vor Beginn des uneingeschränkten U-Bootkrieges, waren 47 900 Tonnen Schiffsraum zerstört worden. Im März erhöhte sich die Zahl auf 80 700 Tonnen, im Mai auf 120 000 Tonnen und erreichte im August die erschreckende Höhe von 185 800 Tonnen, was nicht nur einen enormen Verlust an Nahrungsmitteln und Kriegsmaterial bedeutete, sondern auch – was viel wichtiger war – eine ständige Verminderung der Zahl der den Alliierten zur Verfügung stehenden Schiffe mit sich brachte, die weiterhin Kriegsmaterial, Truppen und Lebensmittel befördern sollten.

Einerseits bewiesen die U-Boote damit, daß sie eine viel wirksamere Waffe waren, als irgendein Mensch in Deutschland vor dem Krieg geahnt hatte. Andererseits aber untermauerten sie den Ruf Deutschlands, eine barbarische Nation zu sein. Im April 1915 wurde der britische Dampfer *Harpalyce,* unterwegs nach Amerika, um Nahrungsmittel für die hungernde Bevölkerung in Belgien zu laden, ohne vorherige Warnung torpediert. Und dies, obwohl er unter weißer Flagge fuhr und die Kennzeichnung COMMISSION FOR BELGIAN RELIEF (Hilfskomitee für Belgien) in großer, weißer Schrift auf den Schiffsseiten trug. Die britische Öffentlichkeit war entsetzt. Sie sah in dem Vorfall die auf See übertragene logische Ausweitung der Grausamkeit, mit der das deutsche Heer zu Lande die belgische Zivilbevölkerung behandelte. Die britische Regierung nährte diese Gefühle zusätzlich durch eine Propagandakampagne, in der die U-Besatzungen als Piraten und Barbaren geschmäht wurden.

Die öffentliche Meinung überall in der Welt, besonders in den Vereinigten Staaten, war nicht weniger aufgebracht. Ein Amerikaner war im Verlauf des

Vier deutsche U-Bootfahrer drängen sich auf diesem 1915 gemalten Bild während eines Tauchmanövers in der Zentrale eines U-Bootes. Ein U-Bootmann schrieb in Erinnerung an die spannungsreichen Augenblicke, in denen man nicht wußte, ob der Feind das U-Boot ausgemacht hatte: „Wir starren ins Leere und warten. Alles hängt jetzt vom Urteilsvermögen und von der Fähigkeit des Kommandanten ab.“

uneingeschränkten U-Bootkrieges schon gestorben: Leon C. Thrasher ertrank, als U 28 das britische Passagierschiff *Falaba* am 28. März im St. Georgskanal torpedierte. Amerikanische Zeitungen nannten diesen Angriff ein „Verbrechen gegen die Menschlichkeit“ und beschrieben Deutschland als eine „wahnsinnige, in die Ecke gedrängte Bestie“.

Bislang hatten die Vereinigten Staaten zum Krieg in Europa eine zwiespältige Haltung eingenommen. Sie waren entschlossen, sich in keinen Konflikt zwischen fremden Staaten einzumischen, und behielten sich als friedlicher, neutraler Staat das Recht vor, mit beiden Seiten Handel zu treiben sowie ihre Schiffe in Verfolgung rechtmäßiger Geschäfte überallhin fahren zu lassen – ob nun Krieg war oder nicht. Anfänglich waren die amerikanischen Geschäftsleute über die britische Blockade verärgert, die ihren Handel mit Deutschland beeinträchtigte. Im weiteren Verlauf des Krieges warf jedoch ihr Handel mit den Briten und Franzosen, denen sie Kriegsmaterial und Güter aller Art lieferten, so hohe Gewinne ab, wie sie der Handel mit Deutschland niemals hätte erbringen können. Ihr Unwille über die Störungen durch die U-Boote gewann allmählich die Oberhand. Als U-Boote weiterhin den Tod von Amerikanern verursachten, wuchs der Unwille in der öffentlichen Meinung zu vollem Zorn an. Dennoch blieben die Vereinigten Staaten nach wie vor entschlossen, sich um jeden Preis aus dem Krieg herauszuhalten.

Es bedurfte erst einer größeren Katastrophe auf See, um die amerikanische Stimmung so weit zu verändern, daß das Land die Möglichkeit eines Kriegseintrittes ernsthaft erwog. Diese Katastrophe trat im Mai 1915 ein, als ein einsames deutsches Unterseeboot in einer folgenschweren Begegnung auf den Luxuspassagierdampfer *Lusitania* traf.

Die 30000 Tonnen große *Lusitania* der Cunard-Reederei war eines der größten, schnellsten und bekanntesten Passagierschiffe jener Zeit. Neben ihrer hohen Geschwindigkeit (volle 26 Knoten) bot sie einen Luxus, der von keinem der feinsten Hotels in der Welt übertroffen wurde. Mehr noch, ihre Eigner behaupteten, die *Lusitania* sei unsinkbar: Ihr Doppelboden und ihre wasserdichten Abteilungen garantierten dies.

Der Kriegsausbruch hatte die Reisen der *Lusitania* nicht übermäßig behindert. Die britische Admiralität hatte ihren Einsatz als bewaffneten Hilfskreuzer erwogen, jedoch festgestellt, daß sie sich wegen ihres hohen Kohlenverbrauches für Kriegszwecke nicht eignete. Immerhin mußte die *Lusitania* Laderaum eigens für den Zweck bereithalten, amerikanisches Kriegsmaterial über den Ozean zu befördern – was sie auch zuverlässig tat.

Am 17. April 1915 lief sie zu ihrer 101. Rundreise aus Liverpool aus und machte am 24. April in New York fest. Eine Woche später sollte sie die Rückreise nach England antreten.

Die negative Reaktion, die die amerikanische Regierung zeigte, als die Deutschen die Gewässer um die Britischen Inseln zum Kriegsgebiet erklärten, sowie die Empörung, die die bald folgende Torpedierung der *Falaba* in der amerikanischen Presse auslöste, schreckten einige Deutschamerikaner auf. Fürchteten sie doch, in ihrer Wahlheimat zu Parias zu werden. Einige führende Mitglieder der deutschen Gemeinde in New York besprachen sich mit einem Vertreter der deutschen Botschaft. Um amerikanische Menschenverluste und dadurch ausgelöste Beschuldigungen zu verhindern, beschlossen sie, den Amerikanern abzuraten, die deutsche U-Bootblockade herauszufordern. Am 1. Mai, dem Tag, an dem die *Lusitania* auslaufen sollte, veröffentlichten sie in den Schiffahrtseiten mehrerer Zeitungen in New York eine Anzeige, die Reisende darauf hinwies, daß britische Schiffe – auch solche, die Passagiere beförderten – sich im Kriegsgebiet „der Gefahr der Vernichtung" aussetzten. Auf Anraten des Botschaftsvertreters unterzeichneten die Inserenten die Anzeige mit „Kaiserlich Deutsche Botschaft". Die Warnung wurde neben der Mitteilung über die Abfahrtszeit der *Lusitania* in die Zeitungen eingesetzt.

In Presse, Öffentlichkeit und unter den Passagieren verursachte die Verbindung der beiden Anzeigen einige Aufregung. Ein Schwarm Zeitungsreporter und Filmleute der Wochenschauen versammelten sich um die Gangway der *Lusitania*, als sich die Passagiere einschifften. Frohgemut gaben die Reporter bekannt, sie hätten Auftrag, „die letzte Reise der *Lusitania*" zu dokumentieren.

Ängstliche Unruhe verbreitete sich wie eine ansteckende Krankheit unter den Menschen an Bord der *Lusitania*. Unter allen – mit Ausnahme allerdings ihres Kapitäns, des 58 Jahre alten William „Bowler Bill" Turner, eines untersetzten, gutmütig-groben, schweigsamen und strengen Offiziers mit enormer Erfahrung in der Seefahrt und einer tiefen Verachtung für alle Passagiere, die er gemeinhin als einen „Haufen idiotischer Affen" zu bezeichnen pflegte. Um sie jetzt zu beruhigen, wählte Kapitän Turner eine etwas diplomatischere Ausdrucksweise: „Gefahr besteht immer, aber die besten Garantien für Ihre Sicherheit bieten die *Lusitania* selbst und die Tatsache, daß, wo auch immer Gefahr auftritt, Ihre Sicherheit in den Händen der Royal Navy liegt."

Das Plakat stellt eine Schlinge aus Unterseebooten dar, die sich um die Britischen Inseln zusammenzieht, und ruft die Deutschen zum Kauf von Kriegsanleihen auf. Es erschien während einer Propagandakampagne, die mit der kaiserlichen Proklamation vom Februar 1915 zusammenfiel, nach welcher alle Großbritannien anlaufenden Handelsschiffe ohne Vorwarnung vernichtet werden sollten.

Kurz nach Mittag, zwei Stunden später als vorgesehen, lief die *Lusitania* aus. An Bord befanden sich 1257 Passagiere, davon 197 Amerikaner. Es waren einige bekannte Persönlichkeiten darunter, an erster Stelle der 37 Jahre alte Multimillionär und Sportfreund Alfred G. Vanderbilt, der unterwegs nach London war, um an einer Tagung des Internationalen Pferdezüchterverbandes teilzunehmen. Zusätzlich zu den gemeldeten Passagieren wurden kurz nach Auslaufen drei Deutsche entdeckt, die sich in einer Stewardspantry versteckt hatten. Sie wurden festgenommen und sollten nach Ankunft des Schiffes in England verhört werden. Ob sie deutsche Spione waren oder nur blinde Passagiere, ist nie ermittelt worden. Ihre Anwesenheit blieb eines der vielen ungelösten Geheimnisse, die diese Reise des Luxusschiffes umschatteten.

Ein weiteres nie gelöstes Rätsel betraf die Frachtladung des Passagierschiffes. Laut Ladeliste beförderte die *Lusitania* eine Mischladung von Messingblech, Kupferbarren, Käse, Rindfleisch, Speck, Connecticut-Austern, Süßwaren, Lederhäuten, Pelzen, Maschinenteilen, Autoersatzteilen und zahnärztlicher Ausrüstung. Außerdem 4200 Behälter mit kleinkalibriger Gewehrmunition (insgesamt etwa 10 Tonnen Schießpulver), 1248 Kisten mit Schrapnellgranaten und 18 Kisten Zünder. Spätere Untersuchungen ergaben Hinweise – jedoch keine eindeutigen Beweise –, daß die *Lusitania* mehr Munition als deklariert geladen hatte, daß sich die Munition in Wirklichkeit auf sechs Millionen Schuß belief und daß 323 Ballen, als Rohpelze deklariert, tatsächlich einen sehr leichtflüchtigen Typ Schießbaumwolle enthielten, der explodierte, wenn er mit Wasser in Berührung kam. Schließlich wollten damals Gerüchte wissen, daß das Schiff in Panzerschränken auf einem unteren Deck auch noch ungemünztes Gold im Wert von sechs Millionen Dollar beförderte. Wie dem auch sei, mehr als nur ein dunkler Punkt umgab das Schiff, welches an dem sonnigen, windstillen ersten Tag im Mai 1915 nach England auslief.

Während die *Lusitania* ostwärts steuerte, um bei Fastnet Rock vor der Südküste Irlands wie üblich zum ersten Mal wieder Land zu sichten, marschierte U 20 unter Kapitänleutnant Walther Schwieger auf der Suche nach großen Truppentransportern – rechtmäßigen Zielen im Kriege – dem gleichen Punkt zu. Die Anwesenheit des U-Bootes war der britischen Admiralität bekannt. Die Naval Intelligence Division (Feindnachrichtenabteilung der Marine) hatte seine Funkmeldungen abgehört, entziffert und sie dem Ersten Lord der Admiralität, Winston Churchill, wie auch dem Ersten Seelord, Admiral Sir John Fisher, zugeleitet. Am 5. Mai um 9 Uhr koppelte die Admiralität den Standort von U 20 als wenige Meilen nordwestlich von Fastnet, wo das U-Boot auf der Stelle lag. Die *Lusitania* stand noch zwei Tage Fahrzeit westlich.

Während der nächsten beiden Tage trat im Seegebiet um Fastnet wiederholt Nebel auf, jedoch versenkte Schwieger bei gelegentlich aufklarendem Wetter drei Schiffe. Am Abend des 6. Mai hielt Admiral Sir Charles Coke in dem nicht weit entfernten Marinestützpunkt von Queenstown die Lage für so bedrohlich, daß er einen Funkspruch an alle britischen Schiffe absetzen ließ: „U-Boote operieren vor der Südküste von Irland." Kapitän Turner wurde die Nachricht um 19.50 Uhr übergeben, gerade als er sich zum Abendessen mit einem Galakonzert anläßlich des Endes der Reise begeben wollte. Um 20.30 Uhr wurde Turner ein Funkspruch der Admiralität ausgehändigt, der die Warnung wiederholte. Der Kapitän ließ sofort die Rettungsboote in den Davits ausschwingen, verdoppelte die Ausguckposten, schloß so viele der wasserdichten Schotten wie möglich, ließ das Schiff abblenden und verringerte die Fahrt, damit er Fastnet bei Nacht passieren würde. Seinen nervös gewordenen Passagieren erklärte er: „Wenn wir morgen in das Kriegsgebiet einlaufen, werden wir in der Obhut der Royal Navy sicher sein."

In den Zeitungen von New York erschien am 1. Mai 1915 unter einer Anzeige für den britischen Luxusdampfer „Lusitania" eine von der Deutschen Botschaft unterzeichnete Warnung, daß Amerikaner, die auf alliierten Schiffen in das Kriegsgebiet führen, dieses „auf eigene Gefahr" täten.

Begleitet von einem Schwarm tutender Schlepper, läuft die „Lusitania" zu ihrer letzten Fahrt aus dem Hafen von New York aus. Als Antwort auf die Sorgen eines Passagiers, der sich vor den am Ende der Reise lauernden U-Booten fürchtete, stellte der Kapitän zuversichtlich fest, die „Lusitania" wäre „sicherer als die Straßenbahnwagen in der City von New York".

Zu diesem Zeitpunkt lag U 20 aufgetaucht außer Sicht von Land und lud seine Akkumulatoren auf. Der Treibstoff des U-Bootes ging zur Neige, auch waren nur noch drei Torpedos übrig, von denen Schwieger zwei für die am nächsten Tag anzutretende lange Heimreise aufsparen wollte. Bis 11 Uhr am nächsten Morgen, Freitag, dem 7. Mai, hatte sich der Nebel aufgelöst, und Schwieger entschloß sich, bis zum Mittag zu tauchen. Ungefähr zu dieser Zeit, als er tauchte, gab die Admiralität eine erneute Warnung an alle britischen Schiffe heraus: „U-Boote operieren im Südteil des Irischen Kanals. Letzter bekannter Feindstandort 20 Meilen südlich Coningbeg-Leuchtfeuer. Sicherstellen, daß *Lusitania* dies erhält."

Die *Lusitania* erhielt die Nachricht, und Kapitän Turner machte eine verhängnisvolle Kursänderung um 20 Grad nach Norden auf die Küste zu. Zum einen wollte er am Ende der Ozeanüberquerung seinen genauen Standort durch Landpeilung ermitteln, zum anderen schien ihm ein Kurs näher unter Land sicherer zu sein.

Inzwischen hatte U 20 seine lange Heimfahrt angetreten. Das U-Boot fuhr aufgetaucht mit voller Fahrt voraus. Und es lag auf einem Kurs, der den des Passagierschiffes kreuzen mußte.

Walther Schwieger, jung und blond, saß im strahlenden Sonnenschein in Hemdsärmeln auf der Brücke, verzehrte sein Mittagessen – Kartoffelsuppe mit Würstchen – und lauschte dem beliebten Lied „Rose von Stambul", dessen Melodie vom Grammophon des Bootes durch das Turmluk heraufklang. Kurz nach 13 Uhr entdeckte er Steuerbord voraus eine Rauchfahne. Angestrengt blickte er durch sein Fernglas und sah, wie das Objekt größer wurde, das er zuerst für die Masten und Schornsteine von zwei Zerstörern hielt. Aber das ferne Bild klärte sich schnell zu vier Schornsteinen und zwei Masten eines Dampfers, der auf die Küste zuhielt.

„Auf Tauchstation!“ brüllte Schwieger in das Sprachrohr. „Fluten!“ Das U-Boot tauchte und steuerte einen Kurs, mit dem es sich vor die ahnungslose *Lusitania* setzen konnte.

Bis 13.40 Uhr steuerte der Passagierdampfer die 80 Meter hohe Landspitze an, die den Namen Old Head of Kinsale trägt. Dann befahl Kapitän Turner, nur 40 Kilometer von Queenstown und der Sicherheit für sein Schiff entfernt, eine scharfe Kursänderung nach Steuerbord und begann eine Vier-Strich-Peilung zu nehmen, um seinen genauen Standort festzustellen. Diese Kursänderung führte die *Lusitania* genau in den Weg von U 20. Während der nächsten 25 Minuten manövrierte das U-Boot mit seiner höchsten Unterwassergeschwindigkeit von neun Knoten, um sich in eine Angriffsstellung seitlich vor den Bug der *Lusitania* zu setzen. Kurz vor 14.10 Uhr schob sich der Cunard-Dampfer in bester Schußposition in das Blickfeld von Schwiegers Sehrohr. Das Orchester des Passagierschiffes spielte gerade den Walzer „An der schönen blauen Donau“ für die Passagiere, die sich zum Mittagessen gesetzt hatten, als Schwieger sagte: „Feuern!“

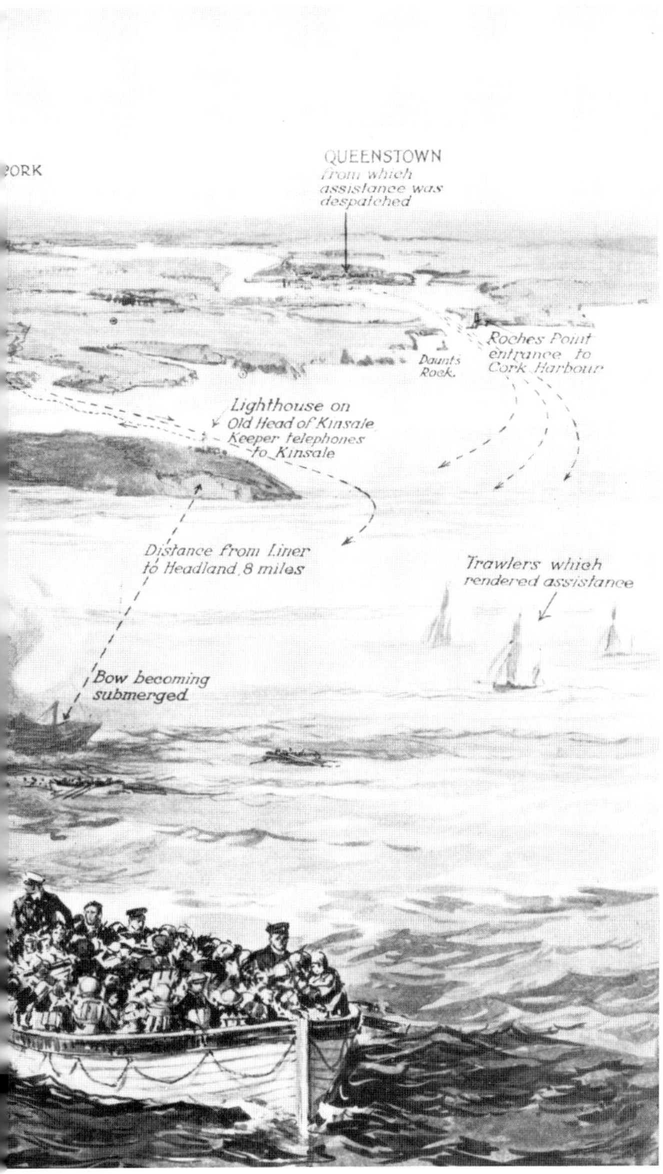

Die schwerbeschädigte „Lusitania" – hier in einer zeitgenössischen Illustrierten-zeichnung – beginnt zu sinken, nachdem sie kurz zuvor ein Torpedo von U 20 am Steuerbordbug getroffen hatte. Über die Bemühungen, Rettungsboote auszusetzen und die nahe irische Küste zu erreichen, urteilte ein Überlebender schlicht: „Es war ein totales Durcheinander."

Seinem neben ihm im Turm stehenden Navigationsoffizier diktierte Schwieger eine Notiz für das Kriegstagebuch: „Einwandfreier Schuß aus Bugrohr, Entfernung 700 Meter (G-Torpedo mit drei Meter Tiefeneinstellung), Schnittwinkel 90 Grad, geschätzte Gegnerfahrt 22 Knoten."

Der Ausguck auf Steuerbordseite der Back der *Lusitania* sah die weiße Blasenbahn im Wasser und rief in höchster Erregung zur Brücke: „Torpedo kommt an Steuerbordseite!"

Fast im gleichen Augenblick telephonierte ein anderer Ausguck, der hoch oben im Krähennest saß, zur Brücke, wo der Zweite Offizier dem Kapitän die Meldung wiederholte.

„Es kommt ein Torpedo, Sir."

Kapitän Turner blickte auf, auch er sah die weiße Blasenbahn auf sein Schiff zujagen. Sie war bereits so nahe, daß er nur einen Schritt zum Rudergänger machen konnte, bevor der Torpedo traf.

Kapitänleutnant Schwieger verfolgte das Ergebnis seines Angriffs durch das Sehrohr und diktierte während der ganzen Zeit Notizen:

„Torpedo trifft Steuerbordseite Achterkante Brücke. Eine ungewöhnlich starke Detonation folgt mit sehr starker Explosionswolke (hoch in die Luft, gerade vor dem ersten Schornstein). Der Detonation des Torpedos muß eine zweite Explosion gefolgt sein (Kessel oder Kohle oder Munition?). Die Aufbauten über dem Aufschlagpunkt und die Brücke sind auseinandergerissen, Feuer bricht aus, und Rauch hüllt die obere Brücke ein. Das Schiff stoppt sofort, erhält sehr schnell Schlagseite nach Steuerbord, gleichzeitig sinkt es über den Bug."

Schon Sekunden nach der Explosion, die eine Wolke aus Kohle, Holz und Stahltrümmern 50 Meter hoch über die Antennen des Dampfers geschleudert hatte, morste der Funker sein SOS: KOMMT SOFORT. STARKE SCHLAGSEITE. ZEHN MEILEN SÜD OLD HEAD OF KINSALE.

Durch das Loch, welches der Torpedo gerade hinter der Brücke gerissen hatte, liefen die fast leeren Kohlenbunker an der Steuerbordseite schnell voll Wasser, und das Schiff erhielt fast augenblicklich 15 Grad Schlagseite. Die zweite, unmittelbar folgende innere Explosion zerstörte weder die Brücke, noch setzte sie das Schiff in Brand, wie Schwieger in seinem Kriegstagebuch vermerkt hatte, verursachte aber große Schäden im Vorschiff. Sie hatte zur Folge, daß das Vordeck der *Lusitania* schon nach wenigen Minuten unter Wasser lag.

Über die Ursache dieser zweiten Explosion ist viel gerätselt worden. Die Kessel konnten gerissen sein oder Kohlengase in den vorderen Bunkern sich entzündet haben. Einige Leute führten die Explosion auf die geheime Konterbandemunition zurück, die das Schiff angeblich geladen hatte (die offiziell deklarierte Menge an Explosivstoffen reichte nicht aus, um so tödlichen Schaden anzurichten). Was auch immer die Ursache gewesen sein mag, die zweite Explosion war in ihren Auswirkungen weitaus gravierender als der ursprüngliche Torpedotreffer.

Obgleich der Dampfdruck fiel, weil der Maschinenraum schnell überflutet war, schoben die Massenkräfte die *Lusitania* unaufhaltsam vorwärts. Dabei krängte sie nach Steuerbord und sank mit dem Bug ständig tiefer ein. Kapitän Turner befahl, das Schiff zu verlassen. Die Restgeschwindigkeit der *Lusitania* erschwerte jedoch das Zuwasserlassen der Rettungsboote. Mehrere kenterten, als sie auf das Wasser schlugen, und spien ihre Insassen aus, die entweder an der Schiffsseite zerquetscht oder, mit den Wellen kämpfend, weit hinter dem Schiff zurückblieben. Wegen der starken Schlagseite hatten die Backbordrettungsboote keine klare Fallstrecke mehr zum Wasser, die Boote der Steuerbordseite hingegen hingen so weit nach außen, daß die Passagiere Angst hatten, hineinzuklettern. Mehrere Backbordboote donnerten die Schiffsseite hinunter, wobei ihr Boden an den großen Nietköpfen, die aus den Platten des Schiffsrumpfes herausragten, aufgerissen wurde. Die *Lusitania* besaß Rettungsboote für 2605 Menschen – also für viel mehr, als tatsächlich an Bord waren. Aber das Abfieren der Boote war so schwierig, daß nur sechs von 48 heil zu Wasser kamen, und nur ein kleiner Teil der Passagiere konnte in ihnen Platz finden.

Vergeblich versuchte Kapitän Turner, sein Riesenschiff an die Küste zu bringen, wo er es auf Grund setzen wollte. Ebenso erfolglos bemühte er sich, die Fahrt aus dem Schiff zu nehmen, damit der Passagierdampfer sicherer verlassen werden könnte. Es gab keine Reaktion mehr, weder von der Maschine noch vom Ruder. Entsetzt über die endlose Kaskade von Menschenkörpern, die Hals über Kopf aus zerschlagenen oder gekenterten Rettungsbooten fielen, gab Turner den Befehl, das Abfieren der Boote vorübergehend einzustellen. Dies brachte einen in Panik geratenen New Yorker, der mit einer Gruppe Passagieren und Besatzungsmitgliedern versucht hatte, ein Boot an der Backbordseite abzulassen, in Wut. „Zum Teufel mit dem Kapitän!" schrie er, einen Revolver ziehend. „Den ersten Mann, der meinen Befehlen, das Boot zu fieren, nicht nachkommt, schieße ich tot." Ein Matrose schlug den Haltebolzen heraus, das Boot glitt über das abschüssige Deck, mähte eine Bahn durch die Menge der Passagiere, und quetschte dabei mehr als 30 Personen zu Tode, bevor es sich überschlug und seine Insassen ins Meer warf.

Die *Lusitania* war eindeutig verloren. Ihr Bug lag bereits unsichtbar unter Wasser, die See ergoß sich in die vorderen Ladeluken und drang durch die Steuerbordbullaugen ein. Später hat man berechnet, daß je Bullauge 3,75 Tonnen Wasser pro Minute in das Schiff einströmten.

Die Neigung des Oberdecks war jetzt so steil, daß die Menschen darauf ausrutschten und gegen die Relings glitten. Das Meer war dicht mit Treibgut und Menschenkörpern bedeckt – lebenden und toten. Über die Rettungsboote und die Schwimmer neigten sich drohend die vier riesigen Schornsteine der *Lusitania*. Jeden Augenblick konnten sie auf diese herabstürzen. Die Menschen verließen das Schiff auf jede nur mögliche Art. Sie kletterten an Tauen herunter, sogar an der stählernen Logleine, oder sie sprangen über Bord – für diejenigen, die von dem sich immer höher hebenden Heck sprangen, ein Sturz in volle 30 Meter Tiefe. Andere blieben zurück: Nichtschwimmer oder Menschen, die sich mit dem Tode abgefunden hatten; Frauen, die ihre hilflosen Kleinkinder nicht im Stich lassen wollten; und Männer wie der Londoner Berichterstatter des International News Service, der bis zum Untergang des Schiffes photographierte und ausrief: „Das werden die sensationellsten Bilder, die je gemacht wurden!" (Sie gingen beim Untergang verloren.)

Alfred G. Vanderbilt, der nicht schwimmen konnte, war unter den Leuten, die blieben. Er wurde auf dem B-Deck gesehen, wo er vergeblich versuchte, eine hysterische Frau zu retten. Man hörte ihn zu seinem Diener sagen: „Bring alle Kinder, die du finden kannst, zusammen, Junge." Später wurde er gesichtet, als er in der großen Empfangshalle des Schiffes in aller Ruhe Schwimmwesten an einigen Korbkinderwagen festband, in denen Babys aus dem Kinderzimmer lagen. Zuletzt sah man ihn sich eine Zigarette anstecken und gemächlich nach vorne gehen, nachdem er einer jungen Krankenschwester seine Schwimmweste überlassen hatte. Vanderbilts Leiche wurde nie gefunden.

Um 14.25 Uhr beschloß Schwieger abzulaufen. In sein Kriegstagebuch schrieb er: „Es sieht aus, als würde das Schiff nur noch kurze Zeit schwimmen. Tauche auf 24 Meter und laufe nach See hin ab. Ich hätte es nicht fertiggebracht, einen zweiten Torpedo in diese Masse Mensch zu schießen, die sich zu retten suchte."

Als das große Schiff langsam vorwärts und nach unten glitt, spülte die See über die Brücke und wirbelte um die Beine des Kapitäns. Turner setzte sich seine Mütze fester auf den Kopf und begann, eine von der Brücke zum

Särge mit Opfern des Untergangs der „Lusitania" füllen ein Massengrab in Queenstown, Irland. Am Tage der Beisetzung blieben alle Geschäfte der Stadt geschlossen, und Trauergäste strömten aus allen Teilen des Landes herbei, um am Gottesdienst für die 130 nicht identifizierten Toten der „Lusitania" teilzunehmen.

Signaldeck führende Leiter hinaufzusteigen. Aber das Schiff sank schneller, als er klettern konnte. Er wurde von der eindringenden See überholt und trieb davon, wobei er sich noch an einen Stuhl klammern konnte. Das half ihm, sich bis zu seiner Rettung über Wasser zu halten.

Die *Lusitania* hielt, steil nach unten gerichtet, plötzlich im Sinken inne. Die vier noch langsam drehenden Schrauben und das 65 Tonnen schwere Ruder ragten hoch in die Luft. Ein Zittern lief durch das ganze Schiff, sein Bug war auf dem felsigen Meeresboden aufgeschlagen. In dieser extremen Schräglage blieb das Schiff für einen langen Augenblick stehen und drehte sich langsam um die eigene Achse. Seine Bootsdecks waren immer noch voll von Menschen, die sich an die Relings klammerten und versuchten, die letzten Boote freizubekommen. Dann sank das Heck allmählich mit „einem donnernden Brüllen" – wie es ein Überlebender beschrieb – „ähnlich wie beim Zusammenfallen eines großen Gebäudes in einem Brand". Als die riesigen schwarzen Schlünde der Schornsteine unter Wasser tauchten, wurden mindestens zwei Passagiere in sie eingesaugt und wieder herausgeschleudert, als ein Kessel explodierte. Der Kesselexplosion folgte, wie ein Überlebender sich erinnerte, „ein langer, klagender Ton. Die verlorenen Menschen schienen geradewegs aus der Tiefe zu rufen". An der Untergangsstelle kochte die Wasseroberfläche wie über einem unterseeischen Vulkan, beruhigte sich dann und ließ eine friedliche, sonnenbeschienene See zurück, die im Umkreis von einer halben Seemeile mit Wrackteilen und Menschen bedeckt war. Die *Lusitania,* der Stolz der Cunard-Linie, war in nur 18 Minuten gesunken.

Bis am späten Abend eine Schar Rettungsschiffe aus Queenstown den letzten Überlebenden aus dem Atlantik geborgen hatte, waren 1198 Menschen ums Leben gekommen; 94 waren Kinder (35 von diesen Kleinkinder) und 128 amerikanische Staatsbürger. Das schnelle und angeblich unsinkbare Schiff *Lusitania* war das beste gewesen, was die Engländer als ein gegen Angriffe sicheres Passagierschiff zu bieten gehabt hatten. Jetzt lag es auf dem Meeresgrund, und das U-Boot – jenes merkwürdig aussehende Monstrum, dem die Deutschen noch vor einem Jahr höchstens den Wert eines aussichtsreichen Experiments zuerkannt hatten – hatte sich vor den Augen einer entsetzten Welt mit einem Schlage als verheerend wirksame Kriegsmaschine erwiesen.

In Deutschland wurde die Versenkung im allgemeinen beifällig aufgenommen, wenn auch einige Berichte die Vermutung äußerten, Schwieger habe die *Lusitania* irrtümlich für einen Truppentransporter gehalten. (Schwieger ist im Krieg gefallen, daher konnte nie mit letzter Sicherheit geklärt werden, ob er vor dem Torpedoschuß erkannt hatte, daß er einen Passagierdampfer der Linienfahrt angriff.)

In den Vereinigten Staaten von Amerika löste die Nachricht von der Versenkung der *Lusitania* Entsetzen und Empörung aus. Präsident Wilson weinte, als sie ihm im Garten des Weißen Hauses überbracht wurde. Der ehemalige Präsident Theodore Roosevelt brandmarkte die Versenkung als „Piraterie mit einem Ausmaß an Mord, wie er nicht einmal von den Piraten alter Zeiten verübt wurde". Er fügte hinzu: „Es scheint unvorstellbar, daß wir uns einer Gegenmaßnahme enthalten können. Wir schulden sie der Menschheit und unserer nationalen Selbstachtung!"

Am Tage nach der Versenkung schickte der amerikanische Botschafter in Großbritannien ein Telegramm an Präsident Wilson, in dem er die Haltung der britischen Presse wiedergab: „Es herrscht die nichtoffizielle Meinung, daß die Vereinigten Staaten den Krieg erklären oder ihr Ansehen in Europa verlieren müssen. Sollten die Vereinigten Staaten in den Krieg eintreten, würde die moralische und materielle Wirkung den Frieden schnell herbeiführen, den Vereinigten Staaten einen großen Einfluß auf die Beendigung des Krieges einräumen und damit auf eine Neuordnung der Welt, die die Wiederholung eines solchen Krieges verhindert."

Die Amerikaner waren aber zu einer Kriegserklärung noch nicht bereit. Der Präsident schickte Deutschland lediglich eine Protestnote, in der er seine Entschlossenheit betonte, den Amerikanern mit allen Mitteln das Recht zu sichern, auf der hohen See überall hinzufahren, auf jedem Schiff ihrer Wahl, selbst wenn dieses Schiff einer kriegführenden Nation gehörte. In England verspottete man sowohl die Vereinigten Staaten wie ihren Präsidenten als Feiglinge. Wenn in den Theatern das Wort „Amerika" fiel, buhten und zischten Zuhörer, und auf dem Festland kämpfende Soldaten nannten einen Blindgänger „Wilson".

Dennoch blieb der *Lusitania*-Fall ein schwelendes Feuer. Er verstärkte die deutschfeindlichen Gefühle der Amerikaner und sollte schließlich zum Meinungsumschwung bei Volk und Präsident beitragen.

Lange Zeit verging, bevor die Aufregung über die Versenkung der *Lusitania* abebbte. Und wahrhaftig, hätte Schwieger den Weltkrieg überlebt – er fiel 1917, als das neue von ihm geführte U-Boot, U 88, auf eine Mine lief –, wäre er ohne jeden Zweifel auf Betreiben der Alliierten als Deutschlands Kriegsverbrecher Nr. 1 vor Gericht gestellt worden.

U 35: eine vorbildliche Konstruktion

U 35 wurde unter dem Kommando von Lothar von Arnauld de la Perière *(S. 36)*, dem Inbegriff deutscher U-Boot-Asse, das bei weitem berühmteste U-Boot des Ersten Weltkrieges. Abgesehen von seinen Erfolgen gab es auf U 35 aber kaum Besonderheiten. Tatsächlich war es das Musterbeispiel einer bemerkenswerten Klasse von Schiffen, die zu Hunderten für die Unterwasserflotte des Kaisers gebaut wurden.

Im Jahre 1913 in Kiel vom Stapel gelaufen, maß U 35 in der Länge 64,70 Meter, in der Breite 6,32 Meter und wies, vom Kiel bis zum Oberdeck gemessen, eine Höhe von 3,56 Meter auf. Bei einer Wasserverdrängung von 878 Tonnen in getauchtem Zustand trug es in Bug und Heck je zwei Torpedorohre und konnte insgesamt sechs Torpedos mitführen. Zwei Dieselmotoren mit je 1850 PS Leistung trieben die Doppelschrauben an und luden die Akkumulatoren auf.

U 35 und seine Schwesterboote stellten eine bewundernswerte technische Leistung dar. Mit ihm konnten Unternehmen durchgeführt werden, von denen sich in früheren Kriegen nur träumen ließ – unter die Oberfläche der See tauchen und Schiffe von zehnfacher, ja zwanzigfacher Größe angreifen. Zudem und im Gegensatz zu den Unterseebooten anderer Nationen waren U 35 und seine Schwesterboote bei aufgetauchter Fahrt hervorragend handige Fahrzeuge.

Um dem enormen Wasserdruck in der Tiefe widerstehen zu können, mußte der Schiffskörper eines Unterseebootes nach den Gesetzen der Hydrostatik wie ein an beiden Enden verjüngtes Rohr geformt sein. Großbritannien und seine Alliierten bauten röhrenförmige U-Boote, die getaucht gut zu handhaben waren, an der Oberfläche jedoch rollten und schlingerten. Die Deutschen hingegen verkleideten den inneren, röhrenförmigen Druckkörper mit einer zweiten Hülle, die die Form eines schlanken Torpedobootes aufwies. Diese äußere Schiffsform gestattete den deutschen Unterseebooten, mit etwa 18 Knoten Fahrt durch die Wellen zu schneiden und noch in einem Seegang ruhig zu liegen, der röhrenförmige U-Boote zwang, unter Wasser Zuflucht zu suchen.

Tauchte das Unterseeboot, füllte sich der Zwischenraum beider Hüllen mit Wasser, und die äußere Hülle war keinem Druckunterschied ausgesetzt. Wegen ihrer Ausformung als Überwasserschiff waren Zweihüllenboote unter Wasser schwieriger zu handhaben als die röhrenförmigen Einhüllenboote. Andererseits blieb dieser Nachteil unbedeutend, denn ein Unterseeboot auf Feindfahrt verbrachte fast seine ganze Zeit an der Wasseroberfläche und tauchte nur, um anzugreifen oder um sich zu verbergen.

Bis in die allerletzten Tage des Krieges bemühten sich die Konstrukteure der deutschen U-Boote um Verbesserungen. Sie machten sie länger, gaben dem Bug eine ausladendere Form und montierten schwerere Geschütze. All dies blieben aber nur kleine Änderungen, die die Werften nicht daran hinderten, am laufenden Band neue Einsatzboote zu produzieren. Der Grundentwurf war so vorbildlich, daß Jahre später, als Deutschland wieder in den Krieg zog, sich die eingesetzten U-Boote nicht wesentlich von U 35 unterschieden.

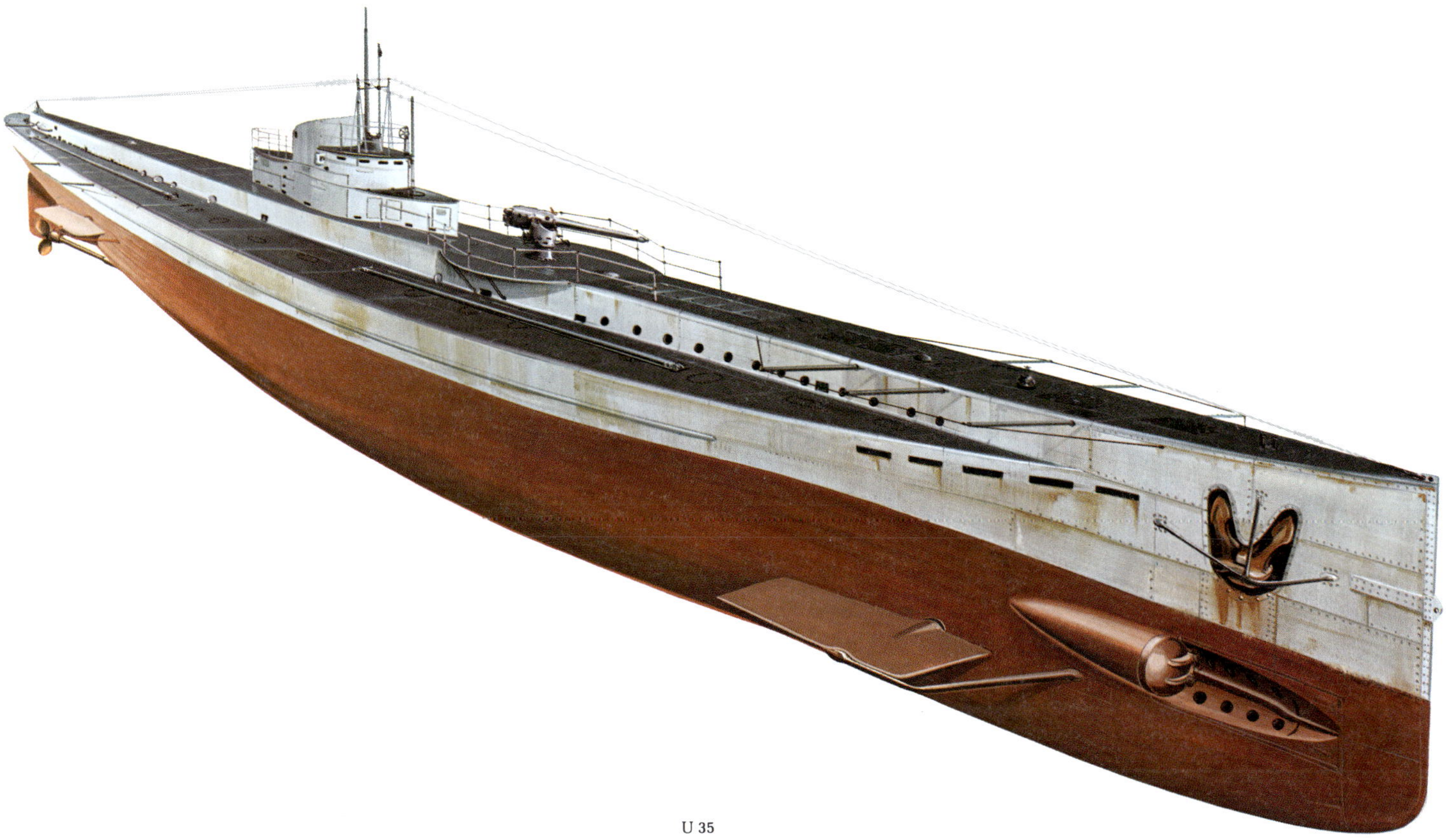

U 35

Für die deutsche Marine hatte die Bewaffnung der U-Boote Vorrang vor ihrer Tauglichkeit als Unterkunft für die Mannschaft. Jede Tonne Schiffsgewicht hatte in erster Linie der Erhöhung der Kampfkraft des Unterseebootes zu dienen – für Waffen und Zubehör, zur Mehrung der Feuerkraft, der Geschwindigkeit und des Aktionsradius. Die 35 Mann starke Besatzung mußte sich dementsprechend mit den engen Räumen abfinden, die die Maschinerie übrigließ.

Der Kommandoturm, der Schiffshülle in der Mitte aufsitzend, bildete zusammen mit der direkt unter ihm liegenden Zentrale das Nervenzentrum eines U-Bootes. Zwei Sehrohre, eines für den Torpedoschuß, das andere für die Schiffsführung, wurden aus dem Turm heraus bedient, wo sich der Kommandant während einer Kampfhandlung aufhielt. Damit deren Linsen beim Tauchen des Bootes nicht beschlugen, waren die Periskoprohre mit trockener Luft gefüllt und versiegelt. Um Wassereinbruch zu verhindern, wenn in einem Gefecht der obere Teil des Sehrohres abgeschossen wurde, hatte man das Sehrohr auf halber Höhe mit einer dicken Glasplatte unterteilt.

Ein Luk verband Turm und Zentrale, von welcher aus der Leitende Ingenieur und seine Maschinisten die Antriebsmaschinen, Tauchtanks und Tiefenruder bedienten. Wenn U 35 tauchte, wurden diese drei Systeme in Abstimmung miteinander gefahren. In die außerhalb des Druckkörpers liegenden Tauchtanks *(Querschnittszeichnung rechte Seite)* wurde genügend Wasser eingelassen, um das Boot in Tauchtrimm zu bringen – das heißt, fast bis zum Sinken. Dann trieb man das Boot mit Maschinenkraft und Tiefenrudern vorwärts und abwärts. Getaucht behielt das Unterseeboot im allgemeinen den Zustand des Nullauftriebs bei und kehrte auf dieselbe Weise wieder an die Oberfläche zurück. Im Notfall konnte das Wasser aus den Tauchtanks mit Preßluft ausgeblasen werden, was einen schnellen Aufstieg zur Folge hatte.

Hinter der Zentrale, zugänglich durch ein Kugelschott in einer kräftigen Schottwand, lag der Maschinenraum, in dem die großen Dieselmotoren für den Überwasserantrieb standen. In dieser düsteren Umgebung, in der von jeder Oberfläche Schmierfett tropfte, lauschten die erfahrenen Ohren des Maschinenpersonals auf jede Unregelmäßigkeit im Rhythmus der Motoren. „Es war eine kleine Hölle voll rasselnder und surrender Geräusche", erinnerte sich ein Ingenieur.

Hinter dieser Abteilung folgte der stille Raum für die Elektromotoren, die das U-Boot bei Tauchfahrt antrieben (hätte man unter Wasser die Dieselmotoren weiterlaufen lassen, wäre die Luft im Bootskörper in wenigen Sekunden verbraucht worden). Die Akkumulatoren für die Elektromotoren lagen im Boden dieser Abteilung. Bei voller Aufladung konnten sie das U-Boot fast zwei Stunden mit einer Geschwindigkeit zwischen sechs und acht Knoten in Fahrt halten. Über eine Umkehrkupplung ließen sich die Elektromotoren an die Dieselmotoren anschließen. Wenn also die Akkumulatoren wieder aufgeladen werden mußten, tauchte das Boot auf, und die Diesel drehten die Elektromotoren in Gegenrichtung, wodurch sie als Generatoren arbeiteten.

In Bug und Heck des U-Bootes befanden sich die beiden Torpedorohrsätze, die die gefürchteten Schläge bewirkten, und verteilt über das ganze Boot lagen die winzigen Räume, in denen die Besatzung lebte und arbeitete: Bergleuten in der Grube ähnlicher als Seeleuten auf den Wogen des Meeres.

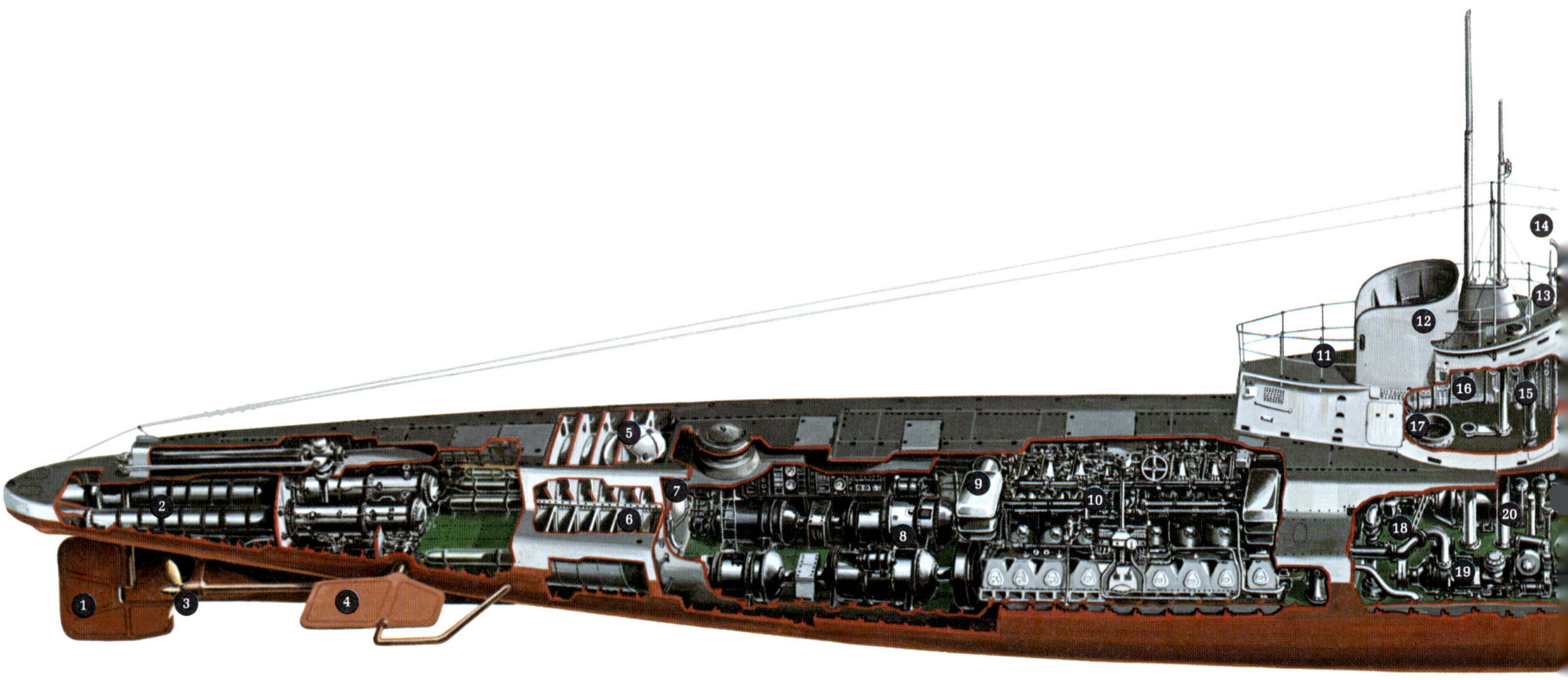

1. RUDER
2. HECKTORPEDOROHRE
3. SCHRAUBEN
4. TIEFENRUDERFLOSSE
5. LUK FÜR TORPEDOÜBERNAHME
6. TREIBSTOFFTANKS
7. WASSERDICHTES SCHOTT
8. ELEKTROMOTOREN
9. LÜFTER
10. DIESELMOTOREN
11. BRÜCKENDECK
12. TURMVERKLEIDUNG
13. BRÜCKENRUDERSTAND
14. SPRACHROHR
15. KOMMANDOTURM
16. OKULAR DES SEHROHRES
17. TURMLUK
18. ZENTRALE
19. LUFTKOMPRESSOR
20. SEHROHRSCHAFT
21. TIEFENSTEUERUNG
22. KOMBÜSE
23. KOMMANDANTENKAMMER
24. AKKUMULATOREN
25. OFFIZIERSKOJEN
26. ÄUSSERE HÜLLE
27. 10,5-cm-DECKSGESCHÜTZ
28. DRUCKKÖRPER
29. WASSERPFORTEN
30. PUMPEN
31. PRESSLUFTTANKS
32. RESERVETORPEDOS
33. BUGSPILL
34. BUGTORPEDOROHRE
35. TORPEDOROHRPFORTE
36. ANKER

Der Querschnitt durch U 35 läßt die Form der Außenhülle erkennen sowie den kreisförmigen inneren Druckkörper und die wie Satteltaschen angebrachten Tauchtanks.

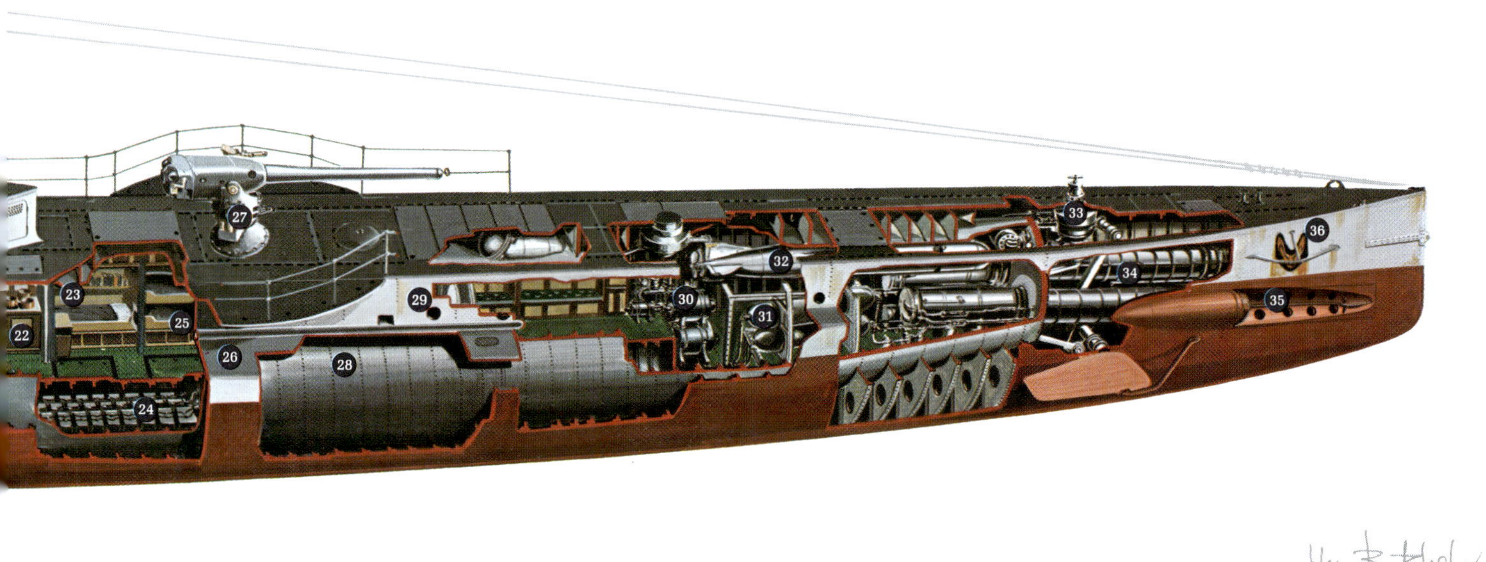

Erschreckt über die unerwartete Heftigkeit der amerikanischen Reaktion, befahl die deutsche Regierung den U-Booten am 6. Juni, keine großen Passagierschiffe mehr anzugreifen. Am 18. September ließ der Kaiser dann den uneingeschränkten U-Bootkrieg gegen die Handelsschiffahrt in den britischen Gewässern einstellen. Während des größten Teils des folgenden Jahres blieb das Vereinigte Königreich dann von der Heimsuchung durch deutsche U-Boote verschont – abgesehen von dem Verminen der Schiffahrtswege und der britischen Häfen, das bis zum Kriegsende ohne Unterbrechnung fortgesetzt wurde.

Um das Potential der Unterseeboote nicht ungenutzt zu lassen, verlegte die deutsche Seekriegsleitung die U-Boote vom Atlantik und der Nordsee in das Mittelmeer. Hier konnten sie dem deutschen Verbündeten, der Türkei, im Kampf gegen britische und Empire-Streitkräfte, die an den Dardanellen bei Gallipoli Fuß fassen wollten, zu Hilfe kommen.

Ausgehend von Stützpunkten in Häfen der Adria, führten die U-Bootflottillen ihre neuen Operationen gegen Transporter, die Truppen an die Front bei Gallipoli schafften, und gegen britische und neutrale Schiffe mit Nachschubgütern aus Indien und dem Fernen Osten. Bei reichlicher Ernte gab es wenig Gegenmaßnahmen, und die Erfolge der U-Boote waren aufsehenerregend. Bei Gallipoli torpedierte Kapitänleutnant Otto Hersing mit U 21 das englische Schlachtschiff *Triumph,* das die türkischen Stellungen beschossen hatte, und entging dem Gegenangriff durch benachbarte Schiffe, indem er unter dem sinkenden Schlachtschiff hindurchtauchte und auf der anderen Seite seines Opfers ablief. Zwei Tage später torpedierte er ein zweites britisches Schlachtschiff, die *Majestic,* vor den Augen der an Land hart bedrängten türkischen Soldaten. Hersings Erfolge veranlaßten die Briten, alle Großkampfschiffe aus ihren Küstenbeschießungsgeschwadern abzuziehen.

Ein anderer U-Bootkommandant, Lothar von Arnauld de la Perière, machte das Mittelmeer zu seinem höchsteigenen Jagdgebiet. Als Arnauld mit U 35 *(S. 33–35)* zwischen dem 26. Juli und dem 20. August 1916 nicht weniger als 54 Schiffe mit insgesamt 91 150 Tonnen versenkte, dabei 900 Geschützgranaten und nur vier Torpedos brauchte, vollbrachte er die größte Waffentat aller Unterseebootkommandanten. Sein Einlaufen in einen Adriahafen mit 54 Wimpeln – einem für jedes versenkte Schiff – wurde von einer wartenden Menschenmenge stürmisch bejubelt. Arnauld bestand jedoch hartnäckig darauf, daß er nichts Besonderes geleistet hätte. ,,Meine Rekordfeindfahrt war ganz zahm und langweilig", erinnerte er sich später. ,,Wir stoppten die Schiffe. Die Besatzungen gingen in die Rettungsboote. Wir prüften die Schiffspapiere, gaben Anweisung, wie der nächste Hafen zu erreichen sei, und versenkten dann die angehaltene Prise." Als er U 35 verließ, um ein anderes Kommando zu übernehmen, hatte dieses bescheidene As der Asse seine Erfolge auf nicht weniger als 195 Versenkungen erhöht – zwei Kriegsschiffe, einen Hilfskreuzer, fünf Truppentransporter, 125 Dampfer und 62 Segelschiffe. Bis Kriegsende wuchs die Zahl seiner Opfer auf über 200 Schiffe mit zusammen fast einer halben Million Tonnen an. Dabei beachtete Arnauld auf allen seinen Feindfahrten streng die Regeln der Ritterlichkeit zur See.

Das Mittelmeer blieb nicht der einzige ferne Schauplatz, auf dem die U-Boote aktiv wurden. Um den Vereinigten Staaten zu bekunden, daß Deutschland am Handel mit ihnen interessiert sei, lief im Juli 1916 ein eigenartiges Schiff, bekannt als das Handels-U-Boot *Deutschland,* den Hafen von Baltimore an. Die *Deutschland* brachte eine Ladung Chemikalien, Farbstoffe und Edelsteine. Sie hatte die britische Blockade durchbrochen und den Atlantik auf der Route über die Orkney-Inseln in etwas weniger als vier Wochen überquert. Die *Deutschland* war wie ein normales Unterseeboot gebaut, jedoch ohne Geschütz und Torpedorohre, dafür mit

Mit einer von deutschfreundlichen Geschäftsleuten in Baltimore gelieferten Ladung im Wert von einer Million Dollar läuft das Handels-U-Boot „Deutschland“ im August 1916 in Bremen ein und wird begeistert begrüßt, nachdem es ihm gelungen war, die britische Blockade zu durchbrechen. Alle sieben als Frachtfahrer entworfenen U-Boote wurden im Laufe der Zeit zu Kampfbooten umgebaut.

größerer Breite, um Fracht aufnehmen zu können, und war als Blockadebrecher von privater Hand finanziert und für die Geschäftspartner von einer deutschen Schiffahrtsgesellschaft bereedert worden. Allerdings war klar, daß sie leicht in ein Kriegsschiff umgebaut werden konnte.

Im August ging die *Deutschland* mit einer Ladung im Wert von einer Million Dollar – Zinn, Nickel und Rohgummi – auf die Heimreise. Das Wohlwollen, das ihr Besuch erweckt hatte, verflog jedoch schnell. Denn das nächste U-Boot, welches den Atlantik überquerte, war ein normales Einsatzboot, U 53. In ebenso aggressiver wie demonstrativer Art, wie um die große Reichweite der Unterseeboote zu beweisen, versenkte es eben außerhalb der amerikanischen Hoheitsgewässer kaltblütig fünf Handelsschiffe – drei britische, ein norwegisches und ein holländisches –, während die Zerstörer der Vereinigten Staaten in der Nähe standen und nicht eingreifen durften.

Während die Amerikaner auf die Tätigkeit der U-Boote nur mit Ärger reagierten, ohne aktiv zu werden, suchten die Briten verzweifelt nach wirksamen Mitteln für eine Gegenwehr. Bis zur Mitte des Jahres 1916 lag mehr als eine Million Tonnen Schiffsraum auf dem Meeresboden – bei einem Verlust von nur 32 U-Booten. Minenfelder nützten wenig, denn die britischen Minen besaßen fehlerhafte Zünder, die oft die Explosion nicht zur rechten Zeit auslösten.

Offensichtlich mußte etwas Besseres gefunden werden. Aber was? Die beste Aussicht bot – eine ungewöhnliche Antwort auf eine nicht vorhersehbare Notlage – ein uraltes Verfahren, das die Briten vor mehr als einem Jahr wieder zum Leben erweckt hatten: das Köderschiff.

Kapitel 2

Einsatz ungewöhnlicher Mittel

An Bord von U 27, einem von drei Booten, die während des uneingeschränkten U-Bootkrieges auf den westlichen Anfahrtswegen zum Ärmelkanal im Einsatz standen, sonnten sich einige Besatzungsmitglieder an Deck. An diesem 19. August 1915 befand sich das Unterseeboot 70 Seemeilen westlich der Scilly-Inseln und steuerte einen westlichen Kurs. Es war erst 15 Uhr, aber die drei U-Boote hatten schon ein volles Tagewerk vollbracht. Sie hatten sechs britische Frachtschiffe versenkt, ein weiteres schwer beschädigt und in offenkundiger Verletzung des Völkerrechts das 15 801 Tonnen große Passagierschiff *Arabic* torpediert, wobei 44 Menschen umgekommen waren.

Das Wetter war ausgezeichnet für solch tödliche Arbeit. Ein frischer Wind aus Südwest bewegte die Meeresoberfläche gerade genug, um ein Sehrohr in den kleinen Wellenkämmen verschwinden zu lassen, und der Horizont lag als scharfgezogene Linie zwischen zwei kontrastierenden Blaufarben, gegen die sich auch ein entferntes Schiff deutlich abhob.

Plötzlich rief der Ausguck auf der Brücke des U-Bootturmes eine Warnung und gab mit seinem Arm die Richtung an. Im Westen hing eine dünne Rauchfahne über dem Horizont, und in den Ferngläsern erschienen wie Nadelspitzen zwei Masten, die sich gegen den Himmel bewegten. Kapitänleutnant Bernhardt Wegener befahl seine Männer sofort ins Boot, nur einen Augenblick später war U 27 bis eben unter die Oberfläche getaucht und schlich auf sein neues Ziel zu.

Das Schiff – ein rechtmäßiges Angriffsziel – war der Linienfrachter *Nicosian* der Leyland-Reederei, ein zum Truppentransporter umgebautes Schiff von 6369 Tonnen Größe, das sich mit 800 für die britische Armee bestimmten Maultieren auf der Rückreise von New Orleans nach England befand. An Bord waren auch 80 amerikanische Maultiertreiber.

Nachdem er sie aus der Nähe beobachtet hatte, entschied Wegener, auf die *Nicosian* keinen Torpedo zu verschwenden. Das Schiff war offensichtlich unbewaffnet und verhältnismäßig leicht mit Geschützfeuer zu versenken – ein wesentlich billigeres, wenn auch zeitraubendes Verfahren. Dementsprechend brachte er sein U-Boot etwa eine halbe Seemeile Backbord achteraus der *Nicosian* an die Oberfläche. Kaum war das Wasser vom U-Bootdeck abgelaufen, besetzte die Geschützbedienung schon das 10,5-cm-Geschütz und war feuerbereit. Auf Wegeners Kommando feuerte sie einige Schüsse zur Entfernungsbestimmung.

Panik brach auf der *Nicosian* aus, als die ersten Granaten herüberpfiffen und die große, weiße Seite des Schiffskörpers nur knapp verfehlten. Ihr Kapitän, Chester Manning, ergriff die einzige Abwehrmaßnahme, die einem Schiff wie seinem zur Verfügung stand. Er legte den Maschinentelegraph auf „Volle Fahrt" und steuerte einen wilden Zickzackkurs, um dem verfolgenden U-Boot wenigstens ein schwieriges Ziel zu bieten. Auch ließ er seinen Funker Notsignale senden. Er hegte keinen Zweifel, daß sein Schiff verloren war. Es bestand aber die Möglichkeit, daß ein in der Nähe stehendes Schiff seinen Notruf hörte und die Überlebenden aufnahm, wenn das deutsche Unterseeboot die *Nicosian* erledigt hatte.

Wenige Minuten später, nachdem die Geschützbedienung sich eingeschossen hatte, verschlechterte sich die Lage beträchtlich. Die *Nicosian* erhielt mehrere Unterwassertreffer im Laderaum Nr. 1 und begann schnell vollzulaufen. Einer ihrer Kessel war bereits ausgefallen, auch das Achterschiff wies an mehreren Stellen Einschüsse auf. Der nächste Funkspruch ging hinaus: VON FEINDLICHEM UNTERSEEBOOT GESTELLT. BESATZUNG KLAR ZUM VERLASSEN DES SCHIFFES. BREITE 50.22 N, LÄNGE 8.12 W.

Die Maultiertreiber und einige Besatzungsmitglieder hatten tatsächlich schon die Rettungsboote abgefiert, um zu versuchen, von dem sinkenden Schiff freizukommen und dem Granatenhagel, der die Decks aufriß, zu entgehen. Um 15.20 Uhr stoppte die *Nicosian*. Dann fiel der Hauptsender

Mit Heubündeln als harmloses Handelsschiff getarnt, eröffnet eine U-Bootfalle der Royal Navy das Feuer auf ein unvorsichtiges Unterseeboot. Solche Tarnungen der Q-Schiffe wurden, trotz schon lange umlaufender Gerüchte, von der Admiralität erst im August 1918 zugegeben. Der Italiener Achille Beltrame malte dieses Aquarell nach einem Zeitungsbericht über die Enthüllungen der Admiralität.

aus, der batteriegespeiste Notsender des geschlagenen Schiffes wurde in Betrieb genommen und strahlte einen letzten verzweifelten Ruf aus: HILFE! HILFE! UM GOTTES WILLEN, HELFT!

Die Besatzung des U-Bootes war während der ganzen Zeit von der Beschießung des fliehenden Dampfers so in Anspruch genommen, daß sie nicht bemerkte, wie im Westen ein drittes Schiff auf dem Kampfplatz erschien. Dieses Schiff war ein verwahrlost aussehender Trampdampfer, fuhr am Heck die amerikanische Flagge und an beiden Schiffsseiten große Tafeln, auf denen das Sternenbanner aufgemalt war, um seine Rechte als Neutraler besonders kenntlich zu machen. Seine Besatzung stand in Gruppen an Deck herum, zeigte auf die *Nicosian* und winkte den Männern zu, die von ihrem Schiff flohen.

Als Wegener dieses Schiff bemerkte, war es auf der Steuerbordseite von der *Nicosian* ungefähr ebensoweit entfernt, wie U 27 an Backbord achteraus stand. Es schien auf die Rettungsboote zuzuhalten, die vor dem Bug der *Nicosian* auf den Wellen tanzten. Verblüfft über die Verwegenheit des amerikanischen Trampdampfers, manövrierte Wegener sofort in eine Stellung, in der er ihn abfangen konnte, bevor er die Rettungsboote erreichte. Mit dem Fernglas konnte er an dem verrosteten Bug des Eindringlings den Namen *Baralong* lesen, auf seiner Brücke sah er den Kapitän stehen – eine wenig einnehmende Erscheinung mit langen, strähnigen Haaren, die unter seinem Hut hervorquollen.

Es war jetzt zu spät, gegen den Neuankömmling loszuschlagen, solange sie beide noch achteraus von der *Nicosian* standen, denn die *Baralong* verschwand gerade hinter dem großen Rumpf des Frachtschiffes. Daher lief Wegener mit Höchstfahrt an der Backbordseite der schwelenden *Nicosian* vorbei und wollte sein Geschütz auf die *Baralong* richten, sobald sie vor dem Bug des Linienfrachters wieder in Sicht käme. Zwischen seinem Boot und dem Schiff würden dann nur wenige hundert Meter liegen – für Verhältnisse des Seekrieges praktisch Kernschußweite –, so daß ihm auf diese Entfernung der lästige Amerikaner völlig ausgeliefert wäre.

Unsichtbar für Wegener fand jedoch jenseits der *Nicosian* eine phantastische Verwandlung statt. Die Seeleute, bisher tatenlose Zuschauer an der Reling der *Baralong*, wurden, kaum daß sie außer Sicht des U-Bootes waren, plötzlich emsig tätig. Sie bewegten sich an Deck mit einer aufeinander abgestimmten Präzision, wie sie nur durch monatelange Übung und eine schon mechanische Beherrschung sorgfältig geplanter Rollen zu erreichen ist. Auf der Brücke warf der Kapitän seinen Hut – einschließlich der langhaarigen, ungekämmten Perücke – beiseite und bellte seine Befehle in das Sprachrohr neben ihm. Die Reling am Heck des Schiffes wurde aus ihren Halterungen gehoben und über Bord geworfen. Ein hölzernes Schafgatter auf dem Achterdeck fiel plötzlich wie ein Kartenhaus zusammen, und acht Mann nahmen ihre Plätze an dem langrohrigen Zwölfpfünder-Decksgeschütz ein, das darin verborgen gewesen war. Nur wenig weiter vorn wurde ein Aufbau, scheinbar ein großer brauner Behälter für Schwimmwesten, ebensoschnell zerlegt und gab noch ein Zwölfpfünder-Geschütz frei, das eine zweite Bedienungsmannschaft besetzte.

Jetzt näherte sich die *Baralong* vom Bug der *Nicosian*. In den wenigen verbleibenden Sekunden, bevor sie das U-Boot in Empfang nehmen würde, flogen die bemalten Tafeln von ihren Seiten, und die amerikanische Flagge wurde niedergeholt. An ihrer Stelle ging die weiße Kriegsflagge der Royal Navy am Flaggenstock hoch.

Auf der anderen Seite der *Nicosian* stand inzwischen die Geschützbedienung von U 27 klar und erwartete das Feuerkommando. Als aber die beiden Gegner am Bug der *Nicosian* vorbeiglitten und sich breitseits zu Gesicht bekamen, erschraken Wegener und seine Männer zutiefst. Was vor wenigen Augenblicken noch als harmloser alter Eimer unter neutraler Flagge erschienen war, erwies sich jetzt als gefährliches feindliches Kampfschiff in einer hervorragenden Position, um U 27 ernsthaften Schaden zuzufügen. Bevor Wegener noch den Feuerbefehl oder das Kommando, in Sicherheit zu tauchen, ausstoßen konnte, eröffneten beide Geschütze der *Baralong* das Feuer. Der erste Schuß fiel zu weit und warf eben hinter dem U-Bootheck eine mächtige Wassersäule auf. Der zweite Schuß traf jedoch den Fuß des Turms und riß eine klaffende Wunde in den Druckkörper des U-Bootes. U 27 konnte nicht mehr tauchen.

Der Rest der Handlung spielte sich schnell ab. Wegener konnte nur noch einen Schuß lösen, der zu kurz lag. Während Gewehrschützen der *Baralong* die Decksbesatzung des U-Bootes ins Visier nahmen, feuerten die Zwölfpfünder mindestens 34 weitere Granaten, von denen die meisten ihr Ziel trafen. Schließlich legte sich U 27 auf die Seite und verschwand unter gewaltigem Lärmen der aus dem Bootsinneren entweichenden Luft in den Wellen, um nie mehr aufzutauchen.

Kommandant Wegener war einer der außergewöhnlichsten Waffen zum Opfer gefallen, die England der U-Bootgefahr entgegensetzte: den Q-Schiffen der Royal Navy. Die *Baralong* mit ihrer versteckten Bewaffnung und verkleideten Besatzung war nicht etwa ein einzelnes, von Exzentrikern bemanntes Versuchsschiff. Sie war vielmehr nur ein Glied einer wachsenden Flotte tödlicher U-Bootfallen, deren jede, sorgfältig getarnt und ausgerüstet, in der Bekämpfung von U-Booten jede nur mögliche Kriegslist anwandte. In der äußeren Erscheinung nicht zu unterscheiden von Hochseetrampdampfern, Küstenfrachtern, Fischdampfern oder anderen Schiffen, die einen harmlosen und hilflosen Eindruck zu erwecken geeignet waren, versuchten die U-Bootfallen beutegierige, aber ahnungslose Unterseeboote auf nahe Entfernung heranzulocken. Dann ließen sie ihre Tarnung fallen, um das U-Boot niederzukämpfen.

Fast zwei Jahre, von 1915 bis 1917, waren die Q-Schiffe ein wirkungsvolles Kampfmittel der Engländer gegen die deutsche U-Bootkriegführung. Alles in allem vernichteten sie zwar nur 14 U-Boote, etwa zehn Prozent der 145 deutschen Unterseeboote, die im Ersten Weltkrieg durch Feindeinwirkung verlorengingen. Aber sie beschädigten weitere 60, darunter einige so schwer, daß sie nur mit viel Glück entkamen; und viele Wochen mußten mit Instandsetzungsarbeiten verbracht werden, bevor die U-Boote wieder einsatzbereit waren. Die Kämpfe der Q-Schiffe gehörten zu den aufregendsten und dramatischsten Seegefechten des Krieges, wenn auch die Öffentlichkeit zu der Zeit, als sie stattfanden, im allgemeinen nichts von ihnen erfuhr. Die britische Regierung hielt die Q-Schiffe unter einem dichten Schleier der Geheimhaltung und weigerte sich sogar bis kurz vor Kriegsende, auch nur die Existenz dieser Schiffe zuzugeben. Das Geheimnis ließ sich jedoch nicht vollständig wahren, und einer der Gründe, warum es verletzt wurde, lag in dem, was als nächstes an diesem Nachmittag im August vor den Scilly-Inseln geschah.

Als der Kommandant der *Baralong,* Kapitänleutnant der Royal Navy Godfrey Herbert, die verdutzten Maultiertreiber und die Besatzung der *Nicosian* bei sich an Bord begrüßte, bemerkte jemand, daß einige deutsche Seeleute, die beim Untergang des U-Bootes an Deck gewesen waren, jetzt an der Seite der *Nicosian* hochkletterten. Sie benutzten dafür die Leinen, die beim Verlassen des Schiffes hängengeblieben waren.

Weder Herbert noch seine Mannschaft waren milde gestimmt. Sie hatten gehört, was zuvor an diesem Tage den Passagieren der *Arabic* zugestoßen war, und in ihnen bohrte noch die bittere Erinnerung an die vor drei Monaten erfolgte Torpedierung der *Lusitania.* Herbert ließ die Deutschen – unter ihnen Kapitänleutnant Wegener – beim Hochklettern abschießen und diejenigen, die das Deck erreicht hatten, in die Enge treiben und auf der Stelle durch Gewehrschüsse erledigen.

Später, nachdem die *Nicosian* sicher einen Hafen erreicht hatte, versuchten die britischen Sicherheitsorgane verzweifelt, jede Erwähnung der streng geheimen *Baralong* und des blutigen Nachspiels ihres Kampfes mit U 27 zu unterdrücken. Die amerikanischen Maultiertreiber legten jedoch eine nicht zu bändigende Geschwätzigkeit an den Tag. Kaum wieder zu Hause, berichteten sie die Geschichte in allen Einzelheiten der Presse, womit sie sofort weltweit bekannt wurde. In Deutschland, wo die Kriegspropaganda bekanntgab, britische Matrosen hätten die U-Bootmänner lebendig in die Kesselfeuerungen der *Nicosian* geworfen, erhob sich ein Schrei der Entrüstung. Wichtiger für die Zukunft des Q-Einsatzes war jedoch, daß damit jeder U-Bootkommandant in Nordsee und Atlantik gewarnt war und ein scharfes Auge offenhielt für getarnte britische Kriegsschiffe.

Obwohl die Q-Schiffe nie eine wirklich durchschlagende Abwehrwaffe gegen die Bedrohung durch die U-Boote darstellten und viele Historiker der Ansicht zuneigen, in ihrem Einsatz nichts mehr als eine Art verschrobenes Geplänkel in der Seekriegsgeschichte zu sehen, waren diese Schiffe doch zu ihrer Zeit die beste verfügbare Waffe. Flugzeuge und Luftschiffe besaßen noch zu geringe Reichweite, Geschwindigkeit und Bewaffnung waren auch noch zu empfindlich gegen schlechtes Wetter und litten unter technischen Pannen, als daß sie weit außer Sicht des Landes eine wirksame Verteidigung aus der Luft hätten darstellen können. Gruppen schneller Zerstörer der Marine und Vorpostenboote jagten auf der Suche nach Unterseebooten hierhin und dorthin, aber das U-Boot konnte innerhalb von Minuten nach Sichten eines Kriegsschiffes tauchen, und alles, was die Patrouillen im allgemeinen vorfanden, war ein zusammengeschossenes Wrack, das den Ort anzeigte, wo ein U-Boot gewesen war.

Andere Abwehrmittel, wie Minensperren quer über wichtige Fahrtrouten, Stahldrahtnetze und massive Balkensperren in Hafeneinfahrten, waren leichter einzurichten. Solange aber die U-Boote sich durch Tauchen unsichtbar machen konnten, blieben sie fast unverwundbar durch jede den Briten zur Verfügung stehende offensive Maßnahme. Außerhalb der Küstengewässer, in der freien See, die für Ankertauminen zu tief war, konnte sich ein U-Boot praktisch ungehindert bewegen und der Handelsschiffahrt, die das Lebensblut der Nation und der britischen Armee in Frankreich darstellte, einen schrecklichen Tribut abverlangen.

Die Admiralität erhielt unaufgefordert ständig alle möglichen Lösungsvorschläge für das U-Bootproblem, einige sehr geistreich, andere bizarr. Sie reichten von der Behauptung eines Mannes, er könne Öl unter Wasser mit einer Stimmgabel aus Phosphorbronze ausmachen, bis zu dem Vorschlag eines patriotischen Bürgers, man solle die Linsen der Sehrohre mit kleinen Hämmern zerschlagen, wenn sich eine passende Gelegenheit böte. Die Admiralität nahm sich, so unglaublich es klingt, dieses letzteren Vorschlags an. Einige Vorpostenboote an der englischen Küste führten nicht nur Hämmer, sondern auch kleine Segeltuchbeutel mit an Bord. Wenn ein feindliches Sehrohr nahe genug aus dem Wasser auftauchte, sollte der Beutel blitzschnell darüber gestülpt und mit einer Schnur zugezogen werden. Das würde den verblüfften U-Bootmann veranlassen, sein Reservesehrohr auszufahren, um festzustellen, was ihm die Sicht nahm. Geschah dies, sollte ein Seemann, der mit seinem Hammer bereitstand, beide Sehrohre zerschlagen, um den Feind außer Gefecht zu setzen.

Selbstverständlich waren solche Vorschläge nur dazu gut, die bittere Geschichte des Krieges mit einigen humorvollen Fußnoten zu versehen. Auf der anderen Seite stellten die Q-Schiffe, obgleich auch ihre besonderen Eigenschaften ans Absurde grenzten, tatsächlich eine ganz logische – und aus einem gewissen Blickwinkel auch naheliegende – Lösung des schweren Problems der Bedrohung durch U-Boote dar.

Das Q-Schiff war nicht das geistige Kind eines einzigen Mannes, es entwickelte sich vielmehr aus verschiedenen Vorschlägen, die der Admiralität gegen Ende des Jahres 1914 von Marineoffizieren vorgelegt wurden. Die U-Bootfallen wurden anfangs als Schiffe für besondere Verwendung geführt; erst später im Kriege erhielten sie aus nie näher erklärten Gründen die rätselhafte Bezeichnung „Q". Das erste Schiff dieser Art war die *Vittoria*, ein von der Royal Navy beschlagnahmter Handelsdampfer, der, mit einigen Schnellfeuerkanonen ausgerüstet, im November 1914 in Dienst gestellt wurde. Ihr Kommandant erhielt Anweisung, auf den stark befahrenen britischen Schiffahrtswegen zu patrouillieren und dabei unter neutraler Flagge zu fahren – eine nach dem Völkerrecht zulässige Handlung, vorausgesetzt, das Schiff zeigte vor einer Feuereröffnung die weiße britische Kriegsflagge. Das Auslaufen und Einlaufen der *Vittoria* in britischen Häfen wurde mit so viel Geheimnistuerei umgeben, daß selbst das Personal der Royal Navy sie nur „das Geisterschiff" nannte. Nach dreimonatigem Einsatz, bei dem die *Vittoria* nicht ein einziges U-Boot zu Gesicht bekommen hatte, wurde das Schiff im Januar 1915 zurückgezogen, der Eigner ausbezahlt, und die Lords der Admiralität wandten sich der Aufgabe zu, eine bessere Täuschungsstrategie zu entwickeln.

Im Frühjahr 1915 führten bewaffnete Fischdampfer mehrere weitere unergiebige Suchfahrten durch. Aber im Juli dieses Jahres trug die Idee des Q-Schiffes erstmals Früchte. Vor der Nordküste Schottlands waren die

Scheinbare Wunderwaffen gegen die U-Bootgefahr

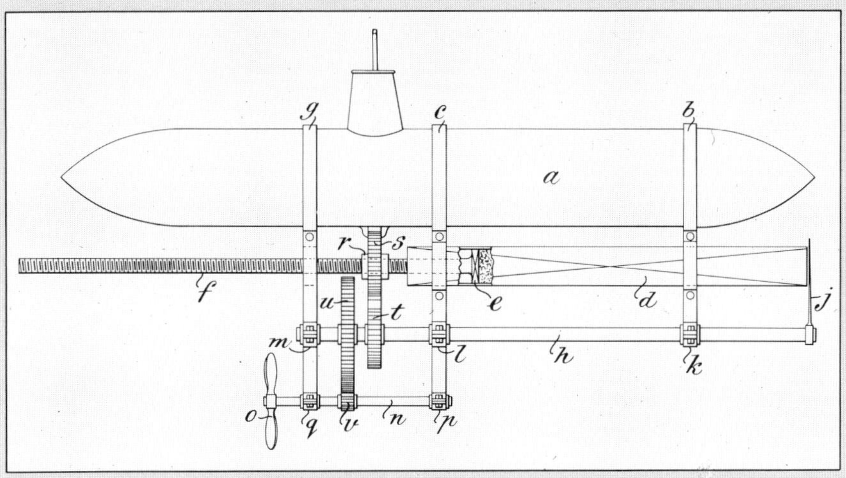

Die patentierte Zeichnung erläutert die Arbeitsweise der von Thomas Mills erfundenen U-Bootattrappe, mit der Vögel abgerichtet werden sollten, U-Boote anzuzeigen. Beim Schleppen der Vorrichtung durch das Wasser drehte der Propeller (o) die Welle (h), die an ihrem Ende ein Messer (j) trug. Über die Gewindestange (f) wurde mit demselben Antrieb ein Kolben (e) vorgeschoben, der Fleisch aus dem Ende des Rohres (d) preßte, wo die kreisende Messerschneide (j) ihn in Bissen schnitt.

Auf der Suche nach Mitteln und Wegen, U-Boote aufspüren und bekämpfen zu können, erwog im Ersten Weltkrieg der Board of Inventions and Research (Ausschuß für Erfindungen und Forschung) der britischen Admiralität jeden Vorschlag, der aus der Öffentlichkeit einging. Ein Bürger schlug vor, die U-Boote am Meeresboden mit starken Magneten einzufangen. Ein anderer drängte darauf, sie mit „Enos Fruchtsalzen", einem moussierenden Abführmittel, an die Oberfläche zu schäumen.

Einer der verrücktesten Vorschläge kam von einem Mann namens Thomas Mills. Im Jahre 1917 schlug er vor, Seemöwen darauf zu trainieren, sich über getauchten U-Booten zu versammeln und damit die drohende Gefahr anzuzeigen. Mills konstruierte eine Attrappe in Form eines kleinen Unterseebootes, die einen Mechanismus *(oben)* trug, der beim Schleppen der Attrappe kleine Fleischstücke ausstieß. Nach Mill's Theorie sollten die Möwen, einmal daran gewöhnt, in der Nähe des Sehrohres der Attrappe schmackhafte Bissen zu finden, hungrig auf jedes Periskop zufliegen, das sie mit ihren scharfen Augen entdeckten.

U-Boote besonders aktiv gewesen. Dort lief ein ständiger Verkehr kleiner Kohlendampfer in beiden Richtungen zwischen dem Festland und den nebelverhangenen Orkney-Inseln, wo die Grand Fleet in ihrem Stützpunkt Scapa Flow lag. Während des Frühsommers wurde eine Handvoll dieser kleinen Kohlenschiffe zu U-Bootfallen umgebaut. Eines davon war die *Prince Charles,* ein 373 Tonnen vermessender Kohlendampfer unter dem Kommando des Leutnants der Royal Navy Mark Wardlaw. Kapitän und Zivilbesatzung in Stärke von fünf Decksmatrosen, zwei Maschinisten und zwei Heizern waren freiwillig an Bord geblieben, um den zehn eingeschifften regulären Soldaten, die die getarnten Geschütze bedienten, bei der ihnen bevorstehenden gefährlichen Aufgabe zu helfen.

Nachdem sie drei Tage in dem Seegebiet, wo kurz vorher Unterseeboote geortet worden waren, gekreuzt hatte, traf die *Prince Charles* am Abend des 24. Juli auf den dänischen Dampfer *Louise.* Dieser hatte auf offener See, etwa zehn Seemeilen nordwestlich der Insel Rona, gestoppt. Längsseits des neutralen Dänen lag ein U-Boot.

Leutnant Wardlaw hielt die *Prince Charles* auf Kurs, als hätte er das U-Boot gar nicht bemerkt. Minuten später ließ das Unterseeboot – es war U 36 – seine Motoren anlaufen, jagte mit voller Fahrt auf den Kohlendampfer zu und ließ das bisher bedrohte dänische Schiff hinter sich. Auf eine Entfernung von etwa drei Seemeilen feuerte U 36 den ersten Schuß, der 1000 Meter hinter der *Prince Charles* einschlug. Wardlaw stoppte die Maschine und drehte mit dem Bug gegen die Atlantikdünung. Hinter den an Deck aufgebauten Blenden warteten seine Geschützbedienungen auf das Kommando, die Tarnung fallen zu lassen und das Feuer zu eröffnen.

Ein britisches Seeflugzeug wirft eine Bombe auf einen harmlos aussehenden Segler ab. Dieser – in Wirklichkeit ein getarntes U-Boot – taucht abrupt, um sich in Sicherheit zu bringen. Einige U-Bootkommandanten tüftelten solche Tarnungen aus und benutzten dabei das Sehrohr als Mast.

Vorher mußte aber noch ein sorgfältig eingeübtes Theater gespielt werden. Wurde ein wehrloses Handelsschiff von einem Unterseeboot angegriffen, ließ die Besatzung üblicherweise die Rettungsboote zu Wasser und ruderte vom Schiff fort in der Hoffnung, daß der deutsche Angreifer nur an der Versenkung des Schiffes interessiert sei, nicht aber der Besatzung das Leben nehmen wolle. Daher spielte die Zivilbesatzung der *Prince Charles* jetzt panikartiges Verlassen ihres Schiffes, während die Geschützbedienungen verborgen auf ihren Gefechtsstationen warteten.

Inzwischen näherte sich der Feind rasch. In einer Entfernung von etwa 500 Metern verlangsamte das Unterseeboot seine Fahrt und begann ein konzentriertes Feuer. Leutnant Wardlaw mußte erfahren, daß die kritischste Entscheidung des Kommandanten eines Q-Schiffes die genaue Abschätzung des Augenblicks ist, wann man die Maske fallen läßt. Je näher er sein Opfer heranlocken konnte, um so sicherer konnte er es vernichten. Aber während der ganzen Zeit, die er wartete, mußte sein Schiff einen zunehmend genaueren Beschuß aushalten. Nicht daß er fürchtete, sein Schiff zu verlieren – diese waren ohnehin die ältesten, leicht entbehrlichen Fahrzeuge, die man auftreiben konnte. Wartete er aber zu lange, konnte sein Schiff versenkt sein, bevor er auch nur seinen ersten Schuß gelöst hatte.

Wardlaw kam jetzt zu dem Schluß, daß das U-Boot nicht noch näher heranfahren würde. Er ließ einen lauten, schrillen Pfiff ertönen. Auf dieses Signal warfen seine Leute die leichten Blenden um ihre Geschütze um und eröffneten das Feuer. Wenn auch die *Prince Charles* nur eine verhältnismäßig schwache Bestückung von einem Dreipfünder und einem Sechspfünder trug, wirkte die erste Salve auf die U-Bootmänner verheerend. Sie verließen ihr Geschütz und flohen in den Turm des Bootes, gerade als eine Granate das Unterseeboot etwa sechs Meter hinter dem Turm traf. Vergeblich versuchte es wegzutauchen und sich in Sicherheit zu bringen; es war dafür zu stark beschädigt. Als das Heck wegsank und das Feuer anhielt, erkannten die deutschen Seeleute, daß ihr U-Boot verloren war, und kamen zurück an Deck. Dann hob sich der Bug des Bootes aus dem Wasser, und mit einem plötzlichen Schwung ging U 36 unter, während seine Besatzung in den

Wellen verstreut ums Überleben rang. Die *Prince Charles* konnte 15 der 33 Mann starken Besatzung retten.

Endlich hatte sich das Konzept der Q-Schiffe als brauchbar erwiesen. In einem ausgeglichenen Kampf – das U-Boot hatte sein 10,5-cm-Decksgeschütz eingesetzt – vernichtete der kleine Kohlendampfer eines der höchstentwickelten Kriegsschiffe der Welt. Wenn seine Taktik auch etwas ausgefallen erschien, so war sie gerade deswegen der Lage angemessen gewesen. Es war schon so, wie es einer der erfahrensten Q-Schiffskommandanten ausdrückte: ,,Die Kriegführung mit U-Booten hat der Tradition ein Ende gesetzt, nach der man seine größte Kriegsflagge heißte und den Gegner zu blutigem Kampf forderte. Ein Unterseeboot torpediert dich ohne Warnung unter der Gürtellinie und ohne eine Flagge zu zeigen. Wir waren daher berechtigt, die gleiche Taktik anzuwenden, die der Feind gegen wehrlose Passagierdampfer benutzte, und wir versuchten, ihm mit unserem Angriff zuvorzukommen.''

In den Monaten nach dem Sieg der *Prince Charles* über U 36 wurden noch mehrere andere alte Kohlendampfer und Frachter von der Marine beschlagnahmt und zu U-Bootfallen umgebaut. Im Laufe der Zeit umfaßte diese U-Bootabwehrflotte alle Arten Schiffe von großen Hochseeschiffen der Linienfahrt bis zu Fischerbooten unter Segel. Jedes Schiff wurde seinem Typ gemäß eingesetzt; denn offensichtlich hätte ein Passagierdampfer, der weit entfernt von den Schiffahrtslinien in den Küstengewässern herumschnüffelte, ebensoviel Mißtrauen erregt wie eine Dhau aus dem Roten Meer im Firth of Forth. Aus diesem Grunde waren auch diejenigen Q-Schiffe am erfolgreichsten, die dem üblichen Schiffsbild in den Seegebieten, in denen die U-Boote vorwiegend operierten – das waren die mittleren Entfernungen vor der irischen Küste, auf den nordwestlichen Routen aus dem Atlantik und auf den südwestlichen Schiffahrtswegen aus dem Golf von Biscaya –, am besten entsprachen. Der schwer klassifizierbare Kohlendampfer oder Trampdampfer, heruntergewirtschaftet, schmutzig und harmlos aussehend, war dort die häufigste Erscheinung.

Jedes Q-Schiff mußte, wenn es in den Jagdgründen der U-Boote seine Streife fuhr, sein Aussehen schnell ändern können – möglichst jede Nacht. Während der Dunkelheit waren die Männer der Q-Schiffe gewöhnlich damit beschäftigt, ihrem Schiff einen anderen Anstrich zu geben, einen falschen Schornstein aufzubauen oder seine Tarnung in irgendeiner anderen Art zu verändern, um ein lauerndes U-Boot darüber hinwegzutäuschen, daß das Handelsschiff, welches in der Abenddämmerung für einen Angriff zu weit entfernt vorbeigefahren war, und das im folgenden Morgengrauen in der Gegenrichtung laufende dasselbe Schiff waren.

Wesentlicher Teil der Tarnung waren die die Geschütze verbergenden falschen Decksaufbauten. Sie sollten zwar augenblicklich zusammenfallen können, hatten aber auch realistisch genug auszusehen, um der genauen Prüfung durch ein anlaufendes U-Boot standzuhalten. Hier entwickelten die Briten eine teuflische Findigkeit. Rettungsboote wurden in der Mitte zersägt; die beiden Teile konnten dann sekundenschnell auseinandergezogen werden und das Geschütz freigeben. Seitenwände von Deckshausattrappen lagen unten in Scharnieren, so daß sie nach außen umklappten, wenn sie das schwere Zwölfpfünder-Geschütz enthüllten, das die meisten U-Bootfallen trugen. Und die Hühnerkäfige aus Latten und Draht, die so häufig das Bootsdeck von Handelsschiffen zierten, gaben ein hervorragendes Versteck für die Maxim-Schnellfeuerkanonen ab, welche darin unter leichten Persennings lagen.

An Bord eines Q-Schiffes galt prinzipiell, daß man während der hellen Stunden jederzeit im Visier eines U-Bootsehrohres stehen könnte. Verhalten und Aussehen der Besatzung bildeten deshalb einen lebenswichtigen Beitrag zur Gesamttarnung. Gut ausgebildete Marinebesatzungen hatten

Die Kunst schneller Verwandlung

Unter den vielen Schiffstypen, die die Royal Navy als Q-Schiffe zur Bekämpfung der U-Boote ausrüstete – hochseefähige Handelsschiffe, Küstenfrachter, Fischdampfer, Segelschoner und Kohlendampfer –, war der normale frachtfahrende Trampdampfer am häufigsten vertreten. Seine für fast alle Frachtschiffe übliche Seitenansicht mit den drei Aufbauteninseln an Bug, Heck und in der Schiffsmitte war so weit verbreitet, daß allein dadurch jegliches Mißtrauen eingeschläfert wurde. Dieser Dampfertyp kam kaum über acht Knoten, eine müde Geschwindigkeit, welche die Schiffe zu leichten Zielen für die U-Boote machten. Sie fuhren genügend Brennstoff, um bis zu 24 Tagen in See bleiben zu können. Und mit einer Ladefähigkeit bis zu 10 000 Tonnen ließen sich an Bord bequem die für eine erfolgreiche Arbeit als U-Bootfalle benötigten Requisiten unterbringen, mit denen schnelle „Kostümwechsel“ vorgenommen werden konnten.

Da U-Bootfahrer jedes Schiff als verdächtig ansahen, das sich mehrere Tage im gleichen Seegebiet aufhielt, waren die U-Bootfallen gezwungen, häufig ihr Aussehen zu verändern. Masten ließen sich schnell auswechseln, ebenso die Funkantennen, Bauholz oder große, eine Deckladung vortäuschende Holzkisten waren rasch an Deck gebracht. Auch falsche Schornsteine und Ventilatorhutzen wurden aufgebaut oder beseitigt, wodurch das Q-Schiff über Nacht ein anderes Erscheinungsbild erhielt und in so verschiedener Gestalt auftreten konnte, wie auf diesen Seiten gezeigt wird.

In der untenstehenden Abbildung zeigen die rot umrandeten Schnittbildfelder die Bewaffnung, die solch ein Trampdampfer trug – im vorliegenden Fall als britischer Holzfrachter getarnt. In verborgenen Gestellen am Heck liegen die Wasserbomben, darunter befindet sich ein 35,5-cm-Torpedorohr. In einem zusammenklappbaren Deckshaus auf der Hütte ist ein 10,2-cm-Geschütz montiert. Der Aufbau täuscht ein Rudermaschinenhaus vor. Um die Täuschung perfekt zu machen, können aus dem falschen Deckshaus Dampfwölkchen ausgestoßen werden, die eine Rohrleitung von der echten, in der Mitte des Schiffes liegenden Rudermaschine abzweigt.

In der Mitte des Schiffes stehen zwei Zwölfpfünder hinter mit Scharnieren versehenen Seitenwandplatten – sie sind im Handumdrehen aufzustoßen, um auf ein sich näherndes U-Boot das Feuer zu eröffnen. Die Grundausstattung an Waffen wird vervollständigt durch einen Werfer für Wasserbomben, der sich auf Schienen unter die Back schieben läßt.

Ein wenig Farbe und veränderte Einzelteile verwandeln den schwarz-ockerfarbenen britischen Dampfer scheinbar in einen niederländischen mit zwei Schornsteinen und den blau-weiß-gelben Hausfarben der Reederei Van Nievelt, Goudriaan und Co. *(rechts oben)*. Persenning, straff über die Lücken des vorderen und achteren Welldecks gespannt, verbirgt die drei Aufbauteninseln und erweckt den Eindruck eines Glattdekkers. Durch Aufbau verschiedener falscher Ventilatorhutzen, durch Sonnensegelstützen auf der Back und am achteren Deckshaus, eine auf die Schiffsseite gemalte niederländische Flagge und eine im Topp wird die Täuschung komplett.

Eiligst in einen amerikanischen Trampdampfer umgewandelt *(rechts Mitte)*, hat das Q-Schiff einen weißen Anstrich erhalten und führt am Schornstein das große ‚B‘ der Reederei A. H. Bull & Co. sowie eine amerikanische Flagge auf der Bordwand. Ein Mast wurde niedergelegt, am Vormast ein Krähennest angebracht und der falsche Schornstein zusammen mit einigen Ventilatorhutzen abgebaut. Die Decksladungen und die Abdeckungen der Welldecks sind verschwunden.

In seiner letzten Aufmachung *(rechts unten)* – wiederhergestellt mit Farbe und den Verkleidungen der Welldecks, diesmal noch vervollständigt durch verkürzte Masten und ein Brückenschanzkleid aus Persenning – führt die vielgestaltige U-Bootfalle jetzt die norwegische Flagge.

Äußerste Sorgfalt war vonnöten, um jedes neue Erscheinungsbild wirklich überzeugend zu gestalten. Denn viele deutsche U-Bootfahrer stammten aus der Handelsmarine einige waren sogar Lotsen im Ärmelkanal gewesen. Der erfolgreichste Kommandant eines Q-Schiffes, Kapitän Gordon Campbell, sagte: „Es hat keinen Sinn, eine Identität vorzutäuschen, wenn man nicht jede Kleinigkeit beachtet.“

DIE GRUNDFORM DES Q-SCHIFFES. DIE AUSSCHNITTE ZEIGEN DIE BEWAFFNUNG.

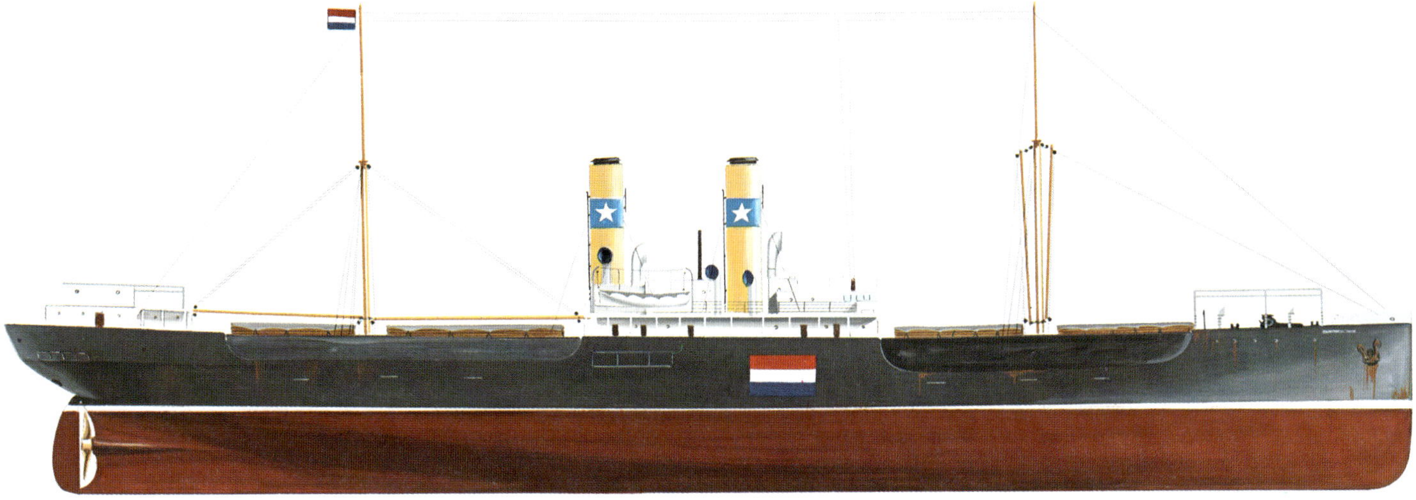

DAS Q-SCHIFF ALS NIEDERLÄNDISCHES HANDELSSCHIFF

DAS Q-SCHIFF ALS AMERIKANISCHER TRAMPDAMPFER

DAS Q-SCHIFF ALS NORWEGISCHER FRACHTER

sich an die Rolle träger und schlampiger Handelsmariner zu gewöhnen. Kapitän Gordon Campbell zeigte sich auf dem Q-Schiff *Farnborough* in einem Aufzug, der aus einer Matrosenjacke und einer spitzen, schwarzen Mütze bestand, die mit einer aus den Hosen einer Phantasieuniform ausgetrennten Goldlitze geschmückt war. Sein Erster Offizier rasierte sich nur jeden vierten Tag und lief in einer fadenscheinigen Jacke und in Hosen herum, deren Sitzfläche ein schlechtgelaunter Hund herausgerissen hatte.

Selbst in den Heimathäfen, wo ja mit der Anwesenheit fremder Agenten immer gerechnet werden mußte, wahrten die Q-Schiffmänner ihre Tarnung. Manchmal brachte sie dieses völlige Aufgehen in ihrer Rolle in unvorhergesehene Verlegenheit. Frauen weigerten sich, mit den Zivilkleidung tragenden Q-Schiffmännern auszugehen. Übermäßig patriotische Damen, die sich im England der Kriegszeit angewöhnt hatten, Männern im wehrfähigen Alter, die keine Uniform trugen, weiße Federn als Abzeichen der Feigheit zu überreichen, vergaben dieses Geschenk oft an Q-Schiffmänner. Die Kommandanten der Q-Schiffe lebten an Land wie aus ihrem Truppenteil Ausgestoßene. Mußten sie doch die üblichen Treffpunkte der Marineoffiziere meiden und lernen, die Verachtung untergebener Dienstgrade hinzunehmen, die sie für Schiffer dürftiger Trampdampfer hielten.

Auf See wurden die Q-Schiffbesatzungen angehalten, sich auf dem Schiff möglichst leger zu bewegen, an Deck zu spucken, bei der Arbeit zu rauchen und sich allgemein möglichst formlos aufzuführen.

All das aber nur an Oberdeck. Unter Deck verwandelten sich die so eigenartig gekleideten Männer wieder in eine erstklassige Kriegsmarinebesatzung. In den Wohnräumen und an den verdeckten Geschützständen lief der Dienstbetrieb einer U-Bootfalle wie auf einem englischen Kriegsschiff. Befehle wurden im Laufschritt ausgeführt, jeder Verstoß gegen die Vorschriften, der dazu führen konnte, die Kampfkraft des Schiffes zu beeinträchtigen, wurde mit äußerster Strenge geahndet. Bei Verzicht auf den Vorteil der Uniform konnte nur eine besonders strikte Disziplin den Abstand zwischen Offizier und Mannschaftsdienstgrad sicherstellen – während an Oberdeck die ganze Besatzung den Anschein erweckte, als hätte sie überhaupt keine Disziplin.

Nirgendwo wurde der geradezu einzigartig gespaltene Charakter des Dienstes an Bord einer U-Bootfalle augenfälliger als bei der Panikgruppe. Ihr kam die größte Bedeutung auf den Q-Schiffen zu, sollte sie doch die U-Bootbesatzung zu der trügerischen Annahme verführen, ihr Opfer sei vollständig verlassen, und man könne risikolos näher heranfahren.

Auf einem Q-Schiff des üblichen Typs entsprach die Stärke der Panikgruppe der Normalbesatzung eines Trampdampfers – um die 30 Mann. Diese waren wie eine gewöhnliche Besatzung an Bord verteilt, während die restlichen 40 oder 50 Mann versteckt an den Gefechtsstationen standen. Hielt der Kommandant den Augenblick für gekommen, die Alarmglocke für das „Schiff verlassen" auszulösen, stürzte die Scheinbemannung des Maschinenraums an Deck – ohne Mützen und Jacken, in ölverschmierter Kleidung. Andere Leute der Panikgruppe liefen zu den Rettungsbooten, schrien, schubsten sich herum, werkelten unbeholfen mit den Taljen, ließen dann ein Bootsende mit gefährlicher Neigung nach unten hängen, danach das andere, bis das Boot heftig aufs Wasser aufschlug. Dann, um Zeit zu schinden, in der das U-Boot näher herankommen konnte, liefen einige Leute wieder unter Deck, scheinbar um noch wertvolle Besitztümer zu retten, die in der Eile vergessen worden waren. (Auf Gordon Campbells *Farnborough* war dies meist ein ausgestopfter Papagei in einem herrlichen grünen Käfig.) Kapitänleutnant Harold Auten, Führer eines Q-Schiffes, sagte dazu: „Noch niemals hat im Seekrieg ein so augenscheinlicher Pöbelhaufen Seiner Majestät Dienst getan. Es war ein Triumph der Ausbildung über die Ausbildung."

Die Kriegsauszeichnungen auf der Brust von Gordon Campbell bezeugen seine Tapferkeit. Photographiert als Vizeadmiral, war er in früheren Zeiten seiner Laufbahn Kommandant einer U-Bootfalle. Mit beispielloser Kaltblütigkeit funkte er einst seinem Befehlshaber: „Q-5, im Begriff zu sinken, sagt Ihnen gehorsamst Lebewohl." Tatsächlich hielt sich sein torpediertes Q-Schiff über Wasser, bis Rettung eintraf.

Zum Schluß verließ der falsche Kapitän traurig die Brücke, stolperte herunter in eines der Rettungsboote, wobei er ein loses Bündel trug, das anscheinend die Schiffspapiere enthielt. Dann ruderte die Panikgruppe wie wild zu einer vorher ausgemachten Stelle, von der aus sie das Unterseeboot in eine für dieses ungünstige Lage locken konnte. Tauchte das U-Boot auf, war es Aufgabe der Panikgruppe, zum Schiff zurückzurudern, als wolle sie wieder an Bord gehen. Dies brachte im allgemeinen den U-Bootkommandanten in Wut, war er doch bestrebt, die Schiffspapiere als bestes Beweismittel für die Versenkung von Schiff und Ladung in die Hand zu bekommen. Häufig wurde er veranlaßt, den Booten der Panikgruppe dichtauf zu folgen. Das war immer ein gefährlicher Augenblick: Manchmal wurde ein Feuerstoß aus dem Maschinengewehr auf die Panikgruppe gerichtet, um sie gefügig zu machen.

So gefährlich und nervenaufreibend der Dienst auf den Q-Schiffen auch sein mochte, es mangelte nie an Freiwilligen. Yachtsegler, Männer von Fischdampfern, junge, kampflustige Seeleute der Grand Fleet, pensionierte Admirale, die bereit waren, die Rolle grobschlächtiger Kapitäne von Trampdampfern zu spielen, Offiziere und Mannschaften der Handelsmarine – alle meldeten sich, um die Q-Schiffe zu bemannen. Bis zum letzten Mann waren sie ungemein tapfer und besaßen einen ausgeprägten Sinn für den Einsatz aller Listen und Tricks im Kampf.

Ein typisches Beispiel ihrer Kaltblütigkeit im feindlichen Feuer bot das Verhalten des schwarzen Kochs auf Kapitänleutnant Autens *Stock Force*. Man hatte ihn eigens in die Besatzung hereingenommen, weil Auten glaubte, ein Farbiger in der Panikgruppe würde dieser ein besonders realistisches Aussehen geben. Bevor er zu dem Dienst auf Q-Schiffen kam, war er auf drei von U-Booten torpedierten Schiffen gefahren, und auf seiner ersten Q-Fahrt schoß ein Unterseeboot noch zwei Torpedos auf sein Schiff. Auten berichtete: „Der zweite Torpedo hatte uns gerade verfehlt, als ich zufällig auf das kleine Deck vor der Brücke blickte. Da sah ich den schwarzen Koch, dessen Gefechtsstation an der Reling war, wo er bis zu dem Augenblick Pfeife rauchen sollte, an dem die Panikgruppe das Schiff zu verlassen hatte. Seit vier Stunden stand er auf seiner Station, hatte gesehen, wie uns die beiden Torpedos nur um Zentimeter verfehlten, und genau gewußt, daß er sein Leben verloren hätte, wären wir getroffen worden. Er hätte sehr wohl geltend machen können, daß in der Dunkelheit sein An-der-Reling-Lehnen und Pfeiferauchen überflüssig sei. Aber er hatte einen Befehl erhalten und wäre auf seinem Posten geblieben, bis er umfiel."

Trotz all ihrer Kühnheit und ihrer gelegentlichen eindrucksvollen Erfolge waren die Männer auf den Q-Schiffen nicht der entscheidende Faktor, der den U-Bootkrieg beeinflußte – es war die schwankende Haltung der deutschen Regierung. Nachdem im September 1915 die U-Boote von ihrer verheerenden Offensive gegen England zurückgerufen worden waren, verstrichen fast eineinhalb Jahre, in denen man in Deutschland um die Entscheidung rang, wie diese besondere neue Waffe einzusetzen sei. Zweimal wurden die U-Boote nach Hause beordert, zweimal schickte man sie wieder hinaus. Grund für diese Unentschlossenheit war der Streit zwischen dem militärischen Großen Hauptquartier, das den vollen und uneingeschränkten Einsatz der U-Boote befürwortete, und den Politikern, deren empfindliche diplomatische Geschäfte sehr viel einfacher abzuwickeln waren, wenn sie die Verantwortung für die Aktionen dieser Schiffe nicht zu übernehmen brauchten. Im Hintergrund der Auseinandersetzungen lag stets der drohende Schatten der Vereinigten Staaten mit ihrem ungeheuren industriellen Potential und den riesigen Menschenreserven. Deutschland wollte den neutralen Riesen nicht reizen – wußte man doch, daß jeder bei einem U-Bootangriff unabsichtlich getötete Amerikaner (deren es schon viele gab) die Vereinigten Staaten dem Zusammengehen mit den Alliierten einen Schritt näher brachte.

Die Politiker gaben im Frühjahr 1916 den Pressionen der militärischen Führung nach; wieder wurden die U-Boote in den Seegebieten um Großbritannien von der Leine gelassen, ihre Angriffe jedoch auf bewaffnete Handelsschiffe beschränkt. Nach lauten Protesten der Neutralen – Präsident Wilson drohte, „alle diplomatischen Beziehungen zu Deutschland abzubrechen" – wurde die deutsche Regierung schon nach zwei Monaten wieder vorsichtig und rief im Mai 1916 die U-Boote erneut zurück.

Für einige Zeit waren Nordsee und Atlantik frei von den gefürchteten U-Booten. Die Kampfpause währte aber nur den Sommer über. Im Herbst überzeugte das Flottenkommando den Kaiser, daß ein Kriegseintritt der Vereinigten Staaten unwahrscheinlich sei, und erreichte damit die Genehmigung für die nächste Offensive der Unterseeboote – wieder beschränkt auf bewaffnete Handelsschiffe.

Das neue Unternehmen erwies sich als erstaunlich erfolgreich. Die U-Bootflotte verfügte jetzt über 134 Unterseeboote, von denen 87 einsatzbereit waren. Dazu gehörten Boote des neuen UC-Typs, der Minen legen konnte, und die UB-Boote für den Einsatz in küstennahen Gewässern, wegen ihrer geringen Größe „Kaulquappen" genannt.

Diese vergrößerte U-Bootflotte fügte den Briten die seit Kriegsbeginn schwersten Verluste zu: 154 britische Frachtschiffe mit einer Gesamttonnage von 487 000 Tonnen allein in den letzten vier Monaten des Jahres 1916. Der Oberbefehlshaber der Grand Fleet, Admiral Sir John Jellicoe, erhob seine warnende Stimme, Großbritannien könnte bis zum Sommer 1917 gezwungen sein, um Frieden zu bitten, wenn der Unterseebootkrieg sich weiter ungehindert ausbreite.

Gerade das hatten die Deutschen im Sinn. Anfang des Jahres 1917 gab der Kaiser, trotz des Risikos von Verwicklungen mit den Vereinigten Staaten, seine Einwilligung zu einem umfassenden, uneingeschränkten Einsatz der U-Boote. Der Ausgang des Krieges wie das Schicksal Deutschlands sollten damit den Unterseebooten anvertraut werden – eine 1914 noch unvorstellbar gewesene Wende der Ereignisse. Die Argumente der deutschen Marine zugunsten dieser Art Kriegführung stimmten genau mit der düsteren Voraussage von Admiral Jellicoe überein: Sie stützten sich auf statistische Berechnungen, daß das britische Versorgungssystem zusammenbräche, wenn monatlich 600 000 Tonnen britischen Frachtraums versenkt und die neutrale Schiffahrt vom Anlaufen britischer Häfen abgeschreckt werden könnten. Der Krieg wäre innerhalb von sechs Monaten beendet, weil Großbritannien nicht mehr in der Lage sei, die notwendigen Rohstoffe einzuführen. Das deutsche Flottenkommando erklärte: „Unser Ziel ist es, England von allem Seeverkehr abzuschneiden."

Im Februar 1917 gingen 86 britische Handelsschiffe mit zusammen 256 000 Tonnen auf Grund. Im März stieg die Verlustzahl auf 103 Schiffe mit 284 000 Tonnen. Die U-Bootbesatzungen setzten sich bis zum Letzten ein und übertrafen alle früheren Leistungen. Jetzt ging jedes vierte Schiff, das einen britischen Hafen verließ, verloren, darunter auch hell erleuchtete Lazarettschiffe, die deutlich als solche zu erkennen waren. In dem harten Winterwetter stieg die Zahl der Todesopfer. So wurden zum Beispiel von den sechs Rettungsbooten des torpedierten Passagierschiffes *Alnwick Castle* der Union-Castle-Reederei zwei nie mehr gesehen und andere voll von Toten und sterbenden Menschen gefunden, die sich vor Erschöpfung nicht mehr rühren konnten.

Im April 1917 wurde die Lage katastrophal. Nicht weniger als 155 britische Schiffe mit einer Gesamttonnage von 516 394 Tonnen sanken auf den Meeresgrund. Mit mathematischer Genauigkeit ließ sich ausrechnen, daß die Alliierten bei dieser Verlustrate bis zum Jahresende den Krieg

Böse Überraschung unter Segeln

Als der Erste Weltkrieg ausbrach, besaßen Segelschiffe als Kampfeinheiten bei den Briten schon Seltenheitswert. Allein die Unwahrscheinlichkeit, daß ein Segelschiff Kriegsschiff sein könnte, machte diese aber zu Zielen, von denen die U-Bootfahrer nicht die Finger lassen konnten – womit sie zu geeigneten Kandidaten für die Flotte getarnter U-Bootfallen der Royal Navy wurden.

Die bekannteste Segelschiffsfalle wurde der Dreimastschoner *Prize*. Befehligt von Leutnant W. E. Sanders, erwarb die *Prize* mit einem einzigen Gefecht zweifelhaften Ruhm. Am Spätnachmittag des 30. April 1917 zog sie vor der Südwestküste Irlands den Blick eines U-Bootkommandanten mit dem klangvollen Namen Baron Spiegel von und zu Peckelsheim auf sich. Sein fast 72 Meter langes und bis zu 16 Torpedos tragendes U 93 hatte bereits elf Frachtschiffe versenkt, und der Baron beeilte sich jetzt heimzukommen, um zwei seiner Pferde in den Berliner Rennen laufen zu sehen.

Selbstverständlich stoppte er, um auch noch den Schoner zu erledigen. Mit einem fehlerlos ausgeführten Q-Schiffsmanöver *(siehe unten)* lockte die *Prize* aber U

1. U 93 greift das britische Q-Schiff „Prize" an – während die Panikgruppe das Verlassen des Schiffes vortäuscht.

3. Die „Prize" setzt die weiße Kriegsflagge, gibt die Geschütze frei und erwidert das Feuer des übertölpelten U-Bootes.

93 bis auf günstige Schußentfernung heran, ließ dann die Maske fallen und deckte das Unterseeboot mit Schnellfeuer aus seinen Geschützen ein. Als sich der Qualm verzog, war das U-Boot verschwunden, an der Stelle, wo es gewesen war, schwammen der Baron und zwei Mann der Besatzung im Meer. Aufgefischt und nach England verbracht, wurden sie ins Gefängnis gesteckt.

Der Baron verhielt sich seinem traditionsreichen Namen angemessen. Aus dem Gefängnis schrieb er sofort Beileidsbriefe an die nächsten Angehörigen seiner dahingegangenen Besatzung und erfuhr, daß die meisten zurück in der Heimat waren. Wie sich herausstellte, war U 93 gerade tief genug unter Wasser geraten, um den Baron und die Geschützbedienung über Bord zu spülen. Im Geschützfeuer der *Prize* war zwar der Turm des U-Bootes abgeschossen, waren acht große Löcher in den Schiffskörper gerissen und zwei Mann der Besatzung getötet worden, das U-Boot hatte aber trotzdem entkommen können. Nach gefährlicher Überwasserfahrt von fast 1800 Seemeilen wurde U 93 zu Hause für diese heldenhafte Heimreise mit Jubel begrüßt.

2. Granaten schlagen auf der „Prize" ein; die Geschützbedienungen warten den günstigsten Augenblick zum Gegenschlag ab.

4. Bei einbrechender Dunkelheit feuern die Artilleristen der „Prize" eine letzte Salve, ehe sie mit Heimatkurs abdrehen.

verlieren mußten. Die Abteilung für U-Bootbekämpfung der Royal Navy hatte keine neuen Abwehrwaffen anzubieten. Allein die Q-Schiffe stellten eine aggressive Bedrohung der U-Boote dar, denn nur sie hatten einigermaßen brauchbare Möglichkeiten, jene aufzuspüren.

In den vergangenen zwei Jahren, seit der kleine Kohlendampfer *Prince Charles* im Frühjahr 1915 über U 36 gesiegt hatte, waren sechs weitere Unterseeboote von Q-Schiffen vernichtet worden, und die deutschen Kommandanten hatten gelernt, jedes einzeln fahrende, harmlos aussehende Handelsschiff mit äußerstem Mißtrauen zu betrachten. Am 22. März 1916 war das Q-Schiff *Farnborough* von Kapitän Gordon Campbell vor der Westküste Irlands auf eines der modernsten deutschen U-Boote gestoßen – das 17 Knoten schnelle und 11 Torpedos tragende U 68. In der Annahme, die *Farnborough* sei ein harmloser Trampdampfer, setzte U 68 dem Schiff einen Schuß vor den Bug, um es zum Stoppen zu bringen. Nachdem Kapitän Campbells Panikgruppe das Schiff in prächtig gespielter Verwirrung verlassen hatte, näherte sich das U-Boot auf etwas über 700 Meter, worauf die *Farnborough* überraschend das Feuer eröffnete und das U-Boot so stark beschädigte, daß es unterging. Um sicherzugehen, warf die *Farnborough* an der Untergangsstelle noch zwei Wasserbomben. Nur Sekunden später durchbrach das beschädigte U-Boot, jetzt völlig außer Kontrolle, die Wasseroberfläche. Sein Bug ragte senkrecht in die Luft. Erneut trafen fünf Granaten der *Farnborough* das U-Boot unter seinem Turm, und es verschwand jetzt endgültig.

Als Großbritannien im Frühjahr 1917 unter der Last der U-Bootoffensive fast zusammenbrach, erhöhte man die Zahl der Q-Schiffe auf 78. Der unbezähmbare Kapitän Campbell erhielt ein anderes Schiff, die U-Bootfalle *Pargust.* Am 7. Juni 1917 wurde er wieder mit Torpedos angegriffen und täuschte erneut seinen Angreifer durch die dreiste List der Q-Schiffe. Allerdings verlor er bei diesem Gefecht sein Schiff, bohrte jedoch das Unterseeboot UC 29 mit einem Feuerhagel von 38 Geschützgranaten in den Grund. Für diesen Kampf erhielten zwei Mann seiner Besatzung das Victoriakreuz und Campbell selber ein neues Schiff, mit dem er den zwar heldenhaften, letztlich aber nutzlosen Kampf fortsetzte.

Kapitän Campbells nächstes Schiff war die *Dunraven,* ein Kohlendampfer von 3000 Tonnen, der als englischer Trampdampfer mit leichter Abwehrbewaffnung getarnt war. Ausgerüstet mit einer Spezialbestückung von sechs versteckten Geschützen und zwei Torpedorohren an Deck, mit einer gepanzerten Brücke, einer aus Holz und Segeltuch errichteten Scheindecksladung und einem System mit Löchern versehener Rohre, aus denen sich Dampf abblasen ließ, damit der Feind glaubte, das Schiff sei ernsthaft beschädigt, lief die *Dunraven* am 4. August 1917, als Dampfer der Blue Funnel Line getarnt, von Plymouth aus. In den nächsten drei Tagen erhielt das Schiff über Funk Warnungen, daß ein U-Boot im Golf von Biscaya operiere, und am 8. August um 10.58 Uhr kam das Unterseeboot etwa 200 Kilometer westlich der Insel Ushant, Steuerbord querab von der *Dunraven,* in Sicht. Es hielt auf das Schiff zu.

Sofort befahl Campbell das Rollenspiel der U-Bootfalle. Auf der *Dunraven* tat man so, als würde schlecht Ausguck gehalten, und man unternahm nichts, sondern tuckerte auf gleichbleibendem Zickzackkurs weiter. Das U-Boot näherte sich rasch und tauchte um 11.17 Uhr, nachdem es Fahrt und Grundkurs der *Dunraven* ermittelt hatte. In einer Entfernung von ungefähr 4500 Metern tauchte es 26 Minuten später genau achteraus wieder auf. Die auf der *Dunraven* empfangenen Funkmeldungen hatten darauf verwiesen, daß der U-Bootkommandant seine Opfer vornehmlich mit Geschützfeuer auf weite Entfernung erledigte. Genauso war es. Das Unterseeboot – UC 71, geführt von Oberleutnant zur See Reinhold Saltzwedel – eröffnete mit seinem großen 10,5 cm-Geschütz sofort das Feuer.

Campbell richtete sein ganzes Augenmerk auf Maßnahmen, die das U-Boot näher heranlocken sollten. Er setzte auf der *Dunraven* die rote englische Handelsflagge und schoß mit seinem „legitimen" Heckgeschütz, einer auf Handelsschiffen üblichen kleinen Zweieinhalbpfünder-Kanone, auf das U-Boot – ließ dabei aber absichtlich zu kurz schießen. Während er anscheinend eine Flucht versuchte, verminderte er in Wirklichkeit die Fahrt der *Dunraven* um einen Knoten.

Um 12.10 Uhr, nachdem das U-Boot eine halbe Stunde auf die Dunraven geschossen hatte, ohne einen Treffer zu erzielen, kam es mit hoher Fahrt näher heran, drehte bei 900 Meter Entfernung breitseits und nahm den Beschuß wieder auf. Jetzt war das Geschützfeuer viel genauer. Nach 15 Minuten hielt Campbell die Zeit für gekommen, die nächste Phase des Täuschungsmanövers in Szene zu setzen. Er gab Befehl, das Schiff zu verlassen; die Panikgruppe erzeugte ein höllisches Durcheinander und brachte „zufällig" eines der Rettungsboote zum Umschlagen. Die perforierten Dampfrohre wurden aufgedreht, und eine dichte Dampfwolke hüllte die Schiffsmitte ein, um den Anschein zu erwecken, daß das U-Boot einen Treffer in den Maschinenraum der *Dunraven* gesetzt habe.

Schnell näherte sich das U-Boot. Die drei nächsten Granaten heulten zur *Dunraven* hinüber. Die erste brachte eine Wasserbombe am Heck zur Explosion, die zweite und dritte schlugen dicht daneben ein und setzten das Achterdeck, unter dem die Munitionskammer lag, in Brand. Campbell befand sich in einer schwierigen Zwickmühle. Der Achterdecksaufbau stand in Flammen, dichte Wolken schwarzen Rauches strömten heraus, und ein getarntes 10,2 cm-Geschütz mit seiner Bemannung befand sich oben auf dem Aufbau – direkt über der Munitionskammer.

„Mir war absolut klar, daß das Achterdeck in die Luft fliegen würde und die Geschützbedienung mit ihm", schrieb Campbell später. „Ich konnte den Befehl, das Geschütz zu räumen, nicht geben. Das Schiff war doch ‚verlassen', und die Boote waren fort. Andererseits entzog der Rauch mit jeder Sekunde das U-Boot mehr der Sicht. Eröffnete ich jetzt das Feuer, könnte ich die Männer auf dem Achterdecksaufbau retten. Würden wir aber das U-Boot erwischen? Ich zweifelte daran."

Campbell traf daher eine schwere Entscheidung. Seine Hauptaufgabe war das Versenken von U-Booten, ohne Rücksicht auf Verluste, die dabei entstanden. Er entschloß sich zu warten, bis das U-Boot durch den Rauch gefahren und nahe genug gekommen war, um es mit den Geschützen der *Dunraven* sicher zu treffen. Sein Entschluß verdammte die Mannschaft am achteren Geschütz, auf dem Deck des brennenden Aufbaus flach ausgestreckt liegenzubleiben, bis sie mit dem großen Munitionsvorrat unter ihr in die Luft flog. Liegenbleiben, während die Minuten langsam verstrichen und der Brand sich ausbreitete, erforderte ein besonderes Maß an Tapferkeit. Aber die Geschützbedienung blieb auf ihrem Posten. Das Deck unter ihnen wurde heiß und der Qualm so dicht, daß sich die Männer abgerissene Hemdenfetzen in den Mund stopften, um nicht zu ersticken.

Um 12.58 Uhr, als sich das U-Boot endlich bis auf nur 350 Meter genähert hatte, gab es einen gewaltigen Knall. Das ganze Heck des Q-Schiffes explodierte, brennendes Kordit und Granaten regneten überall auf das Schiff herab, und das achtere Geschütz mit seiner Mannschaft wurde wie

Besatzungsmitglieder verlassen das tödlich getroffene Q-Schiff „Dunraven". Ihr Gegner, UC 71, taucht in Sicherheit. Die Aufgabe der Q-Schiffe war besonders gefahrvoll: Sie mußten ihren Gegner auf nahe Entfernung heranlocken und trugen oft die Folgen ihres Verhaltens, wie diese Wiedergabe des Gefechts zeigt. Die „Dunraven" wurde am 10. August 1917 von ihrem vermeintlichen Opfer vor der Bucht von Biscaya versenkt.

ein Spielzeug hoch in die Luft geschleudert. Wunderbarerweise überlebten alle Männer bis auf einen diese Zerreißprobe; die meisten wurden allerdings verwundet. Ein Mann konnte gerettet werden, weil er ins Wasser fiel. Andere fielen auf die leichtgebaute, Eisenbahnwagen vortäuschende Scheindecksladung, die ihren Sturz abfing.

Durch das Aufgeben der Deckung hatten sie jedoch, wenn auch schuldlos, den wahren Charakter des Schiffes verraten. Leutnant Charles George Bonner kroch mit blutendem Kopf und verbrannten Händen auf die Brücke und meldete sich bei Kapitän Campbell: „Es tut mir leid, Sir, mein Geschütz ohne Befehl verlassen zu haben. Ich glaube, ich bin in die Luft geflogen." Die Explosion löste auch die Alarmglocke für „Feuer eröffnen" aus, und das U-Boot tauchte sofort weg. Die U-Bootfalle setzte die weiße Kriegsflagge, löste ein paar Schuß auf den im Wasser verschwindenden U-Bootturm und wartete ruhig auf den Torpedo, der mit Sicherheit kommen würde. Es gab keinen Gedanken an Flucht.

„Um 13.20 Uhr", schrieb Campbell, „etwas mehr als 20 Minuten seit das U-Boot weggetaucht war, wurde der Torpedo an Steuerbordseite anlaufend gesichtet. Wir beobachteten, wie er näher kam; weil dies das fünfte Mal war, daß wir so etwas sahen, ließ es uns ziemlich kalt (es gab nur einen oder zwei Mann an Bord, die bisher noch nicht torpediert worden waren). Das Schiff wurde mit einem knallenden Krach eben hinter dem Maschinenraum getroffen. Die Deckel der Ladeluken flogen heraus, und das Schott zwischen Laderaum und Maschinenraum wurde aufgerissen."

Campbell befahl jetzt: „Q-Schiff verlassen", und die nächste Gruppe seiner Männer spielte Panikgruppe. An Bord der *Dunraven* verblieben nur noch 34 Mann, darunter zwei Geschützbedienungen, die Bemannung für ein Torpedorohr sowie Campbell und drei Mann Brückenbesatzung. Unglaublich, aber Campbell hoffte, mit einem Schiff, dessen Heck fehlte und das ein klaffendes Loch in der Seite aufwies, immer noch, das U-Boot in die Falle locken zu können. Aber der U-Bootkommandant war ein erfahrener Mann. Fast eine Stunde lang umkreiste er die schwer angeschlagene *Dunraven*, besah sie sich genau durch das Sehrohr, während der Brand im Achterdeck weiterfraß, Kartuschen und Granaten in der Munitionskammer alle paar Minuten in höchst beunruhigender Weise hochgingen, das Schiff voll Wasser lief und die Kesselfeuer erstarben.

Um 14.30 Uhr tauchte das U-Boot wenige hundert Meter genau achteraus auf und eröffnete, kaum daß sein Geschütz aus dem Wasser war, das Feuer. Die erste Granate krepierte auf der Brücke und riß dem Rudergänger die Mütze weg. Die zweite schlug in der Nähe ein, ein großer Granatsplitter fuhr zwischen den Beinen des Rudergängers hindurch. Da das U-Boot genau hinter dem Schiff stand, war es unmöglich, ein Geschütz zum Tragen zu bringen. Volle 20 Minuten beschoß das U-Boot die *Dunraven* mit Sprenggranaten. Es war, wie Campbell in grober Untertreibung schrieb, „äußerst unerfreulich". Die Nervenanspannung der Männer an Bord, die mittlerweile drei Stunden unter Beschuß lagen, war so groß, daß ein Mann der Geschützbedienung dem Kommandanten eine Mitteilung schickte und um Erlaubnis bat, seine Stiefel ausziehen zu dürfen, weil er lieber barfuß sterbe.

Erst als das U-Boot für eine nächste Beobachtungsrunde tauchte, konnte Campbell seine beiden Torpedos schießen. Der erste verfehlte das Ziel, der zweite schrammte über das U-Bootdeck, explodierte aber nicht, und das U-Boot tauchte sofort tief weg. In Erwartung des Gnadenstoßes organisierte Campbell eine dritte Panikgruppe und ließ nur noch eine Geschützbedienung an Bord zurück. Der Schlag kam aber nie. Saltzwedels U-Boot, das alle seine Torpedos verschossen hatte, brach das Gefecht ab und fuhr davon. Als die Männer an Bord des zerschossenen, langsam sinkenden Q-Schiffes nacheinander aus ihren Verstecken auftauchten, brachen ihre Kameraden in den auf den Wellen tanzenden Rettungsbooten in lauten Jubel aus, hatten sie doch geglaubt, daß niemand den Beschuß durch das U-Boot überlebt hätte. „Es ist ein fairer, ehrlicher Kampf gewesen", berichtete Kapitän Campbell, „und ich habe ihn verloren. Was meine Besatzung betrifft, so können Worte nicht ausdrücken, was ich empfinde. Kein Mann hat versagt. Kein Mensch hätte mehr leisten können."

Das U-Boot war entkommen, nun blieb nur noch der Versuch, die *Dunraven* zu retten. Eine amerikanische bewaffnete Yacht nahm die Verwundeten auf, und ein britischer Zerstörer schleppte das Schiff ab. Das Wasser in den Kesselräumen und in der Maschine stieg jedoch schneller, als es herausgepumpt werden konnte, und das Heck sank langsam unter die Wasseroberfläche. Am folgenden Abend lagen bereits zwei Drittel der *Dunraven* unter Wasser, und große Wellen brachen über das Schiff. Als die See ihnen immer näher auf den Leib rückte, wurden die letzten Besatzungsmitglieder des Q-Schiffes geborgen. In den dunklen Stunden des 10. August 1917 ging die zerschlagene *Dunraven* schließlich unter. So endete der schneidigste Kampf eines Q-Schiffes im Ersten Weltkrieg.

Das Gefecht hatte die *Dunraven* verloren, dafür aber in den Marinen der Alliierten allgemeine Bewunderung gewonnen. Die Admiralität ließ an die Schiffsbesatzung eine anerkennende Belohnung von 300 Pfund verteilen, und der König zeichnete Leutnant Bonner sowie den Unteroffizier, der das Achterdeckgeschütz befehligt hatte, Ernest Pitcher, mit dem Viktoriakreuz aus. Der übrigen Besatzung wurden andere Tapferkeitsmedaillen verliehen (Campbell hatte das Viktoriakreuz schon für die Versenkung von U 83 im Februar 1917 erhalten).

Konteradmiral William Sims, Befehlshaber der amerikanischen Marinestreitkräfte in den europäischen Gewässern, schrieb später an Campbell: „Lange nachdem wir zu Staub und Asche zerfallen sind, wird die Geschichte dieses Kampfes ein unschätzbarer Ansporn für Offiziere wie Mannschaften der britischen und der amerikanischen Marine bleiben. In der Seekriegsgeschichte findet sich kein ehrenvolleres Verhalten als das der Mannschaft am Heckgeschütz, der ganzen Besatzung der *Dunraven*."

Für Kapitän Campbell und seine Leute, von denen nun – was in einer Besatzung noch nie vorgekommen war – vier Mann das Viktoriakreuz trugen, war es jedoch das Ende ihres Einsatzes. Ihr Befehlshaber, Admiral Sir Lewis Bayly, war der Meinung, sie hätten genug durchgemacht. Daher verließ der berühmteste Kommandant eines Q-Schiffes im Ersten Weltkrieg den Dienst auf den U-Bootfallen und wurde Baylys Flaggkapitän auf dem Kleinen Kreuzer *Active*. Die goldene Zeit der Q-Schiffe war vorüber.

Insgesamt hatte eine buntscheckige Flotte von mehr als 180 Fahrzeugen als U-Bootfallen gedient. Nur zehn davon versenkten jemals ein deutsches U-Boot (vier versenkten je zwei U-Boote). Aber die Wirkung ihres Einsatzes reichte viel weiter, als die bescheidene Zahl versenkter U-Boote aussagt. In gewissem Sinne verkörperten sie den Schneid und Einfallsreichtum der gesamten Nation. Zu einer Zeit, in der mit anderen Mitteln wenig gegen U-Boote auszurichten war, stärkten sie die Kampfmoral der in der U-Bootabwehr eingesetzten Kräfte der Royal Navy. Schließlich schränkten sie in erheblichem Maße die Handlungsfreiheit der U-Bootkommandanten bei ihren Angriffen auf Handelsschiffe ein.

Aber trotz aller seemännischen Geschicklichkeit und trotz des enormen Mutes ihrer Besatzungen stellten die Q-Schiffe keine ausreichende Gegenwehr gegen den massierten Angriff auf die alliierte Schiffahrt dar, den der uneingeschränkte U-Bootkrieg entfesselt hatte. Um diesem Ansturm eine Niederlage zu bereiten, mußten sich die Alliierten neue, ungeheure Hilfsmittel schaffen und von Grund auf neue Taktiken anwenden. Im April 1917 – Großbritanniens schwärzesten Monat – gewannen die Alliierten die erste der genannten wesentlichen Voraussetzungen: Amerika trat, zum Teil veranlaßt durch die U-Bootoffensive, in den Krieg ein.

Kapitel 3

Das Ende des ersten U-Bootkrieges

Im Repräsentantenhaus trat Woodrow Wilson, Präsident der Vereinigten Staaten von Amerika, am 2. April 1917 vor eine Sondersitzung beider Häuser des Kongresses. Das Haus war dicht gedrängt voll Menschen. Abgeordnete des Kongresses, Senatoren, Kabinettsmitglieder, Richter des Obersten Bundesgerichtes und andere Personen des öffentlichen Lebens füllten den Sitzungssaal. Als der Präsident sich zur Rednertribüne begab, breitete sich ein gespanntes und erwartungsvolles Schweigen in der Menge aus. Jedermann wußte, daß die Volksvertreter im Begriff waren, eine bedeutungsschwere Entscheidung zu treffen.

Der Präsident rückte seinen Kneifer zurecht und begann seine Ansprache. Er führte aus, der deutsche U-Bootkrieg sei ein Unternehmen, welches sich gegen die ganze Menschheit richte. Bewaffnete Neutralität reiche nicht mehr aus, um amerikanische Interessen und das Leben amerikanischer Bürger zu schützen. Die Vereinigten Staaten hätten keine Wahl mehr, sie könnten nur „den Kriegszustand annehmen, der ihnen durch die Handlungen Deutschlands und seiner Verbündeten aufgezwungen worden ist". Um die Welt sicherer für Demokratie – und die Seewege der Welt wieder sicher für friedliche Fahrt – zu machen, würde Amerika von nun an seinen vollen Anteil an dem Konflikt übernehmen müssen. „Die Zivilisation selbst scheint in Gefahr", erklärte Wilson mit unheilschwangerer Stimme.

Die Rede des Präsidenten löste begeisterten Beifall aus. Am 6. April stimmte in beiden Häusern des Kongresses eine überwältigende Mehrheit für den Kriegseintritt. Woodrow Wilson selber empfand jedoch vor allem Traurigkeit. Zu einem späteren Zeitpunkt erklärte er, seine Rede sei „eine Todesnachricht für unsere jungen Männer" gewesen.

Fast drei Jahre nach Ausbruch des Konfliktes in Europa erklärten somit die Vereinigten Staaten Deutschland den Krieg. Es gab dafür mannigfaltige und verwickelte Beweggründe. Die U-Bootoffensive kostete zwar einer steigenden Zahl Amerikaner das Leben, war jedoch nicht die einzige Ursache, weswegen die Vereinigten Staaten ihre so lang gehegte Ansicht, sich nicht in europäische Kriege hineinziehen zu lassen, aufgaben. Immerhin trug sie in starkem Maße zu der Entscheidung bei. In der amerikanischen Öffentlichkeit hatte die ganze Art der U-Boote, Krieg zu führen, Empörung ausgelöst, und jeder der Abgeordneten, die Präsident Wilsons Rede lauschten, konnte diese Empörung nachempfinden.

Der Kriegseintritt Amerikas brachte dem bedrängten Großbritannien keine sofortige Entlastung. Noch standen nicht genügend Männer und Waffen zur Verfügung, um in die Schlacht geworfen zu werden. Vergeblich warnte Admiral William Sims, Befehlshaber der amerikanischen Seestreitkräfte in Europa, vor der unmittelbar drohenden Gefahr eines Zusammenbruchs Großbritanniens durch den U-Bootkrieg, und vergeblich drang er darauf, jedes verfügbare U-Bootabwehrschiff sofort nach Europa zu schikken. Walter Hines Page, der amerikanische Botschafter in London, teilte Sims' Befürchtungen. „Was wir jetzt miterleben", erklärte Page, „ist die Niederlage Großbritanniens." Als die Angriffe der U-Boote unbeirrt weitergingen – im Mai 1917 wurden 549987 Tonnen Schiffsraum versenkt –, sagte die Admiralität voraus, daß der Krieg bis November verloren sei.

Fischer winken auf ihrem Boot sechs amerikanischen Zerstörern zu, die am 4. Mai 1917 Queenstown, Irland, anlaufen, um den bedrängten Alliierten Unterstützung zu leisten. Bis Ende Juni waren 37 dieser Zerstörer zum Schutz der westlichen Zufahrtswege gegen das Eindringen von U-Booten in Queenstown stationiert.

In den ersten Tagen des Mai liefen sechs amerikanische Zerstörer in Queenstown, Irland, ein. Sie waren eine Hilfe, aber noch keine ausreichende Antwort. Was der Kriegszustand Amerikas in diesen unsicheren Tagen wirklich bedeutete, war die vielversprechende Aussicht auf zukünftige Hilfe durch die wahrhaft erstaunliche industrielle Leistungsfähigkeit der Vereinigten Staaten. Beispielsweise würde die Bethlehem Steel Company bald in der Lage sein, einen großen Zerstörer in nur sechs Wochen zu bauen, während britische Werften für ein ähnliches Schiff mindestens 18 Monate benötigten. Die Briten beeilten sich, dieses industrielle Füllhorn anzuzapfen: Ihrem neuen Verbündeten legten sie eine Wunschliste vor, die 55 Zerstörer für den Geleitzugsdienst, 41 Kreuzer als Geleitführer, vier Schlachtschiffe, mehr als 100 Flugzeuge, 100 000 Minen und 250 kleine Minenleger, die eine riesige Minensperre quer über die Nordsee legen sollten, sowie eine zahlenmäßig nicht festgelegte Menge an Frachtschiffen und verschiedenen Fahrzeugen für die U-Bootabwehr enthielt.

Es sollte seine Zeit brauchen, den scheinbar grenzenlosen Forderungen der britischen Admiralität zu entsprechen, ganz abgesehen von Amerikas eigenem Bedarf. Tatsächlich hat ein beträchtlicher Teil des in den USA hergestellten Marinegeräts die Produktionsstraßen erst verlassen, als der Krieg schon beendet war. Immerhin reichte Amerikas Unterstützung aus, eine wichtige neue Maßnahme einzuführen: Sie gab den Briten die Möglichkeit, endlich das Fahren im Geleit aufzunehmen.

Geleitzüge waren keine Erfindung dieses Krieges. Schon im frühen 19. Jahrhundert hatte Großbritannien in den Kriegen gegen Frankreich davon Gebrauch gemacht. Auch im derzeitigen Krieg fuhren im Kohlentransport von Frankreich über den Ärmelkanal und bei der Einfuhr von Bauholz aus Schweden über die Nordsee seit einiger Zeit kleine Geleitzüge. Gegen ihre Einführung im großen Stil hatten aber sowohl die Admiralität wie die Handelsmarine hartnäckig protestiert. Die Admiralität fürchtete, daß der Mangel an Geleitschutzfahrzeugen den U-Booten Gelegenheit gebe, die Versammlung von Handelsschiffen gleich im ganzen zu vernichten. Die Handelsmarine hingegen, die ihre erfahrensten Schiffsoffiziere und Maschinisten an die sich ständig vergrößernde Royal Navy abgegeben hatte, hegte Sorge, die unerfahrenen Besatzungen könnten die beträchtlichen Schwierigkeiten des Positionshaltens von Schiffen verschiedener Geschwindigkeit und Größe in dicht zusammen fahrenden Geleitzügen nicht meistern. Viel besser sei es, so wurde argumentiert, ein Schiff allein fahren zu lassen, mit allem Risiko, aber auch der Chance, den U-Booten in der Weite des Ozeans zu entgehen. Das war ein Fehlschluß, den nur Zeit und Erfahrung widerlegen konnten.

Der Kriegseintritt Amerikas gab der Admiralität den Anstoß, von allen über die Welt verstreuten britischen Marinegeschwadern Schiffe für den Geleitschutz abzuziehen, wobei man hoffte, daß Verluste an Geleitfahrzeugen mit der Zeit ersetzt werden konnten. Der erste Langstreckengeleitzug, 17 Schiffe von Gibraltar, erreichte Großbritannien am 20. Mai 1917. Bald folgte ihm ein anderer Geleitzug von zwölf Schiffen aus Amerika. Beide erreichten ohne Verluste ihr Ziel. Bis August waren alle nach Großbritannien bestimmten Schiffe, die langsamer als zwölf Knoten fuhren, in Geleitzügen zusammengefaßt. Später fuhren auch die schnelleren Schiffe im Geleit. Feste Fahrpläne wurden aufgestellt, damit der Geleitschutz einen Konvoi bis an die Grenze seines Schutzgebietes begleiten, ihn dort an die nächste Geleitschutzgruppe übergeben und bei der Rückfahrt ein in sein Gebiet einlaufendes Geleit übernehmen konnte.

Trotz aller Unkenrufe funktionierte das System. Gegen Ende August wurden von den im Geleit fahrenden Schiffen nur zwei von 100 versenkt, während von jeweils zehn Alleinfahrern ein Schiff verlorenging. Bis zum Oktober waren mehr als 1500 Handelsschiffe in mehr als 100 Geleitzügen

Sprengstoffsperren in der Nordsee

Von den Alliierten gelegte Minenfelder (blaue Flächen) liegen quer über den Marschrouten der deutschen, die Nordsee passierenden U-Boote. Bis Ende 1918 hatten alliierte Kriegsschiffe mehr als 165 000 Minen gelegt. Obwohl nur wenige U-Boote in den Sperren verlorengingen, begannen doch einige Besatzungen den Befehl zu scheuen, sie zu durchfahren.

bei einem Verlust von nur 24 Schiffen in die Häfen eingebracht worden. Von den versenkten Schiffen gingen nur zehn verloren, während sie noch im Geleit fuhren. Die Verlustrate lag also bei weniger als einem Prozent. Im November sanken die Verluste auf 259 521 Tonnen Schiffsraum, damit auf weniger als die Hälfte der Verlustquote vom April.

Während das Geleitzugsystem den U-Booten leichte Ziele verwehrte, unternahmen die Alliierten gleichzeitig alle Anstrengungen, den Unterseebooten den freien Zugang zur offenen See zu verlegen. Wesentlicher Bestandteil der riesigen Sperren, welche die U-Boote in ihren Stützpunkten einschließen sollten, war eine neue tödliche Mine, bekannt unter der Bezeichnung Mark H2, die nach dem Grundkonzept der deutschen Minen gebaut wurde. Zwischen Folkestone und Kap Gris-Nez erwiesen sich die Minensperren als so wirksam, daß es für die U-Boote praktisch unmöglich wurde, von der Nordsee in den Ärmelkanal einzulaufen. Um die Unterseeboote am Auslaufen aus den norddeutschen Häfen zu hindern, wurde mit mehr als 25 000 Minen eine andere Sperre um die ganze Helgoländer Bucht, von der dänischen bis zur niederländischen Grenze, gelegt. Und weit im Norden überspannte eine riesige, 380 Kilometer lange Minensperre, aus mehr als 70 000 Minen bestehend, schließlich die Weite der Nordsee von Norwegen bis zu den Orkney-Inseln.

Eine noch mehr gefürchtete U-Bootabwehrwaffe war die Wasserbombe. Ihr fiel im Juli 1916 zum ersten Mal ein U-Boot zum Opfer, und bald war eine ständig steigende Zahl von U-Bootfahrern gezwungen, die Schrecken der Wasserbombenangriffe zu ertragen: die nervenaufreibenden Schläge der Unterwasserexplosionen, die heftigen Erschütterungen im Boot, das Ver-

Die Wellen des Nordatlantiks schäumen über das Deck von U 58, als Offiziere und Mannschaften aus dem Boot klettern, um sich zu ergeben. Das Unterseeboot war am 17. November 1917 von Wasserbomben eines amerikanischen Zerstörers schwer beschädigt worden. Während die Deutschen sich an Deck versammelten, öffneten sie die Seeventile, und das U-Boot ging Minuten nach dieser Aufnahme unter.

löschen der Lampen, das Zerspringen von Anzeigeinstrumenten sowie das aus gebrochenen Rohren und Ventilen spritzende Wasser. Obgleich die meisten Wasserbomben ihr Ziel weit verfehlten, teilten sie sich mit den Minen das Verdienst, mehr U-Boote als irgendeine andere Waffe der Alliierten vernichtet zu haben: je Waffe 35 Boote.

Im letzten Jahr des U-Bootkrieges wuchs auch die alliierte Luftwaffe in die Rolle eines wesentlichen Abwehrelementes hinein. Landflugplätze, Seefliegerhorste und Luftschiffhäfen für die U-Bootabwehr schossen an allen Küsten Großbritanniens aus dem Boden. Flugboote flogen aus der Sonne heraus Unterseeboote an, versenkten alles in allem sieben und beschädigten 40 Boote. 400 unstarre Kleinluftschiffe, einige davon mit 50 Stunden Flugdauer, wurden als Luftgeleit in Dienst gestellt und flogen als Aufklärer und U-Bootmelder auf den westlichen Seewegen, im Kanal und in der Nordsee. Sie legten im Verlauf dieser Einsätze eine Gesamtstrecke von 3 600 000 Kilometern zurück. Von 312 Schiffen, die im Konvoi fahrend von April 1917 bis zum Ende des Krieges torpediert wurden, erhielten nur zwei einen Treffer, während eine Luftdeckung am Geleitzug stand.

Für den deutschen Unterseebootmann wurde die Welt ein freudloser Ort. Auf dem Höhepunkt der U-Booterfolge ging für je 70 versenkte Frachtschiffe nur ein Unterseeboot verloren. Bis Juli 1917 war dieses Verhältnis auf ein U-Boot für jeweils 16 Frachter gesunken. Und die Sterblichkeitsrate der Unterseeboote sollte noch viel höher werden. Von 55 U-Booten, die im Mai 1918 in See standen, der höchsten Einsatzzahl, die im Krieg erreicht wurde, wurden 16 vernichtet und machten damit diesen Monat zum verhängnisvollsten in der Geschichte des U-Bootkrieges. Zwar erhöhte sich der Ausstoß an neuen U-Booten, doch wurde er durch Schnellbauprogramme für Schiffe in Großbritannien und Amerika wettgemacht. Im zweiten Vierteljahr 1918 überholte der Neubau von Schiffen die Verluste.

Als immer mehr Unterseeboote von der einen oder anderen Waffe der Alliierten vernichtet wurden, nahm auch die Brutalität des U-Bootkrieges zu. Er wurde immer blutiger. Von Anfang an scheinen einzelne Kommandanten den Befehl zum uneingeschränkten U-Bootkrieg als Freibrief für unterschiedsloses Töten aufgefaßt zu haben. Einer von ihnen war Kapitänleutnant Wilhelm Werner auf U 55, der am 8. April 1917 den Dampfer *Torrington* 240 Kilometer südwestlich der Scilly-Inseln torpedierte. Der Kapitän der *Torrington* und 20 Mann seiner Besatzung wurden angeblich aus einem der beiden Rettungsboote des Schiffes an Bord des U-Bootes befohlen. Es heißt weiter, daß der Kapitän unter Deck geschickt wurde, die Besatzungsmitglieder an Deck aufgereiht und ihnen ihre Schwimmwesten weggenommen wurden. Dann soll Werner aus unbekannten Gründen den Befehl zum Alarmtauchen gegeben haben. Das U-Boot versank, während die Männer noch an Deck standen. Es gab keine Überlebenden. Der Anklageschrift zufolge erledigte Werner vier Tage später einige Besatzungsmitglieder des Dampfers *Toro* auf dieselbe Weise, und Ende Juli 1917 behandelte Kapitänleutnant Paul Wagenführ auf U 44 einige Besatzungsmitglieder des Dampfers *Belgian Prince* angeblich ebenso.

Anfang 1918 wurden auch einige kenntlich gemachte alliierte Lazarettschiffe angegriffen, obwohl die deutsche Regierung öffentlich bekanntgegeben hatte, daß Lazarettschiffe in bestimmten Gebieten freie Fahrt hätten. Wieder war Werner der erste Übeltäter. Am 4. Januar torpedierte U 55 im Bristol-Kanal das Lazarettschiff *Rewa*. Vier Mann der Besatzung der *Rewa* starben, aber alle 279 Patienten, die sich an Bord befanden, konnten geborgen werden, bevor sie sank. Ein anderes U-Boot versenkte am 26. Februar vor der Südwestküste Englands das Lazarettschiff *Glenart Castle*, wobei 153 Menschen den Tod fanden. Im gleichen Seegebiet entging das Lazarettschiff *Guildford Castle* am 10. März nur durch scharfe Kursänderung der Vernichtung durch einen Torpedoschuß. Der Torpedo schrammte an der Seite des Schiffes entlang, explodierte aber nicht.

Die wahrscheinlich schlimmste Greueltat des Krieges soll Oberleutnant zur See Helmut Patzig auf U 86 in der Nacht des 27. Juni 1918 an Besatzung und Sanitätspersonal des Lazarettschiffes *Llandovery Castle* begangen haben. Das hell beleuchtete umgebaute Passagierschiff, das glücklicherweise keine Verwundeten beförderte, wurde 100 Seemeilen westlich von Fastnet Rock vor der Südküste Irlands torpediert, lief schnell voll Wasser und sank innerhalb von zehn Minuten. Als die Rettungsboote von dem sinkenden Schiff fortruderten, tauchte das U-Boot auf und befahl dem Kapitän der *Llandovery Castle*, R. A. Sylvester, längsseits zu kommen. Patzig befragte ihn nach acht amerikanischen Fliegern, die angeblich an Bord gewesen sein sollten. Sylvester verneinte die Frage, wies darauf hin, daß sein Dampfer ein Lazarettschiff gewesen sei und daß sich unter dem Sanitätspersonal sieben kanadische Sanitätsoffiziere befänden, die vielleicht mit Amerikanern verwechselt worden wären.

Patzig drehte mit seinem U-Boot ab und soll dann mit hoher Fahrt die anderen Rettungsboote absichtlich über den Haufen gefahren haben. Nur das Boot des Kapitäns blieb verschont. In der Dunkelheit hörten die Männer in diesem Boot, daß man von U 86 aus etwa zwölfmal schoß. Dann verschwand das U-Boot in der Nacht. Die 24 Überlebenden in dem Kapitänsboot wurden nach 36 Stunden von einem anderen Schiff gerettet. Von den 234 anderen Menschen der *Llandovery Castle*, unter denen auch 14 Krankenschwestern waren, fand sich keine Spur mehr.

Patzig und seine Wachoffiziere, die Leutnants zur See John Boldt und Ludwig Dithmar, wurden nach dem Krieg wegen dieses Verbrechens vor

In der offenen Gondel eines unstarren Luftschiffes wacht ein Flieger der Royal Navy über einem Geleitzug. Luftschiffe waren hervorragende Wächter bei der U-Bootabwehr. Luftschiffbeobachter meldeten im Ersten Weltkrieg 49 U-Boote und leiteten aus ihren Gondeln 27 Angriffe von Überwasserschiffen auf U-Boote.

dem Reichsgericht in Leipzig angeklagt. Patzig tauchte unter und erschien nicht vor Gericht. Seine Wachoffiziere sprach man schuldig und verurteilte sie zu je vier Jahren Gefängnis.

Immerhin kann für jede barbarische Handlung eines U-Bootes auch eine ritterliche angeführt werden. Oberleutnant zur See Hans Rose, der sich den Ruf eines der humansten U-Bootkommandanten des Krieges erwarb, schleppte manchmal die Rettungsboote eines torpedierten Schiffes bis in Landsicht. Auf einer der südwestlichen Fahrtrouten nach England torpedierte Rose am 6. Dezember 1917 den amerikanischen Zerstörer *Jacob Jones*. Es war der erste in diesem Kriege von einem U-Boot versenkte Zerstörer. Nachdem er beobachtet hatte, daß die Besatzung in die Boote gegangen war und in der Weite des winterlichen Ozeans trieb, fühlte sich Rose trotz des erheblichen Risikos, das er einging, veranlaßt, dem britischen Stützpunkt in Queenstown einen Funkspruch zu schicken. Er forderte Hilfe an und nannte Länge und Breite des Standortes der Boote mit den Überlebenden. Danach machte er sich, so schnell er konnte, davon.

Gegen Mitte des Jahres 1918 waren die alliierten Abwehrmaßnahmen so wirksam geworden, daß die Unterseeboote nur noch selten Angriffe auf Geleitzüge unternahmen. Der Höhepunkt des U-Bootkrieges gegen die Handelsschiffahrt war überschritten – wenn auch die Alliierten sich zu dieser Zeit dessen noch nicht sicher sein konnten. Die deutsche Führung hatte insgeheim den Glauben aufgegeben, daß die U-Boote die kriegsentscheidende Waffe seien. Der russische Zusammenbruch setzte an der Ostfront mehrere deutsche Armeen frei, und die führenden Persönlichkeiten argumentierten jetzt, der Krieg, wenn er überhaupt zu gewinnen sei, müsse an Land gewonnen werden – in einer neuen großen Offensive an der Westfront, unternommen mit einer gewaltig verstärkten Armee.

Immer noch schlichen sich U-Boote auf dem Weg zu ihren Jagdgründen auf den westlichen Schiffahrtsstraßen durch den Kanal. Aber Woche auf Woche erwies sich das Spießrutenlaufen durch die Minensperren im Kanal als schwieriger und gefährlicher. Selbst wenn es den Booten gelang, sich durch die Minen zu schlängeln: Was dann? Auf sie lauerte eine Welt voll von feindlichen Kriegsschiffen, U-Bootfallen und Luftfahrzeugen.

Im Sommer 1918 verlor die in Flandern stationierte U-Bootflottille jede Woche ein Unterseeboot, und die durchschnittliche Lebensdauer eines U-Bootes wurde auf nicht mehr als sechs Feindfahrten angesetzt. Um das Einsatzpotential der bedrängten Streitkraft zu erhöhen, verkürzte man die für Reparaturen, Neuausrüstung und übliche Instandhaltung vorgesehene Zeit. Aber auch die Nervenbelastung machte sich jetzt bei den U-Bootmännern bemerkbar. Kommandanten alterten vorzeitig. Einige Männer wurden geisteskrank. Die Kampfmoral sank, und Fälle vorgetäuschter Krankheit sowie Urlaubsüberschreitungen nahmen zu.

Zur gleichen Zeit strömten zwei Millionen amerikanische Truppen über den Atlantik nach Europa, wo sie die alliierten Landstreitkräfte verstärkten. Nur drei Truppentransporter wurden von Unterseebooten versenkt.

Zu spät erkannte Deutschlands Führung die volle Bedeutung der amerikanischen Beteiligung am Kriege. Immerhin war klar, daß irgend etwas unternommen werden müßte, um diesen neuen und starken Feind zu bekämpfen. Irgendwie mußte man den Krieg nach den Vereinigten Staaten selbst tragen, wenn der ständige, sich verhängnisvoll auswirkende Zufluß amerikanischer Truppen und Munition auf die Schlachtfelder unterbrochen und die amerikanischen Seestreitkräfte aus den europäischen Seegebieten abgezogen werden sollten.

Auf der Suche nach einer Lösung dieses Problems wandten sich die Deutschen einem neuen Typ Unterseeboot zu: dem U-Kreuzer. Diese Riesen-U-Boote sollten die Speerspitze einer neuen Unterseebootoffensive darstellen, deren Aktionen bis zu den entferntesten Seewegen im Atlantik ausgriffen – südlich bis über den Äquator hinaus und schließlich über den Atlantik bis an die Ostküste der Vereinigten Staaten.

Nur neun U-Kreuzer gingen überhaupt in den Einsatz, obwohl das Bauprogramm für U-Boote 1917 und 1918 eine viel größere Anzahl für den Ferneinsatz in den folgenden Jahren vorsah. Sieben der neun U-Kreuzer sollten ursprünglich als Handels-U-Boote dienen, wurden später jedoch zu Kriegsbooten umgebaut. Die anderen zwei waren vom Kiel aufwärts als Kampfboote entworfen. Getaucht verdrängten sie fast 2500 Tonnen und trugen sechs Torpedorohre und mindestens zwei 15-cm-Geschütze. Diese letzten beiden waren die größten Unterseeboote, die im Ersten Weltkrieg in Dienst gestellt wurden.

Als erstes Boot ging U 155, eines der umgebauten Handels-U-Boote, auf eine Feindfahrt, die der Erprobung diente. Es verließ Kiel am 24. Mai 1917, legte in 105 Tagen eine Gesamtfahrstrecke von 9000 Seemeilen zurück, versenkte 19 Schiffe und beschoß Ziele auf den Azoren, um die Welt mit dem neuen Machtmittel Deutschlands zu beeindrucken. Im September begann U 151, ein weiteres ehemaliges Handels-U-Boot, seine Reise zu den Azoren, die eine der längsten Feindfahrten werden sollte, die bis dahin ein U-Boot unternommen hatte. U 151 fuhr mehr als 10 600 Seemeilen und versenkte 13 Schiffe, ohne selbst jemals angegriffen zu werden. Andere Einsätze der U-Kreuzer folgten, sie führten nach Madeira, zu den Kanarischen Inseln und an die Küste von Liberia und der spanischen Sahara. Sie trafen auf keine Gegenwehr, bis im Mai 1918 der U-Kreuzer U 154 bei der

Rückreise aus dem Seegebiet vor Westafrika von dem Torpedo eines britischen U-Bootes in Stücke gerissen wurde. Abgeschossen hatte ihn E 35, das vor dem portugiesischen Kap São Vicente auf der Lauer lag. Zu diesem Zeitpunkt, nachdem genügend Erfahrungen auf Langstreckenfahrten gesammelt worden waren, wandten sich die U-Kreuzer einem noch weiter entfernten und gefährlicheren Seegebiet zu. Schon Anfang des Jahres 1918 waren mehrere der größten deutschen Unterseeboote für Schläge gegen die Schiffahrt vor der amerikanischen Ostküste ausgerüstet worden.

Die Pionierfahrt unternahm diesmal U 151 unter dem Kommando des Korvettenkapitäns Heinrich von Nostitz und Jänckendorff. Mit einer sorgfältig ausgewählten Besatzung von acht Offizieren und 65 Mann sowie Vorräten für eine fünfmonatige Feindfahrt lief U 151 am 14. April 1918 aus Kiel aus und steuerte nach Norden. Eine denkwürdige Fahrt hatte begonnen. Im Nebel verborgen, glitt U 151 aufgetaucht durch die englische Blockadelinie und erreichte den offenen Atlantik.

U 151 sollte in den amerikanischen Gewässern nicht nur Schiffe versenken, sondern auch auf den Hauptwegen der nach Europa fahrenden Munitionsschiffe Minen legen. Ein erster Schub sollte in der Chesapeake Bay abgelegt werden und die aus Baltimore, Amerikas wichtigstem Kriegshafen, kommenden Schiffe treffen. Eine zweite Gruppe Minen war für die Delaware Bay vorgesehen, also für Schiffe, die aus Philadelphia und anderen Inlandshäfen ausliefen. Vor der Küste von Virginia sichtete das U-Boot Land und fuhr nach Norden hinauf. In dem dichten Verkehr von Dampfern, Kriegsschiffen und Segelschiffen mußte das U-Boot zuerst dauernd ausweichen und tauchen. Später legte es sich während des Tages auf Grund und setzte seine Fahrt nur nachts fort.

Als sie in der Nacht des 21. Mai darangingen, ihre tödliche Minenladung in der Hafeneinfahrt von Baltimore auszulegen, befürchteten die U-Bootmänner, in der Dunkelheit von einem Schiff überlaufen zu werden. Aber die Amerikaner selbst halfen ihnen. Kapitänleutnant Friedrich Körner, der I. Offizier des Bootes, erinnerte sich später daran: „Weit entfernt von den Kriegsschauplätzen, fuhren sie fröhlich mit hell brennenden Positionslampen, wie in Friedenstagen." Im hellen Mondlicht mußte das U-Boot von Land aus deutlich sichtbar gewesen sein. Aber offensichtlich stand niemand Wache. Bis 21.30 Uhr hatte das U-Boot die Hälfte seines Minenvorrates gelegt. In den von Arlington, Virginia, ausgestrahlten Funknachrichten für Seefahrer folgte auf Wetterbericht, Eisbergwarnungen, Börsenberichte und Baseballergebnisse die beruhigende Mitteilung: „Keine U-Boote. Keine Warnung vor Kriegshandlungen."

In derselben Nacht holte U 151 auf der Fahrt vor der Küste zur Delaware Bay drei Segelschoner ein und befahl ihnen zu stoppen. Die Besatzungen, zusammen 26 Mann, wurden als Gefangene an Bord des U-Kreuzers verbracht, der Frischproviant zur Auffüllung der Vorräte herübergeholt und auf den Schiffen dann TNT-Ladungen gezündet. Es waren die ersten Opfer des U-Kreuzers in amerikanischen Gewässern. Danach legte U 151 seine restlichen Minen in der Einfahrt zur Delaware Bay aus und setzte sich in dichtem Seenebel ab, dabei benutzte es kaltblütig sein eigenes schrilles Nebelhorn, um sich auf dem Hauptschiffahrtsweg freie Bahn für die Rückfahrt in die offene See zu verschaffen.

Am 28. Mai erschien U 151 vor New York. „In dieser Nacht", berichtete Körner, „kamen zum ersten Mal die hellen Lichter vom Broadway in Sicht, das große Glühen, das nach Dunkelwerden über der Stadt New York hängt. Der Glanz der westlichen Hauptstadt erfüllte uns mit einem ruhelosen Sehnen. Uns ergriff der irre Gedanke, wir könnten heimlich in den Hafen schleichen, den Hudson herauffahren, an irgendeinem versteckten Platz festmachen und uns für eine Nacht auf dem Great White Way (dem Theaterviertel am Broadway) amüsieren."

Ein deutsches Gemälde aus dem Jahre 1917 (oben) zeigt einen U-Bootmann, der den Überlebenden eines sinkenden alliierten Frachters eine Leine zuwirft. Solch ritterliche Hilfe gab es – ebenso aber auch brutale Handlungen. Eine der übelsten war der auf dem amerikanischen Kriegsanleiheplakat links dargestellte Vorfall: die Versenkung eines unbewaffneten Lazarettschiffes 1918 südlich von Irland und das Erschießen zahlreicher Männer seiner Besatzung und des Sanitätspersonals.

Drei Tage kreuzte U 151 hin und her, wobei es eine lange Trosse mit einer Vorrichtung zum Kappen von Unterseekabeln am Meeresboden hinter sich her schleppte; damit zerschnitt es zwei Telegraphenkabel. Nach Erledigung der Sonderaufgaben ging das U-Boot nun daran, soviel Schiffsraum wie möglich zu versenken. Korvettenkapitän von Nostitz beabsichtigte, weiter nach Norden bis Boston vorzustoßen, um seine verheerende Tätigkeit auch vor der Küste Neuenglands auszuüben. Bald geriet das U-Boot jedoch in dichten Nebel. Als der amerikanische Funkdienst weiter nördlich noch schlechteres Wetter voraussagte, wendete U 151 auf Südkurs und fuhr wieder der Sonne entgegen.

Noch befanden sich die 26 Gefangenen an Bord. Man behandelte sie gut, sie erhielten dasselbe Essen wie die U-Bootmänner und wurden mit amerikanischen Grammophonplatten unterhalten, die die Deutschen zu ihrer eigenen Zerstreuung mitgeführt hatten. Doch läßt sich kaum sagen, daß die Gäste ihren Aufenthalt genossen hätten. Ständig wiederholtes Alarmtauchen und gelegentliche Gefahrenlagen verbreiteten Panik unter den Gefangenen. Einer der Schonerkapitäne erzählte den U-Bootfahrern, er sei zwar viele Jahre zur See gefahren, das Leben auf einem U-Boot wäre aber eine unerträgliche Belastung für ihn.

Sein Zwangsaufenthalt neigte sich jedoch dem Ende zu. Am 2. Juni lag bei strahlendem Sonnenschein die See ruhig dar und Nostitz erlebte einen Tag wie auf dem Übungsgelände. Zwischen Morgendämmerung und Dunkelwerden versenkte er sechs Schiffe – drei Segelschiffe und drei Dampfer. Seine 26 Gefangenen übergab er an die Rettungsboote eines Dampfers, darauf vertrauend, daß sie die nur wenige Seemeilen entfernte Küste sicher erreichen würden. Am Ende seiner Tagesarbeit sollten 448 Menschen in Rettungsbooten vor der Küste von New Jersey auf der See schwimmen. Bislang hatte aber noch kein Mensch sein Leben verloren.

Mehrere Besatzungsmitglieder der Schiffe schilderten später ihr Treffen mit dem U-Boot in lebhaften Farben. Der Kapitän eines Dampfers berichtete, wie Körner an Bord kam: „Der deutsche Offizier kam auf die Brücke und streckte seine Hand aus. Sicher eine merkwürdige Art, ein Schiff aufzubringen. Er sah aber freundlich aus, und ich schüttelte ihm die Hand. Ich sollte aber noch mehr Überraschungen erleben, als er in ausgezeichnetem Englisch sagte: ‚Ich bedaure, dies tun zu müssen, Kapitän, aber so ist der Krieg, wie Sie wissen. Bringen Sie Ihre Leute so schnell wie möglich von Bord. Wir werden Ihr Schiff versenken.‘ Es klang wie eine Entschuldigung, daß er mich aufbringen müßte, und ich gewann den Eindruck, es sei ihm in gewisser Weise peinlich, nur einen kleinen Frachter statt eines Truppentransporters erwischt zu haben."

Das plötzliche, so verheerende Erscheinen von U 151 brachte die amerikanische Gelassenheit ins Wanken. Erst die Versenkung des Passagierschiffes *Carolina*, unterwegs auf einer Reise von Puerto Rico nach New York, schuf indes die wirkliche Sensation. Den ersten Hinweis, daß die *Carolina* in Schwierigkeiten war, gab ein Notsignal, welches die Funker auf Cape May, New Jersey, sowie die Marinestationen in Brooklyn und Arlington am 2. Juni kurz nach 18.00 Uhr abhörten.

Der Funkspruch lautete: SOS. DAMPFER CAROLINA VON DEUTSCHEM UNTERSEEBOOT BESCHOSSEN. Cape May reagierte sofort und fragte nach dem Standort des Schiffes. Es kam aber keine Antwort. Man wußte, daß die *Carolina* mehr als 300 Menschen an Bord hatte, und die Stationen der Küstenwache wurden unverzüglich telephonisch alarmiert, nach dem U-Boot oder Überlebenden des Dampfers Ausschau zu halten.

An diesem Abend um 18.00 Uhr stand die *Carolina* etwa 53 Seemeilen östlich von Cape May. Eine Mrs. Westbrook aus New York, die zu den wenigen Passagieren gehörte, die noch nicht zum Abendessen unter Deck gegangen waren, erspähte als erste den an der Oberfläche tief im Wasser liegenden Schiffskörper in knapp zwei Seemeilen Entfernung. „Nanu", sagte sie zu einer Dame neben ihr, „da kommt ein Unterseeboot." Eine Minute später heulte eine Granate am Heck des Dampfers vorbei. Kaum war das SOS gefunkt, da empfing man auch schon die Frage von Cape May nach dem Standort des Schiffes. Der Funker des U-Bootes unterbrach aber den Funkverkehr auf der Empfangsfrequenz und warnte: SIE NICHT FUNKEN – WIR NICHT SCHIESSEN. Als der Schiffsfunker sich anschickte, trotzdem einen weiteren SOS-Spruch abzusetzen, schlugen die nächsten drei Granaten in der Nähe ein. Der Kapitän der *Carolina*, T. R. D. Barbour, befahl daraufhin dem Funker, keine Standortmeldung zu senden.

Die *Carolina* drehte bei. Auf Befehl von U 151 wurde das Schiff in guter Ordnung, wenn auch „unter lautem Klagegeschrei weiblicher Stimmen" verlassen, wie sich Körner erinnerte. Kapitän Barbour berichtete, einer der deutschen Offiziere habe seine amerikanischen Opfer in fehlerlosem Englisch angerufen. „Haben alle Leute Ihr Schiff verlassen?" rief er durch das Megaphon. „Ich werde es jetzt beschießen." Als seine Frage bejaht wurde, fügte er hinzu: „Rudern Sie zur Küste." In zwei Gruppen wandten sich die Rettungsboote der *Carolina* nach Westen. In der einbrechenden Dämmerung und bei auffrischendem Wind umkreiste U 151 das verlassene Schiff und feuerte drei Granaten in seine Backbordseite, danach drei Granaten in die Steuerbordseite. Die *Carolina* sank mit dem Bug voraus, das Heck ragte in die Luft. Nachdem das Schiff etwa zehn Minuten senkrecht im Wasser gehangen hatte, ging es, genau um 20.15 Uhr, unter.

Durch diese Versenkung kam es auf der Feindfahrt von U 151 zu ersten Menschenverlusten. In der Nacht kam starker Sturm auf, ein Rettungsboot kenterte. Es ließ sich zwar wieder aufrichten, aber bis dahin waren 13 seiner Insassen in den nachtschwarzen Wellen ertrunken. Am nächsten Nachmittag um 13 Uhr barg der britische Frachtdampfer *Appleby* die 19 Überlebenden aus diesem Boot. Erst am Nachmittag des folgenden Tages näherten sich die letzten Boote der *Carolina* endlich bei Atlantic City der Küste. Ein Umzug der „Ritter des Mystischen Schreins" zog gerade auf der aus Holz gebauten Strandpromenade entlang, und Hunderte von Badegästen vergnügten sich in der Brandung. Niemand sah das kleine Boot heranrudern, bis es den seewärtigen Molenkopf erreicht hatte. Traurig flatterte vom Ende eines Riemens das Notsignal – ein weißes Hemd. Seine Entdeckung schreckte die Menge auf. Ein Augenzeuge berichtete:

„Die Musikkapelle hatte ‚Where do we go from here' [Wo führt uns unser Weg hin] gespielt, wechselte aber plötzlich wie auf Kommando zu ‚The Star Spangled Banner' [Das Sternenbanner, der amerikanischen Nationalhymne] über, hielt in ihrem Marsch inne und machte Front zur See. Hunderte von Erholungssuchenden auf der Promenade blieben stehen, sahen sich um und liefen zum Strand. Die Badenden hörten auf, in der Brandung herumzuspringen. Wie gebannt hielten sie für einen Augenblick inne, dann brachen sie in Willkommensrufe aus, ebenso wie die Menge hinter ihnen. Die Strandwachen schleppten ihre Boote zu Wasser und legten sich mächtig in die Riemen, um durch die Brecher zum Rettungsboot zu gelangen. Aufgeregte Ritter des Schreins rasten in vollem Ornat bis zur Hüfte in die Brandung.

„Die Strandwachen brachten sich längsseits des Rettungsbootes, hoben zwei Frauen heraus, die zusammengebrochen waren, und eilten zur Küste zurück. Andere nahmen weitere Schiffspassagiere in ihre Boote oder sprangen in das Rettungsboot, rissen den erschöpften Männern die Riemen aus der Hand und ruderten das Boot in flaches Wasser. Als das Rettungsboot unter der gewaltigen Anstrengung der Strandwachen auf den Sand schoß, wehten die Klänge der Musikkapelle mit erneuter Lautstärke herüber. Männer und Frauen hatten die Hüte abgenommen. Ein kleines Mädchen, nicht älter als zwölf oder dreizehn Jahre, wurde zuerst an Land gehoben. Das

Erschöpfte Überlebende des von U 151 im Juni 1918 versenkten Dampfers „Carolina" stellen sich in geliehener Kleidung dem Photographen. Sie hatten 48 Stunden in einem Rettungsboot ausharren müssen. Die deutsche Kaperfahrt bis unter die Küste der Vereinigten Staaten schreckte die Amerikaner auf; am Tage nach der Veröffentlichung der Berichte in den Zeitungen meldeten sich 3000 New Yorker freiwillig zum Dienst in der Marine.

Wasser tropfte an ihm herunter, aber lächelnd warf es der ihm zujubelnden Menge eine Kußhand zu. Dann trug man zwei gebrechliche Frauen herein. Sie waren in schwere, blaue Arbeitsanzüge und Pullover gekleidet. Eine wurde ohnmächtig, als ein plötzlicher Schwall von Klängen die Melodie der Nationalhymne zu ihr herübertrug. Die andere sagte nur: ‚Wir sind gerettet!' und fiel bewußtlos in die Arme eines Arztes."

Der Krieg war nach Amerika gekommen, und die Küste auf und ab spürte man den Schock. In New York belagerten Angehörige vermißter Personen die Büros der Schiffahrtslinien. Häfen wurden geschlossen, Abfahrten widerrufen. Die Frachtraten stiegen, und die Versicherungsprämien erreichten schwindelnde Höhen. Die U.S. Navy übernahm die Kontrolle über die Küstenschiffahrt, stellte Geleitzüge zusammen und verordnete Funkstille auf See. Verdunkelung tauchte die Wolkenkratzer von Manhattan jede Nacht in ungewohnte Finsternis. Von überall her liefen Panikmeldungen über gesichtete U-Boote ein. Aber die Seeflugzeuge und Patrouillenboote, die alle Küstengewässer absuchten, fanden nichts – denn inzwischen war U 151 viele Seemeilen entfernt.

Der U-Kreuzer setzte seine Fahrt nach Süden fort, versenkte weitere Schiffe und wich weiteren Zerstörern aus. Sein dreizehntes Opfer, der norwegische Dampfer *Vindeggen*, brachte einige Probleme. An Bord befand sich eine junge Frau mit ihrer zweijährigen Tochter, und die See war zu rauh, um die beiden einem Rettungsboot anzuvertrauen. Außerdem beförderte das Schiff 2000 Tonnen Kupfer, einen Rohstoff, der im Deutschland der Kriegszeit sehr knapp geworden war und für die Herstellung von Granaten dringend benötigt wurde. Nostitz entschloß sich, Frau und Kind an Bord zu nehmen und den Eisenballast des U-Bootes gegen so viele Kupferbarren der *Vindeggen* auszutauschen, wie sein Unterseeboot nur tragen konnte. Der Kapitän der *Vindeggen*, dem von den Deutschen ein Kurs vorgeschrieben worden war, steuerte ein abgelegenes Seegebiet an; U 151 folgte im Kielwasser. Ungefähr 130 Seemeilen vor der amerikanischen Küste stoppten die beiden Schiffe, und während der nächsten zwei Tage wurde das Kupfer in das U-Boot umgeladen. Am 10. Juni war die mühsame Arbeit beendet. Die Besatzung der *Vindeggen* mußte in ihre Rettungsboote steigen, Frau und Kind kamen auf das Unterseeboot, und das Schiff wurde mit Sprengpatronen versenkt.

Als die *Vindeggen* mit stolz im Masttopp wehender norwegischer Flagge unterging, stand ihr alter Kapitän in strammer Haltung aufrecht in seinem Rettungsboot. Die Frau auf dem Unterseeboot weinte, und das kleine Mädchen klatschte bei dem seltsamen Anblick fröhlich in die Hände. Die Kleine, Eva Ugland, wurde bald der Liebling der U-Bootbesatzung. Der Koch backte Kuchen, bereitete Süßigkeiten, Gerichte mit eingemachten Früchten und Schlagsahne nur für sie, und die Seeleute fütterten das Kind in unermüdlicher Freude mit diesen Delikatessen.

Während das U-Boot mit den Rettungsbooten der *Vindeggen* im Schlepp auf die Küste zuhielt, versammelte sich seine Besatzung zur allgemeinen Aufheiterung an Deck und sang zu Gitarre- und Mandolinenbegleitung alte Lieder. Etwa um 17 Uhr dieses Tages kam ein anderer norwegischer Dampfer, die *Henrik Lund*, in Sicht. Die Deutschen ließen die Boote der *Vindeggen* treiben, versenkten die *Henrik Lund* und nahmen dann die Rettungsboote beider Schiffe ins Schlepp. Kurz nach Einbruch der Dunkelheit wurde ein Vorpostenboot gesichtet. U 151 warf die Rettungsboote los – nachdem Eva Ugland mit ihrer Mutter in einem von ihnen untergebracht worden war – und setzte sich ab, blieb aber aufgetaucht, um sicherzugehen, daß die Bootsinsassen wirklich geborgen wurden. Die Menschen in den Booten machten einen gewaltigen Lärm, um die Aufmerksamkeit des Patrouillenschiffes auf sich zu lenken, schwenkten Lampen und schossen Raketen ab. Unter den Geschützen des knapp 300 Meter entfernt liegenden U-Bootes kam das Vorpostenboot heran und nahm die ganze Menschenmenge an Bord. Erst dann lief U 151 ab.

Allmählich wurde der Treibstoff knapp, auch schienen die amerikanischen Gewässer plötzlich wie leergefegt von Schiffen zu sein. Nach zwei Tagen ergebnisloser Suche wandte sich der U-Kreuzer nach Hause. Sechs Wochen später, um 9.30 Uhr des 20. Juli 1918, machte U 151 am Ende seiner historisch gewordenen Kaperfahrt an der Pier in Kiel fest. In 94 Tagen hatte das Boot die ungeheure Entfernung von 9700 Seemeilen zurückgelegt, hatte 23 Schiffe mit zusammen 61 000 Tonnen versenkt und konnte den Verlust von vier weiteren Schiffen, die auf die von ihm gelegten Minen gelaufen waren, auf sein Konto buchen. Wichtiger noch war etwas anderes, worauf Kapitänleutnant Körner später hinwies. „Wir hatten einer skeptischen Welt gezeigt, daß selbst die Weite des Atlantiks uns nicht von einer Superkaperfahrt an die Küste des weit entfernten Amerika abhalten konnte. Denn der Tag wird kommen, an dem für Unterseeboote eine Fahrt über den Atlantik nicht mehr bedeutet als heute eine Feindfahrt über die Nordsee. Amerikas isolierte Lage ist eine Sache der Vergangenheit."

Der Erfolg der Feindfahrt von U 151 spornte die Deutschen an, weitere der riesigen U-Kreuzer nach Amerika zu schicken. Vom Sommer bis zum frühen Herbst standen U 140, U 156 und U 117 vor der amerikanischen Küste im

Karl Dönitz im Jahre 1917 als junger Wachoffizier an Deck von U 39. Dönitz, geistiger Vater der deutschen U-Bootkriegführung im Zweiten Weltkrieg, schrieb über die Erfahrungen des ursprünglichen U-Bootkorps: „Jeder U-Bootfahrer fühlte sich reich wie ein König und hätte seinen Platz mit niemand getauscht."

Einsatz. Sie fanden die Amerikaner jedoch besser auf der Hut und hatten daher weniger Erfolg. U 156 geriet auf der Rückreise 115 Seemeilen westlich von Bergen in die große Nordsperre und ging mit der gesamten Besatzung verloren, als es am 25. September auf eine Mine lief. Zu dieser Zeit befanden sich U 155, U 152 und U 139 auf der Ausreise in das amerikanische Seegebiet. Doch sie sollten ihre Ziele nicht mehr erreichen. Trotz des Erfolges von U 151 brachen die deutschen Kriegsanstrengungen, auf See ebenso wie auf Land, schnell zusammen.

Im Mittelmeer war der U-Bootkrieg fast zum Stillstand gekommen. Im September 1918 war der monatliche Gesamttonnageverlust auf 49 000 Tonnen abgesunken. Aber die U-Boote führten den bitteren Kampf bis zum letzten Augenblick weiter.

An einer der letzten Aktionen der U-Boote im Mittelmeer war ein Mann beteiligt, der noch ziemlich neu in diesem Geschäft war, ein kühler und entschlossener Kommandant von 27 Jahren, dessen Name in der Zukunft untrennbar mit der Geschichte der U-Boote verknüpft sein sollte: Karl Dönitz. Oberleutnant zur See Dönitz hatte sein Handwerk auf U 39 gelernt, unter dem Kommando von Kapitänleutnant Walther Forstmann, dem zweiterfolgreichsten U-Bootkommandanten des Ersten Weltkrieges. Später hatte er ein eigenes Kommando erhalten, zuerst im Mittelmeer den Unterseeminenleger UC 25, danach das große U-Boot UB 68. In den frühen Stunden des 4. Oktober 1918 lag Dönitz mit seinem neuen Boot vor Kap Passero, der Südspitze Siziliens, in Wartestellung. Gegen 1 Uhr nachts kam ein nach Malta fahrender englischer Geleitzug vollbeladener Schiffe aus Indien und dem Fernen Osten in Sicht.

Aufgetaucht durchbrach Dönitz in schnellem Angriff den Geleitschutz der Schiffe und konnte einen Dampfer torpedieren, bevor ihn ein Zerstörer angriff und zum Tauchen zwang. Erst in der Morgendämmerung konnte er den Geleitzug wieder einholen, jetzt war es aber zu hell für einen Überwasserangriff. Daher tauchte Dönitz zum zweiten Mal. Auf Sehrohrtiefe versuchte er, in eine Angriffsposition zu manövrieren, als sein Leitender Ingenieur ihm mitteilte, er könne das Boot nicht mehr austrimmen. Buglastig stand UB 68 plötzlich Kopf und schoß unkontrollierbar in die Tiefe. Dönitz befahl sofort das Anblasen aller Tauchtanks und ließ beide Maschinen „Äußerste Kraft zurück" laufen. Dann gingen die Lampen im Boot aus. Der Wachoffizier im Turm zog eine Taschenlampe heraus, und beide Männer beobachteten mit Schrecken, wie der Zeiger des Tiefenmessers schnell unter die 70-Meter-Marke sank – zu jener Zeit die höchstzulässige Tauchtiefe für ein U-Boot. Bei 80 Metern hörten sie den Bootskörper unter dem Wasserdruck knirschen. Bei 92 Metern hielt der Zeiger zitternd an und begann wieder zu steigen. Es war klar, daß die Tanks endlich ausgeblasen waren; jetzt schoß aber das Boot nach oben wie ein Stock, den man unter Wasser gezogen hat und nun losläßt. Ein Zittern lief durch das U-Boot, als es die Wasseroberfläche durchbrach und zurückfiel.

Dönitz steckte den Kopf aus dem Turmluk, zog ihn aber schnell wieder ein. UB 68 war mitten im Geleitzug aufgetaucht, und jedes Schiff auf der See schien auf das Boot zu schießen. Dönitz rief: „Tauchen! Tauchen!" Aber sein Leitender Ingenieur meldete zurück: „Wir haben keine Preßluft mehr." Ein U-Boot, das ohne Preßluft unter Wasser geht, kann nie wieder auftauchen. Wenn aber UB 68 nicht mehr tauchen konnte, bestand auch keine Hoffnung auf langes Überleben, da das Boot unter konzentriertem Geschützfeuer lag. „Alle Mann von Bord!" rief Dönitz.

Das U-Boot ging schnell unter, und Dönitz hatte Mühe, sich über Wasser zu halten, bis es ihm gelang, sich aus seiner schweren Lederkleidung und den Seestiefeln zu befreien. Als er schließlich von der englischen Korvette *Snapdragon* aufgefischt wurde, war der spätere Oberbefehlshaber der deutschen Kriegsmarine und Staatsoberhaupt des Deutschen Reiches nur

„Mülleimer“, die U-Bootfahrer das Fürchten lehrten

Bei Kriegsbeginn konnten britische Kriegsschiffe ein aufgetaucht fahrendes U-Boot rammen oder mit Geschützfeuer bekämpfen, besaßen aber keine Waffe gegen ein U-Boot, sobald es tauchte. 1915 hörte Admiral Sir Charles Madden, Offizier im Stabe der Grand Fleet, eines Tages einen Bericht, wie leicht so ein U-Boot durch Wegtauchen dem Angriff eines Kreuzers entkommen konnte, und bemerkte zu Admiral Sir John Jellicoe: „Wäre es nicht fein gewesen, wenn sie eine Mine gehabt hätten, die – über Bord geworfen – in der Tiefe explodierte, in der das U-Boot lag?“

„Diese Bemerkung ließ in uns den Gedanken an eine Wasserbombe keimen“, schrieb Jellicoe später. „Ich forderte die Admiralität auf, eine ‚Mine‘ herzustellen, die in der von Admiral Madden vorgeschlagenen Weise arbeitete. Es erwies sich als ein einfach zu lösendes Problem.“

Das Gerät war eine Stahltrommel in Form eines Mülleimers, gefüllt mit 136 Kilogramm TNT, ausgestattet mit einem auf Wasserdruck reagierenden Zündmechanismus, der auf bestimmte Tiefen eingestellt werden konnte. Zuerst wurden die Wasserbomben aus Gestellen über das Heck des Überwasserschiffes über Bord gerollt. Im Jahre 1918 führte man jedoch Werfer *(rechts oben)* ein, die eine Wurfweite von ungefähr 70 Metern erreichten. Die Sprengladung konnte ein U-Boot in etwa acht Meter Entfernung vom Detonationspunkt zerstören und auf 15 Meter noch erheblich beschädigen. Selbst Explosionen, die am Ziel keinen Schaden anrichteten, konnten bei den Besatzungen der U-Boote starke psychische Schäden hervorrufen.

Im Wasserbombenwerfer wurde eine Pulverladung gezündet, um das Geschoß in Richtung eines feindlichen U-Bootes zu schleudern. Ein Ruck an der Abzugsleine löste in der Feuerkammer einen Gasstoß aus, die heißen Gase dehnten sich im Wurfrohr aus und schleuderten die Wiege, die die Wasserbombe hielt, heraus. Auf der Wurfbahn zum Ziel fiel die Wiege ab.

1. TREIBLADUNG UND ABZUGSVORRICHTUNG
2. FEUERKAMMER
3. GASZUFÜHRUNG ZUM WERFERROHR
4. ABZUGSLEINE
5. WERFERROHR
6. WIEGE
7. WASSERBOMBE
8. WASSEREINLASSÖFFNUNGEN

Die Tiefe, in der eine Wasserbombe explodierte, wurde vom Wasserdurchfluß durch ein einstellbares Ventil am Bombenende bestimmt. Nach Füllung der Druckdose trieb der Wasserdruck die Sprengkapsel gegen die Übertragungsladung, die dann die Hauptladung zur Explosion brachte.

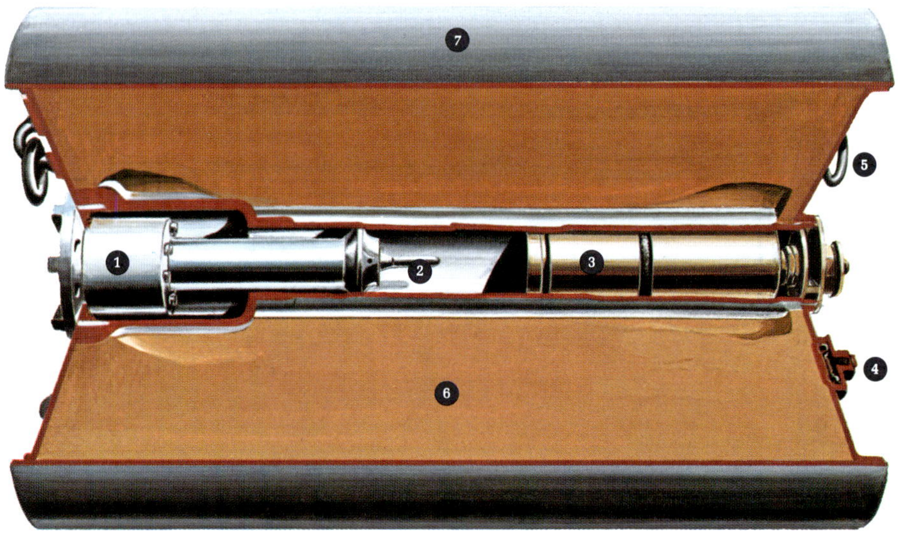

1. WASSEREINLASSVENTIL UND DRUCKDOSE
2. SPRENGKAPSEL
3. ÜBERTRAGUNGSLADUNG
4. EINFÜLLÖFFNUNG FÜR SPRENGSTOFF
5. HEISSRING
6. HAUPTLADUNG
7. ÄUSSERE UMMANTELUNG

noch mit Hemd, Unterhose und einem Socken bekleidet. „Jetzt sind wir quitt, Kapitän", sagte der englische Kommandant zu ihm, als er an Bord kletterte. „Letzte Nacht haben Sie mir einen Dampfer direkt vor der Nase weggeschossen, nun habe ich Sie versenkt." Sechs Mann der Besatzung von UB 68 blieben vermißt. Die Überlebenden brachten drei Hurras auf den Kaiser aus, dann führte man sie als Kriegsgefangene unter Deck. Für Dönitz bereitete man ein warmes Bad und legte den weißen Tennisanzug des Kommandanten für ihn bereit. So gekleidet, wurde Oberleutnant Dönitz in den englischen Marinestützpunkt auf Malta verbracht.

Der U-Bootkrieg hat die Gefangennahme von Dönitz nicht lange überdauert (tatsächlich hatte Deutschland am Tage seiner Gefangennahme den Alliierten einen Waffenstillstand vorgeschlagen). Da alle Fronten der Mittelmächte zusammenbrachen, konnten sich die im Mittelmeer eingesetzten U-Boote nicht mehr auf sichere Häfen stützen. Man entschied daher, die U-Boote nach Kiel zurückzurufen. 13 U-Boote fuhren westwärts, um den Durchbruch durch die in der Straße von Gibraltar massierte U-Bootabwehr zu versuchen. Unter Wasser sich vortastend, aus jeder Richtung die Schraubengeräusche feindlicher Kriegsschiffe hörend, gelang es allen, in den Atlantik durchzustoßen und die Heimreise anzutreten.

Auch andere U-Boote kehrten heim. Wegen der Minensperren in der Straße von Dover und um die Helgoländer Bucht war der U-Bootstützpunkt in Flandern praktisch ausgeschaltet. Jetzt erzwang der Vormarsch der alliierten Heere an der Westfront seine endgültige Schließung. Am 20. Oktober gab es keine U-Boote mehr an der flandrischen Küste.

An die großen U-Kreuzer, weit draußen in See unterwegs nach Amerika, ergingen Rückrufbefehle. Am 22. Oktober um 6.30 Uhr händigte der Funker von U 152 an Kapitänleutnant Adolf Franz in der Mitte des Nordatlantiks folgenden Funkspruch aus: RÜCKREISE SOFORT ANTRETEN. WEGEN LAUFENDER VERHANDLUNGEN JEDE ART KRIEGFÜHRUNG GEGEN HANDELSSCHIFFE VERBOTEN. U-BOOTE BEREITS AUF HEIMREISE. ANGRIFF AUF KRIEGSSCHIFFE NUR BEI TAGE. ADMIRALSTAB DER MARINE, BERLIN. In Erwartung bevorstehender Waffenstillstandsverhandlungen hatte der neue Reichskanzler, Prinz Maximilian von Baden, die unverzügliche Einstellung des U-Bootkrieges gegen die Handelsschiffahrt angeordnet.

Die letzte Versenkung eines Feindschiffes durch einen U-Kreuzer war 21 Tage vorher erfolgt. Ausführender war kein anderer als Oberleutnant zur See Lothar Arnauld de la Perière, der sich auf U 35 im Mittelmeer den Ruhm erworben hatte, das größte aller Asse zu sein. Als Kommandant von U 139 hatte der unbezähmbare Arnauld im Golf von Biscaya eine ganze Serie hartnäckiger Angriffe gegen einen stark geschützten Geleitzug von zehn britischen Schiffen unternommen. Trotz heftigen Geschützfeuers der Geleitfahrzeuge sowie Wasserbombenangriffen war es ihm gelungen, ein Schiff zu torpedieren, bevor er wegtauchen mußte.

„Weniger als eine Minute später", berichtete Arnauld, „gab es über uns einen schrecklichen Krach, und das Boot wurde vom Bug bis zum Heck geschüttelt, als wäre es mit einem Riesenschlag aufgebrochen worden. Die Lichter gingen aus. Wasser stürzte von oben herein. Das Boot krängte zur Seite." Bei einer Wahrscheinlichkeit von eins zu einer Million hatte sich das eben von ihm versenkte Schiff auf U 139 gelegt und zog das U-Boot mit sich auf den Meeresgrund. Nur durch Anblasen aller Tauchtanks konnte sich das U-Boot aus dem Todesgriff des Frachters befreien und an die Wasseroberfläche zurückkehren, wo die Besatzung den aufgerissenen Bootskörper behelfsmäßig mit Zement flickte.

Ein anderer der letzten deutschen U-Booteinsätze war noch seltsamer; er war wahrscheinlich der merkwürdigste des ganzen Krieges – stand bei ihm doch nicht ein U-Boot gegen die feindlichen Schiffe der Alliierten, sondern gegen Schiffe der eigenen Flotte.

Der betroffene U-Bootkommandant war Johannes Spieß, der sich jahrelang mit dem alten Vorkriegsboot U 19 abgequält hatte und gerade mit dem Kommando über U 135, dem schnellsten und technisch fortschrittlichsten Unterseeboot der deutschen Marine, belohnt worden war. Mit Recht war Spieß stolz auf sein neues Boot und brannte darauf, ihm im Endkampf die Feuertaufe zu geben. Bevor er jedoch U 135 in See gegen den Feind führen konnte, wurde er in Vorfälle verwickelt, die sein Vaterland erschütterten.

Als in jenem Oktober die Kriegsanstrengungen erlahmten, begann sich in Deutschland Unzufriedenheit auszubreiten. Nach einem Jahr des sich wegen der englischen Seeblockade immer mehr verschärfenden Hungers und der Entbehrungen hatte die Bevölkerung alle Illusionen im Hinblick auf den Krieg und die militärische Führung verloren. Niemand war unzufriedener als die Matrosen der Hochseeflotte, die die letzten zweieinhalb Jahre meist auf ihren Schiffen in deutschen Häfen gehockt hatten – seit dem Kampf gegen die britische Grand Fleet in der Schlacht vor dem Skagerrak. Am 29. Oktober 1918 brach die offene Meuterei aus.

Spieß wurde am Morgen des 31. Oktober zum Chef der U-Bootflottille in Wilhelmshaven, Kommodore Andreas Michelsen, befohlen. Die erste Frage des Kommodore ließ ihn zurückfahren. „Sind Sie", fragte er, „sich Ihrer Leute absolut sicher?" Fast mechanisch antwortete Spieß: „Jawohl, Herr Kapitän." Dann wurde er davon in Kenntnis gesetzt, daß die Besatzungen der Schlachtschiffe *Thüringen* und *Helgoland* meuterten. Er erhielt Anweisung, mit U 135 zu den Liegeplätzen der genannten Schiffe zu fahren und dort entsprechend den Befehlen des Flottenkommandos zu handeln. Die Folgerungen lagen klar auf der Hand: Falls es verlangt würde, sollte U 135 die aufrührerischen Schlachtschiffe angreifen und versenken. Ein entsprechender schriftlicher Befehl wurde ihm verweigert. Sofort steuerte Spieß sein neues Boot zu den Schlachtschiffen. Zwei Hafendampfer mit loyaler Besatzung und ein Dampfer mit 200 Seesoldaten an Bord begleiteten ihn.

U 135 bezog in der Nähe der *Thüringen* Stellung, Geschütz und Torpedos klar zum Feuern. Die Seesoldaten gingen mit aufgepflanztem Bajonett an Bord des Schlachtschiffes und riegelten Oberdeck und Niedergänge ab, während die Anführer der Meuterei sich im Vorschiff verschanzten. Den Meuterern wurden zwei Minuten zugestanden, sich zu ergeben – nach Meinung von Spieß zwei Minuten zuviel –; danach würden die Seesoldaten und, falls notwendig, auch das U-Boot das Feuer eröffnen. Die Meuterer ergaben sich. Inzwischen hatte Spieß bemerkt, daß sich auf dem anderen Meutererschiff, der *Helgoland*, etwas Merkwürdiges abspielte. „Zuerst wurde eines, dann ein zweites 15-cm-Kasemattgeschütz auf U 135 gerichtet", erinnerte sich Spieß. „Bald zielten alle Geschütze auf uns. Sehr unerfreulich. Die Entfernung betrug ungefähr 500 Meter. Ein Treffer hätte genügt, uns zu erledigen." Als schließlich die ganze Breitseitbatterie der *Helgoland* auf das U-Boot gerichtet war, dessen Torpedorohre wiederum auf die *Thüringen* zielten, wuchs die Spannung fast ins Unerträgliche. Es war jedoch ein letzter Widerstandsversuch. Ein Winkspruch rief U 135 zur *Thüringen*, und Hunderte von Meuterern wurden verhaftet.

Nach Ansicht von Spieß war eine einmalige Gelegenheit verspielt worden. Er glaubte, die Meuterei in der Flotte wäre endgültig unterdrückt worden, wenn er das Schlachtschiff torpediert hätte. Jetzt breitete sie sich aus, und ihre Rädelsführer proklamierten nicht mehr den Ungehorsam, sondern die Revolution. Bis zum 4. November geriet die Mehrzahl der Schlachtschiffe unter die Kontrolle revolutionärer Matrosenräte; auf ihnen wehte die rote Fahne. Die U-Boote aus dem Mittelmeer, am Ende ihres langen Rückzuges jetzt fast daheim, erhielten die Nachrichten in einem norwegischen Fjord. Kapitänleutnant Adolf Franz auf U 152 erfuhr sie vor den Faröer-Inseln durch eine Reihe von Funksprüchen: AN ALLE U-BOOTE: AUF SCHIFFE UNTER ROTER FLAGGE OHNE WARNUNG SCHIESSEN. GANZ KIEL

FEINDLICH; AUSFAHRT DER KIELER FÖRDE BESETZEN. KIEL VÖLLIG ABRIEGELN; KEIN SCHIFF DARF FESTMACHEN ODER AUSLAUFEN. WIDERSTAND MIT ALLEN MITTELN BRECHEN. EINSATZFÄHIGE BOOTE SOFORT NACH BORKUM REEDE FAHREN. AUFKLÄRUNGSBOOTE NACH HELGOLAND SOBALD WIE MÖGLICH.

Das Chaos wuchs. Ein weiterer Befehl wies die U-Boote in Kiel und Wilhelmshaven an, auf Helgoland Zuflucht zu suchen. Aber selbst auf Helgoland war die Revolution ausgebrochen. Die U-Bootflotte hatte keinen sicheren Ort mehr in der Welt.

Den deutschen U-Bootfahrern, vom Feind unbesiegt, treu und diszipliniert bis zum letzten Augenblick, wurde so von ihren eigenen Waffenbrüdern, den Matrosen der Überwasserkriegsschiffe, die Niederlage bereitet. Am 9. November wurden die U-Boote zurück in die Häfen beordert und der Schande der Übergabe an die Meuterer ausgesetzt. General Erich Ludendorff schrieb: „Am 9. November sank Deutschland . . . wie ein Kartenhaus zusammen. Wofür wir gelebt und jetzt wiederum vier schwere Jahre lang geblutet hatten, verschwand. Die staatliche und gesellschaftliche Ordnung wurde vernichtet. Jede Autorität hörte auf. Chaos, Bolschewismus und Terror hielten ihren Einzug in das deutsche Vaterland.“ Zu später Nachtstunde unterzeichnete der Kaiser seine Abdankung und floh nach Holland ins Exil. Am Montag, dem 11. November, um 5.40 Uhr unterschrieben die Vertreter des Deutschen Reiches den Waffenstillstand.

Eine wesentliche Klausel der Waffenstillstandsvereinbarung sah die Kapitulation aller U-Boote in von den Alliierten bestimmten Häfen vor. Sollten die Deutschen versuchen, ihre U-Boote zu versenken, würde Helgoland einer dauernden alliierten militärischen Besetzung unterworfen, warnten die Alliierten. Als Übergabehafen wurde Harwich an der englischen Ostküste vorgesehen. Am 20. November, als sich der Morgennebel auf der See hob, konnte man 20 Seemeilen vor der Küste die langen niedrigen Formen von 20 U-Booten erblicken, die von Schiffen der Royal Navy in die Gefangenschaft eskortiert wurden. Britische Besatzungen gingen an Bord der U-Boote, übernahmen die Schiffsführung, und als die Boote nach Harwich einliefen, wurde die britische weiße Kriegsflagge über der deutschen Flagge gesetzt. In den folgenden Tagen wiederholte sich diese Demütigung immer und immer wieder. Zusammen mit den Booten, die in anderen Häfen interniert wurden, begaben sich insgesamt 176 U-Boote in die Gefangenschaft. Auf deutschen Werften rosteten weitere 224 U-Boote in verschiedenen Baustadien vor sich hin – sie waren für eine große Unterseebootoffensive vorgesehen gewesen, die nie stattfand.

Der britische Empfang der kapitulierenden U-Boote war kaum als dem Ereignis angemessen zu bezeichnen. Sobald die Fahrzeuge in den Mündungen der Flüsse Orwell und Stour vor Anker lagen, machten sich die Offiziere wie Mannschaften der Marinestation Harwich zum Plündern über die Boote her. Bei Nacht schwärmten sie in allen möglichen kleinen Booten über das Wasser und durchstöberten die U-Boote nach wertvollen Instrumenten oder jedem anderen beweglichen Gegenstand. Keine geringere Persönlichkeit als ein Lord der Admiralität in London schickte eine Anweisung, daß ein deutscher Chronometer für ihn sicherzustellen sei. Bis aber die Nachricht eintraf, ließen sich nur noch wenige lose Gegenstände an Bord finden, und gesetzwidrig handelnde Marinegruppen schnitten selbst die Sehrohre mit Metallsägen auf, um sich die Prismen anzueignen.

Mit dem Ende des ersten Unterseebootkrieges der Geschichte kam auch die Zeit, die schreckliche Bilanz zu ziehen. Mit 20 einsatzbereiten U-Booten war Deutschland in den Ersten Weltkrieg eingetreten, hatte 345 Boote gebaut und 178 durch Feindeinwirkung verloren. Von den insgesamt 13 000 Offizieren und Mannschaften, die auf den Unterseebooten Dienst getan hatten, waren 515 Offiziere und 4 849 Mannschaftsdienstgrade gefallen, eine Verlustrate von mehr als 40 Prozent.

Im Vergleich zu den Verlusten, die die U-Boote verursacht hatten, war das noch wenig. Sie hatten fast 5 000 Schiffe, in der Mehrzahl britische, versenkt – mit der ungeheuren Gesamttonnage von elf Millionen Tonnen Schiffsraum. Mehr als 15 000 britische Zivilpersonen waren bei U-Bootangriffen ums Leben gekommen. Das Unterseeboot hatte sich als eine der fürchterlichsten Waffen des modernen Krieges erwiesen; es hatte Großbritannien an den Rand des Zusammenbruchs gebracht. Aber gerade die Gewalt der U-Bootoffensive hatte am Ende die Vereinigten Staaten in den Krieg gezogen und damit letztlich Deutschlands Niederlage besiegelt.

Der Friede bewirkte keine Versöhnung zwischen Briten und Deutschen. Karl Dönitz und seine U-Bootbesatzung wurden bei ihrer Ankunft als Kriegsgefangene in Southampton von aufgebrachten Hafenarbeiterinnen mit Pfiffen empfangen. Im Kriegsgefangenenlager von Redmires bei Sheffield, wo 600 deutsche Offiziere festgehalten wurden, konnte Dönitz in den Schlagzeilen der Zeitungen die Forderung lesen: „HÄNGT DEN KAISER, HÄNGT DIE U-BOOTKOMMANDANTEN!"

Nicht nur die Briten suchten einen Schuldigen. Endlose hitzige Debatten entspannen sich unter den Offizierskameraden von Dönitz im Kriegsgefangenenlager, zwischen ehemaligen Admiralen und Generalen des deutschen Oberkommandos, unter den besiegten Soldaten, den desertierten Matrosen und nicht zuletzt in der hungernden Bevölkerung des zerschlagenen Vaterlandes. Alles drehte sich um die eine Frage: Warum war der Krieg verlorengegangen? Großadmiral Tirpitz fand darauf eine einfache Antwort: „Das deutsche Volk hat die See nicht verstanden."

Der junge Karl Dönitz, der in der erzwungenen Muße des Gefangenenlagers Zeit hatte, die aus dem U-Bootkrieg zu ziehenden Lehren zu

überdenken, kam zu derselben Schlußfolgerung. Viele Jahre später schrieb er: „Die Schuld an der Niederlage trug die kontinentale Einstellung unserer Regierung, unsere Führung durch die Armee und lag bei dem ganzen deutschen Volk.“ In der Vergangenheit konnte Deutschland siegen, weil seine Gegner Kontinentalstaaten waren und der Kampf von Heeren ausgefochten wurde. „Jetzt hatte sich aber unsere politische und strategische Lage von Grund auf geändert“, fuhr Dönitz fort. „Zum ersten Mal war 1914 ein Seekrieg, die größte Seemacht stand auf Seiten unserer Gegner, die wir mit irgendeiner Hoffnung auf Erfolg nur im Atlantik bekämpfen konnten. Und das haben wir nicht verstanden.“

Jetzt verstand er es. In den Jahren nach seiner Rückkehr nach Deutschland im Juli 1919 – den bitteren Jahren der erdrückenden Reparationsleistungen und der Verarmung der Nation, der politischen Anarchie und der Unruhen, der aufschäumenden Inflation und militärischen Machtlosigkeit – wußte Dönitz, daß, wenn je ein nächster Krieg kommen sollte, dieser als Fortsetzung des ersten weitgehend in der gleichen Art und gegen dieselben Feinde geführt werden müßte. Wenn Deutschland den nächsten Krieg gewinnen wollte, folgerte Dönitz, dann mußte die Entscheidung im Atlantik fallen – durch die Unterseeboote.

Wenn aber die U-Boote den Ausgang des nächsten Krieges bestimmen sollten, dann mußten sie auf eine völlig neue Art und Weise eingesetzt werden – in überwältigender Stärke, in zusammenwirkenden Gruppen, in rücksichtslosen Nachtangriffen in einem absolut uneingeschränkten Einsatz. Das hatte er als Lehre aus den Erfahrungen des vergangenen U-Bootkrieges ausgearbeitet. Befolgte man diese Lehre, dann könnte Deutschland den nächsten Krieg zur See gewinnen.

Selbst in der Internierung noch bedrohlich wirkend, erwarten im Dezember 1918 Reihen deutscher U-Boote im Hafen von Harwich, England, die Entscheidung über ihr endgültiges Schicksal. Innerhalb weniger Jahre wurden die meisten dieser Boote von den Alliierten verschrottet.

Geheimes Rüsten für die nächste Runde

Knapp 15 Jahre nach dem Ersten Weltkrieg wurde Adolf Hitler deutscher Reichskanzler und schickte sich an, die „Fesseln von Versailles" abzuwerfen, womit er diejenigen Bestimmungen des Friedensvertrages meinte, die Deutschlands Rüstung auf minimale Selbstverteidigungskräfte beschränkten und den Bau von U-Booten gänzlich untersagten. Den Führern der Wehrmacht gelobte er, Deutschlands militärische Stärke wiederherzustellen; insbesondere sollte die Marine wieder eine U-Bootwaffe erhalten.

Dank geradezu unheimlicher Voraussicht und raffinierter Tricks von Gustav Krupp, Chef des riesigen Industrieimperiums, war die Marine dem Führer bereits einen Schritt voraus. Die Familie Krupp, seit fast 100 Jahren Waffenlieferant für Europas Krieger, unterhielt Verbindungen zu königlichen Familien und Staatsoberhäuptern in der ganzen Welt. Als ihre Tätigkeit in Deutschland eingedämmt war, brauchte sie ihre Rüstungsunternehmen nur in fremde Länder zu verpflanzen.

Bei der Ausführung dieses Vorhabens verlor Krupp keine Zeit. Schon im Jahre 1922 schickte er die ersten von später 40 deutschen Ingenieuren zu einer niederländischen Gesellschaft in Den Haag, wo sie mit dem Zeichnen von Bauplänen für U-Boote beschäftigt wurden. Die Gesellschaft durchlief mehrere Umorganisationen, bis sie endlich als Ingenieurskantoor voor Scheepsbouw – Ingenieurbüro für Schiffbau – firmierte. Von Anfang an wurde sie aber von Kruppschem Kapital unterhalten – und von Krupps Geist geleitet. Bald verkaufte sie Blaupausen von U-Booten und Baugutachten an Japan, Spanien, Finnland, die Türkei und die Niederlande. Das erste U-Boot der Gesellschaft wurde 1927 in den Niederlanden unter deutscher Leitung für die Türkei gebaut.

Nachdem er den ausländischen Werften beigebracht hatte, wie man U-Boote baut, bestellte Krupp nun bei diesen Firmen Dieselmotoren, Akkumulatoren, Sehrohre und andere wesentliche Einzelteile von U-Booten. Diese Artikel verschiffte man heimlich nach Deutschland, wo sie eingelagert wurden. Als der Führer im März 1935 den Versailler Vertrag aufkündigte, konnten die Krupps mit ihren über die Welt verstreuten Werftunternehmen und den Lagerbeständen an Einzelteilen in Deutschland U-Boote wie durch Zauberei entstehen lassen. Bevor das Jahr zu Ende ging, hatten auf der deutschen Marinewerft in Kiel 14 U-Boote Gestalt angenommen.

Bis zum Sommer 1939 verfügte die deutsche Marine über eine U-Bootwaffe von 57 Unterseebooten mit mehr als 1000 gut ausgebildeten Offizieren und Mannschaften. Sie standen unter dem Kommando von Karl Dönitz, jenem vortrefflichen U-Bootoffizier, der die Grundsätze der U-Bootkriegführung entwickelt hatte – so wie Krupp die Produktion der Boote vorbereitet hatte. In der dritten Augustwoche liefen 40 U-Boote aus und nahmen ihre Kriegspositionen rund um Großbritannien ein, bereit zuzuschlagen, sobald Hitler den Befehl gab.

Fünf brandneue U-Boote legen 1935 im Kieler Hafen an. Wie 1914 die frühere Generation von U-Booten (S. 18) waren sie für einen Krieg gegen Großbritannien vorgesehen. Die Boote, Teil der Schulflottille unter dem Kommando von Karl Dönitz, wurden in demselben Jahr von Adolf Hitler (kleines Bild) besichtigt.

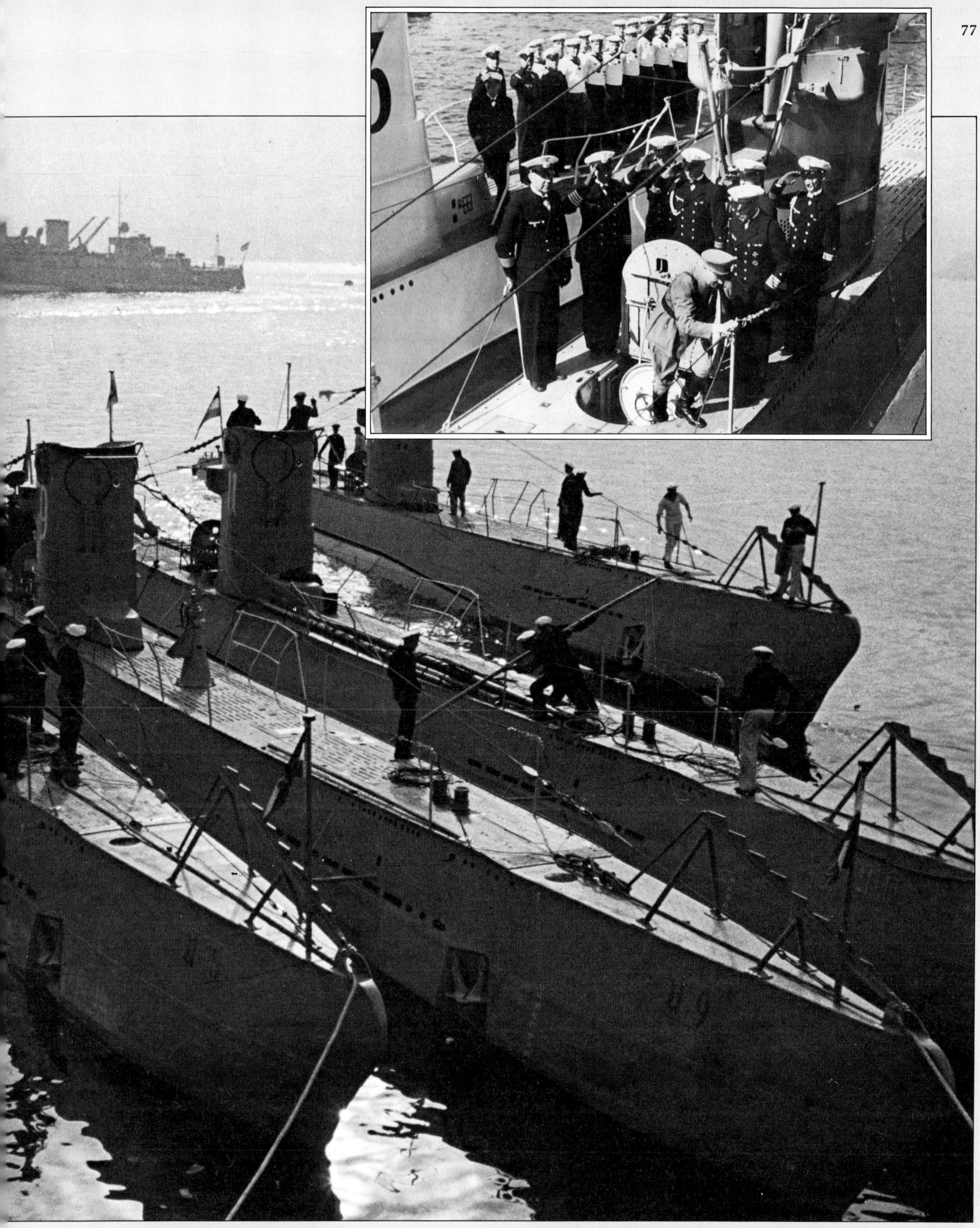

Kapitel 4

Vorstoß in die Herzkammer der Royal Navy

Am Freitag, dem 13. Oktober 1939, lag das deutsche Unterseeboot U 47 östlich der Orkney-Inseln während der Tagesstunden still auf dem Meeresboden. In einer Tiefe von über 90 Metern war das U-Boot den Einwirkungen von Wellen und Wetter nicht mehr ausgesetzt. Nur gelegentlich wurde seine Gleichgewichtslage gestört, wenn Unterwasserströmungen den grauen Stahlkörper des Bootes sacht hoben oder senkten.

Vor sechs Wochen hatte der Zweite Weltkrieg begonnen. Schon war im Osten Polen von deutschen Panzern überrannt, nun warteten sie im Westen auf den richtigen Augenblick, um in die Niederlande und Frankreich einzufallen. Die deutsche Kriegsmarine hatte eine offensive Kriegführung gegen die Marine Großbritanniens und seine Lebensader, die Handelsschiffahrt, aufgenommen. Gerade hatte ein deutsches U-Boot, U 29, am 17. September mit der Versenkung des Flugzeugträgers *Courageous* vor der Westküste Englands einen erstaunlichen Erfolg errungen *(S. 80–81)*. Jetzt sollte U 47 einen noch verwegeneren Schlag führen.

In den letzten fünf Tagen, seit U 47 aus Kiel zur Sonderunternehmung *P* ausgelaufen war, hatte sich der normale Lebensrhythmus seiner Besatzung verkehrt. Um eine Entdeckung zu vermeiden, wurde am Tage getaucht und geschlafen, nachts aufgetaucht und die Fahrt wiederaufgenommen. Am 13. Oktober war das U-Boot um 4.37 Uhr getaucht und sollte nicht vor 19.00 Uhr wieder an die Oberfläche kommen. Der Besatzung von rund 40 Mann stand also eine Wartezeit von 15 Stunden bevor – eine Zeit der Untätigkeit, die viele der Männer als fast unerträglich empfanden.

Um mit dem beschränkten Vorrat an elektrischer Energie und Sauerstoff hauszuhalten, hatte der Kommandant, Kapitänleutnant Günther Prien, von seinen Freunden „Prüntje", von seiner Besatzung aber der „Alte" genannt, das Abschalten aller überflüssigen Lampen im Boot und aller Hilfsmaschinen befohlen. Alle dienstfreien Männer der Besatzung hatten sich in die Koje zu legen, denn ein liegender, untätiger Mensch verbraucht erheblich weniger Sauerstoff als einer, der aufrecht steht und arbeitet.

Es war aber nicht einfach, Schlaf zu finden. In einem Unterseeboot, das längere Zeit mit abgeschalteter elektrischer Heizung tief unter Wasser liegt, wird es unangenehm kalt und feucht. Die ungewohnte Stille an Bord von U 47 verstärkte jedes von außen oder innen kommende Geräusch, das plötzlich erschreckend klang. So lauschte die Besatzung, im Halbdunkel und drangvoller Enge in ihren schmalen Kojen liegend, dem steten Tropfen des Kondenswassers von Rohren und Außenhautplatten, den leisen Stimmen der Stammwache in der Zentrale, die die Lage des Bootes und den Sauerstoffvorrat kontrollierte, ja achtete selbst auf das Atmen des Nebenmannes. Nichts davon hätte aber, für sich allein genommen, die Ruhe einer erfahrenen U-Bootbesatzung stören können. Was die Männer nervös machte, waren nicht die von außen kommenden und um sie herum entstehenden Geräusche, sondern vielmehr ihre eigene innere Unruhe. Denn ihr Kommandant hatte ihnen eben das Ziel ihres gefährlichen Auftrages bekanntgegeben. Sie sollten in Scapa Flow eindringen.

In der deutschen Marine gab es keinen einzigen Mann, für den der Name Scapa Flow nicht eine ganz besondere Bedeutung hatte. Dieses Scapa Flow, eine fast völlig von Land umschlossene Wasserfläche, etwa 130 Quadratkilometer groß, mit tiefem Wasser, zwischen den Orkney-Inseln nördlich von Schottland gelegen, war die beste natürliche Reede an den Küsten der britischen Inseln. Strategisch gesehen einer der bedeutendsten Ankerplätze der Welt, beherrschte es den Seeweg von der Nordsee in den Atlantik und damit die Hauptausfallroute der aus deutschen Häfen kommenden Seestreitkräfte der Kriegsmarine.

Im Ersten Weltkrieg war Scapa Flow als Hauptankerplatz der Royal Navy benutzt worden. Von dort war 1916 die Grand Fleet ausgelaufen, um sich

Günther Prien, unergründlich lächelnd, an Bord seines Unterseebootes. Als Kommandant von U 47 führte er im Oktober 1939 den tollkühnen Vorstoß nach Scapa Flow durch. Ein Stabsoffizier der deutschen Marine beschrieb ihn einmal als „klaren Denker, ohne Neigung zu tiefsinniger Grübelei", was ihn für die U-Booteinsätze mit ihren unvorhersehbaren Risiken im besonderen Maße geeignet machte.

mit der deutschen Hochseeflotte vor dem Skagerrak im Kampf zu messen – in der größten Seeschlacht des Krieges. Dort hatte sich auch die internierte deutsche Flotte im Jahre 1919 selbst versenkt, ein Ereignis, das sich tief ins Bewußtsein jedes deutschen Marineangehörigen eingebrannt hatte.

Seitdem waren 20 Jahre vergangen, und wieder einmal war Scapa Flow der Stützpunkt der britischen Flotte, wieder einmal der Angelpunkt der britischen Seeherrschaft. Der britischen Admiralität schien der Hafen gegen Angriffe von See unverwundbar zu sein. Die ihm Schutz gewährenden Inseln waren mit Geschützen gespickt, seine Einfahrten mit Balkensperren, Netzen, Trossen, Blockschiffen und Patrouillenbooten gegen Unterseeboote geschützt. Scapa war gleichsam Großbritanniens Todesrachen. Selbst wenn es einem Feind gelingen sollte, in diese Zuflucht britischer Seemacht einzudringen, seine Aussichten, wieder herauszukommen, wurden als unendlich gering angesehen.

Zwei Vorgänge aus dem Ersten Weltkrieg untermauerten diese Ansicht. Im November 1914 hatte U 18 versucht, nach Scapa Flow einzudringen, indem es einem durch die Balkensperre eingelassenen britischen Versorgungsschiff im Kielwasser folgte. Das U-Boot wurde nach kurzer Zeit entdeckt, gerammt und versenkt. UB116 probierte im Oktober 1918 denselben Trick, wurde ebenfalls bald aufgespürt und durch von der Küste ferngezündete Minen in die Luft gesprengt.

Jetzt, in dem neuen Krieg gegen den alten Feind, erfuhr die junge Besatzung von U 47, daß sie einen neuen Versuch wagen sollte, wo ihre Vorgänger so offensichtlich gescheitert waren. Bei einem in der Enge des

Der Jäger, der seiner Beute zum Opfer fiel

Britische Seeleute verlassen den torpedierten Flugzeugträger „Courageous“. In der Nähe stehende Schiffe retteten insgesamt fast 700 Überlebende.

weißgestrichenen vorderen Torpedoraumes abgehaltenen Appell für Offiziere und Mannschaften hatte Prien endlich das Geheimnis der besonderen Unternehmung des Bootes gelüftet. Wenn sie einmal drin wären, wollten sie große Zerstörungen anrichten. „Zuerst versenken wir Flugzeugträger, danach Schlachtschiffe und Kreuzer – alles, was wir kriegen können."

Prien sagte ihnen, daß die Seekriegsleitung sicher glaube, daß das Boot eindringen könnte, nicht so sicher allerdings, ob es in der Lage wäre, auch wieder herauszukommen. Ließ sich der Kampfplan nicht in der vorgesehenen Zeit ausführen, würde U 47 von den reißenden Gezeitenströmen in Scapa Flow eingeschlossen werden. „Ich bin aber entschlossen, hineinzukommen und das zu tun, was wir sollen", erklärte Prien, „und ich bin noch mehr entschlossen, euch alle wieder heraus und nach Hause zu bringen".

Keiner sprach. Der Plan war zu gewaltig, um auf einmal begriffen zu werden. Ganz auf sich allein gestellt, sollten sie den Kampf mit der mächtigsten Schlachtflotte aller am Kriege beteiligten Staaten aufnehmen. Wenn sie Erfolg hätten, würden sie den verheerendsten Schlag austeilen, der je im U-Bootkrieg geführt worden war, und vielleicht eine der größten Waffentaten der Seekriegsgeschichte vollbringen. Es würde nicht nur ein taktischer Triumph, sondern ein strategischer Sieg sein, der das Kräfteverhältnis zur See grundlegend ändern könnte.

Wenn das Unternehmen aber scheiterte? Jedermann kannte das Schicksal von U 18 und UB 116. Alle waren unruhig und voll böser Ahnungen. Aber sie waren ja jung und fühlten sich unsterblich. Und sie vertrauten ihrem „Alten". Vom begeisterten Befehlshaber der U-Boote, Kommodore Karl

Schon kurz nach Kriegsbeginn erbrachten die U-Boote von Karl Dönitz den Beweis für die Unzulänglichkeit der U-Bootabwehrtaktiken der Royal Navy. Am 17. September 1939 fuhr der 22 500 Tonnen große Flugzeugträger *Courageous*, begleitet von vier Zerstörern, seine Zickzackkurse vor Irland auf den westlichen Zufahrtswegen zum Ärmelkanal. Das gewaltige Kriegsschiff unternahm eine Suchfahrt nach U-Booten, und seine Besatzung war bei bester Laune. Denn vor nur drei Tagen hatte eine ähnlich zusammengesetzte Gruppe, angeführt von dem Flugzeugträger *Ark Royal*, das Unterseeboot U 39 geortet und versenkt. Die Jagd auf U-Boote sah wie ein bequemer Sport aus.

Das erwies sich jedoch als Illusion. Nur wenige Seemeilen von der *Courageous* entfernt fuhr das von Kapitänleutnant Otto Schuhart geführte U 29 auf Sehrohrtiefe, unentdeckt von den Flugzeugen des Trägers oder den verschiedenen Horchgeräten der Begleitfahrzeuge. Otto Schuhart versuchte nicht, sich von dem britischen Schiff abzusetzen. Ganz im Gegenteil – er belauerte es und wartete auf eine Gelegenheit, seine Torpedos anzubringen.

Bisher hatte der zickzackfahrende Träger Schuhart noch keine günstige Schußmöglichkeit geboten, und er wußte, daß er die *Courageous*, sollte sie ablaufen, nie einholen konnte. Der Träger konnte nicht weniger als 25 Knoten laufen, das getauchte U 29 aber höchstens acht Knoten.

Da änderte der Flugzeugträger plötzlich vor Schuharts Augen seinen Kurs und bot dem U-Boot die volle Breitseite dar. „Die gewaltige Größe des Ziels warf alle normalen Berechnungen über den Haufen", erinnerte Schuhart sich später. Man konnte die aufragende Seite des Schiffes gar nicht verfehlen, und Schuhart schoß schnell drei Torpedos ab, ohne überhaupt eine genaue Entfernungsablesung abzuwarten. Dann tauchte er auf 75 Meter und wollte auf das Ergebnis warten. Kaum war das Tieftauchen eingeleitet, bekam das U-Boot schon die Erschütterungen von zwei starken Explosionen zu spüren.

Zwei Torpedos hatten die *Courageous* in der Schiffsmitte getroffen. Flugzeuge wurden vom Landedeck geschleudert, und die See bedeckte sich mit Trümmern. Der Überhang des Flugdecks spaltete sich auseinander, Flammenzungen schossen aus dem schwarzen Qualm brennenden Heizöls hervor.

Nur Minuten später begann der Träger zu kentern. Hunderte sprangen in panischem Schrecken ins Wasser, nur um sich dort im Kampf mit einer erstikkenden Ölschicht wiederzufinden. Eine Viertelstunde nach dem Torpedoschuß kenterte die *Courageous* und verschwand in den Wellen. Von den 1200 Offizieren und Mannschaften der Besatzung waren 518 gefallen, unter ihnen der Kommandant, Kapitän zur See W. T. Makeig-Jones.

Vergeblich hasteten die Geleitzerstörer des Trägers umher und fuhren blind Wasserbombenangriffe. U 29 mit Kommandant Schuhart und seiner Besatzung lief indessen mit Schleichfahrt ab, bis die Wasserbombenangriffe aufhörten, tauchte dann auf und fuhr nach Hause mit dem Verdienst, das erste große britische Kriegsschiff im Zweiten Weltkrieg versenkt zu haben.

Dönitz, bis zum jüngsten Mann in der Zentrale von U 47 – es gab keinen, der nicht an Günther Prien glaubte.

Der „Alte“ – mittelgroß und untersetzt, jungenhaft, gutaussehend, mit blonden Haaren und kantigem Gesicht – war 31 Jahre alt. Seiner Besatzung, deren Lebensalter um die 20 Jahre lag, galt er daher als erfahrener Veteran. Seit sieben Jahren im aktiven Dienst der Kriegsmarine, gab es bezüglich der U-Boote für ihn wenig, was er nicht wußte. Er war 1908 als Sohn eines Richters in Lübeck geboren. Bevor er zehn Jahre alt war, trennten sich seine Eltern, und er wurde von seiner Mutter in Leipzig aufgezogen.

Schon in jungen Jahren beschloß er, abgestoßen vom Rauch, Schmutz und der Armut in der Industriestadt, seinen Lebensweg auf See zu suchen, wo ein Mann noch frische Luft atmen konnte. Mit 16 Jahren fuhr er als Schiffsjunge auf einem Rahsegler und stieg zum Matrosen eines Frachtdampfers auf. Er wurde Schiffsoffizier in der deutschen Handelsmarine und legte mit 24 Jahren seine Kapitänsprüfung ab.

Im Jahre 1933 erfuhr Prien, daß die deutsche Kriegsmarine Offiziersanwärter suchte, verließ die Handelsmarine und trat in die Kriegsmarineausbildung ein. Die U-Bootschule in Kiel absolvierte er 1935 und wurde als Wachoffizier auf U 26 kommandiert. Er hatte aktiven Einsatz im Spanischen Bürgerkrieg erlebt und führte jetzt seit fast einem Jahr U 47 als Kommandant. Auf seiner ersten Feindfahrt im September hatte er drei Schiffe versenkt und war mit dem Eisernen Kreuz II. Klasse ausgezeichnet worden. Seine in der Handelsschiffahrt gewonnenen Erfahrungen ließen Vertrauen in sein seemännisches Können zu, und der Marineoffizier hatte sich als tapferer, kluger Mann erwiesen, der auch unter großer nervlicher Belastung einen kühlen Kopf behielt.

Sein Befehlshaber, Karl Dönitz, schrieb später: „Prien war ein ganzer Mann, charakter- und temperamentvoll, voller Lebenskraft und -freude und voller Hingabe an seinen Beruf, für dessen Erfüllung ihm die Natur alle Gaben mitgegeben hatte. Seinen Männern war er Vorbild. Im Frieden zeigte sich seine innere Einstellung zum U-Bootdienst in Aussprüchen wie: ‚Eine prima Geleitzugübung ist mir mehr wert als der beste Urlaub.‘ . . . Er stand mir besonders nahe.“

Keines seiner langen Jahre der Vorbereitung half Prien, Schlaf zu finden, als er auf die Nacht wartete, in der U 47 ohne jede Hilfe seinen Angriff auf die geballte Macht der britischen Flotte vortragen sollte. Er hatte die alleinige Verantwortung für das Unternehmen. Aus Sicherheitsgründen hielt er strikte Funkstille ein, konnte daher, wenn während des Einsatzes Probleme auftauchten, keinen Rat vom Kommando der U-Boote erwarten. In dem Raum, der schönfärberisch seine Kammer genannt wurde – einem winzigen Platz mit einem Kippwaschbecken und einem Miniaturschreibtisch an Backbordseite des Mittelganges, direkt vor der Zentrale –, lag er auf seiner Koje und zog den grünen Vorhang zu, um ungestört zu sein. Er hatte sich das Kartenbild von Scapa Flow genau eingeprägt und ging jetzt in Gedanken nochmals jede Einzelheit durch – den Weg hinein, die Ankerplätze der britischen Flotte, die bekannten Verteidigungsanlagen, den Weg hinaus. Mehrmals versuchte er vergeblich einzuschlafen. Schließlich stand er auf und begann, ruhelos im Boot auf und ab zu gehen.

Auf U 47, ein Unterseeboot des Typs VIIB, konnte Prien stolz sein. Der Typ VII sollte das Standardboot des Zweiten Weltkrieges werden. Es war kein völlig neuer Entwurf, eher eine Verbesserung seiner Vorläufer im Ersten Weltkrieg. Trotzdem war es ein leistungsfähiges Kampfunterseeboot, für Massenherstellung hervorragend geeignet. Der Typ VIIB wies eine Länge von 66,5 Metern auf, verdrängte 753 Tonnen, erreichte aufgetaucht 16 bis 17 Knoten und war ein schneller Taucher. Er besaß eine starke Bewaffnung mit vier Bugtorpedorohren und einem Heckrohr, einem

8,8-cm-Geschütz vor dem Turm und einem 2-cm-Flugabwehrgeschütz an Deck hinter dem Turm. Bei zehn Knoten Marschfahrt konnte der Typ VIIB eine Fahrstrecke von 8700 Seemeilen zurücklegen – ausreichend für längere Einsätze in den Gebieten um die Britischen Inseln oder auf den weiter westlich liegenden Seewegen.

Obwohl in der zigarrenförmigen Stahlhülle zwischen all den Maschinen und der Spezialausrüstung für die Menschen äußerst wenig Platz übrigblieb, erschien Prien das Innere von U 47 in dem Halbdunkel ungeheuer geräumig. Da nur wenige Mann der Besatzung Wache gingen, sah die Zentrale, sonst gedrängt voll mit geschäftigen Menschen, in dem trüben Schimmer der Lampen ungewöhnlich groß aus. Am beleuchteten Kartentisch bemerkte Prien seinen Obersteuermann, Wilhelm Spahr, über die Stromkarte von Scapa Flow gebeugt.

„Nanu", flüsterte Prien. „Was tun Sie hier?"

„Ich sehe mir nur die Karten noch einmal an", flüsterte Spahr zurück.

„Sie sollten sich aber hinlegen", antwortete Prien, der fürchtete, sein Navigator könnte übermüdet sein, wenn das Unternehmen anlief.

Spahr hatte, wie Prien, nicht schlafen können. Deshalb war er aufgestanden, um sich die Karten nochmals einzuprägen. Er versuchte, sich jeden wichtigen Navigationspunkt zu merken, denn er wußte, daß, sobald das U-Boot aufgetaucht war, der Kommandant keine Zeit haben würde, auch nur einen flüchtigen Blick auf eine Karte zu werfen.

Prien kehrte zurück in seine Kammer und zog hinter sich den grünen Vorhang fest zu. Kurze Zeit später ging ein Mann der Besatzung etwas zu geräuschvoll durch das Boot.

„Ruhe!" zischte der Funker in seiner Nische gegenüber der Kommandantenkammer. „Der Alte schläft."

Hinter dem grünen Vorhang ertönte Priens fröhliche und belustigte Stimme: „Der Alte schläft nie. Er schont nur seine Augen."

So verging der scheinbar endlose Tag. Die nach Dieseldämpfen und menschlichen Ausdünstungen riechende Luft im Boot wurde immer dicker, alle Metallteile wurden kälter und nasser. Die Männer in ihren sargähnlichen Kojen bewegten sich unruhig, jeder war mit seinen Gedanken allein. Wo würden sie morgen um diese Zeit sein? Vielleicht englische Kriegsgefangene? Für den Fall, daß ein Herauskommen unmöglich war, hatten sie sich vorgenommen, das Boot zu versenken. Würde die englische Flotte es aber zulassen, daß sie sich ergaben? Oder würden sie, gefangen in der Stahlhülle des Bootes, am Grunde von Scapa Flow liegen? Wie würde der Tod in diesem stählernen Grab sein?

Es war niemand anders als Karl Dönitz, Befehlshaber der U-Boote, der sie in diese Zwangslage gebracht hatte. Der Angriff auf Scapa Flow war die Idee seines Stabes gewesen. Am Ende des Ersten Weltkrieges war Dönitz in einem englischen Kriegsgefangenenlager interniert gewesen. Er war überzeugter U-Bootfahrer, den die Unabhängigkeit und Kameradschaft des Unterseebootlebens auf hoher See tief beeindruckt hatten. Nach seiner Rückkehr aus der Gefangenschaft blieb er bei der Marine in der Hoffnung, daß Deutschland eines Tages wieder Unterseeboote besitzen würde – obwohl die Siegermächte im Vertrag von Versailles festgelegt hatten, daß Deutschland solche Waffen nie wieder einsetzen dürfe. In den nächsten 16 Jahren fuhr Dönitz auf Überwasserschiffen und war zuletzt Kommandant des Schulkreuzers *Emden*. Und fast während dieser ganzen Zeit hatte sich die deutsche Marineleitung insgeheim mit der Entwicklung von Unterseebooten beschäftigt *(S. 76-77)*.

Als im Jahre 1935 Hitler den Vertrag von Versailles offiziell aufkündigte und seine Kriegsrüstungen anlaufen ließ, begannen auch die Werften, U-Bootteile zusammenzusetzen. Einige der neuen Boote wurden nach

Fertigstellung einer Schulflottille zugeteilt, der Rest bildete Deutschlands erste Einsatzflottille. Für die Führung der entstehenden U-Bootwaffe fiel die Wahl des Oberbefehlshabers der Kriegsmarine, Admiral Erich Raeders, auf den Fregattenkapitän Karl Dönitz.

Dönitz erhielt völlige Freiheit, sein neues Kommando nach eigenen Vorstellungen zu gestalten. Sein Ziel war eine Elitetruppe aus besonders ausgewählten, hervorragend ausgebildeten Männern, die auch den notwendigen Angriffsgeist besaßen, welchen ihr im wesentlichen offensiver Einsatz im Krieg verlangte. Die extrem harte sechsmonatige Ausbildung führte zu vollständiger Vertrautheit mit den U-Booten unter allen nur möglichen Bedingungen. Jede Besatzung mußte 66 blinde Zielanläufe über Wasser und ebenso viele blinde getauchte Angriffe fahren, bevor sie zum ersten Übungsschuß mit einem Torpedo überhaupt zugelassen wurde. Das Ergebnis dieser Ausbildung war eine zwar kleine, aber sehr schlagkräftige Truppe erstklassiger Unterwasserkämpfer.

Mit seiner Ansicht, daß Großbritannien auch am nächsten Krieg unausweichlich beteiligt sein würde, stand Dönitz unter den höheren Offizieren Deutschlands ziemlich allein. Nicht einmal Hitler teilte diese Meinung. Denn Hitler erhoffte ein Bündnis mit Großbritannien, welches ihm die Freiheit ließe, sein eigentliches Ziel zu verfolgen – die Ausdehnung deutschen Gebietes durch Eroberung im Osten. Traditionsgemäß hatte aber Großbritannien immer jener Nation Widerstand entgegengesetzt, die in Europa die Oberhand gewann. Dönitz sah richtig voraus, daß jede Vergrößerung Deutschlands durch militärische Eroberung zu dem unvermeidlichen Ergebnis führen mußte, Großbritannien nicht als Verbündeten, sondern als Feind zu haben. Ebenso sah er voraus, daß Deutschlands entscheidende Waffe in jeglichem Konflikt mit Großbritannien das U-Boot sein würde. Im Jahre 1917 hatten die U-Boote durch fast völlige Unterbindung des für Großbritannien lebenswichtigen Schiffsverkehrs diesem Land fast die Niederlage bereitet. Daher war Dönitz überzeugt, die U-Boote könnten, richtig geführt, Großbritannien in einem zukünftigen Krieg bis zur endgültigen Niederlage aushungern und erschöpfen.

Hitler hingegen besaß wenig Verständnis für Marineangelegenheiten. Er war stolz auf Deutschlands große, ins Auge fallende Schlachtschiffe wie *Tirpitz* und *Bismarck,* in denen er Symbole nationalsozialistischer Macht sah. An den kleinen, heimlichen Unterseebooten war er dementsprechend uninteressiert. Somit konzentrierte die deutsche Kriegsmarine in den Jahren, die zum Kriege führten, ihre Anstrengungen auf den Bau von Überwasserschiffen als Hauptwaffe für die Zerstörung der feindlichen Handelsschiffahrt in dem unwahrscheinlichen Fall eines Krieges gegen Großbritannien. Dönitz hatte errechnet, daß er eine Stärke von 300 U-Booten brauche, um den Sieg im Atlantik sicherzustellen. Als der Krieg schließlich kam, hatte er nicht mehr als 57 Unterseeboote zur Verfügung, von denen nur knapp die Hälfte für ausgedehnte Feindfahrten im Atlantik geeignete Hochseeboote waren.

Angesichts dieser Lage empfand Dönitz keine Befriedigung oder gar Freude, als er am Nachmittag des 3. September 1939 seinen Kommandanten den Befehl erteilte: BEGINN DER FEINDSELIGKEITEN GEGEN ENGLAND SOFORT! Er wußte, daß ohne die Mittel für einen schnellen Sieg ein langer, blutiger Kampf im offenen Seeraum bevorstand. Eindrücklich warnte er seine Offiziere: NEHMEN SIE DIESEN KRIEG SEHR ERNST! SEIEN SIE SICH DARÜBER KLAR, ER WIRD SEHR LANGE, VIELLEICHT SIEBEN JAHRE DAUERN, UND WIR WERDEN FROH SEIN, WENN ER MIT EINEM VERGLEICH ENDET.

Dönitz stand noch vor einem zweiten Problem, das ihn mindestens ebenso bedrückte wie seine zahlenmäßige Schwäche. Er hatte von Anfang an einen uneingeschränkten U-Bootkrieg vorgesehen. Er wollte britische Schiffe versenken, überall und ohne Warnung. Der Führer jedoch verbot die

Ausführung des Planes. Hitler bestand auf U-Bootoperationen nach den Bestimmungen der Prisenordnung. Das waren aus Vorkriegszeiten stammende internationale Vereinbarungen über die Führung des Seekrieges, die die Tätigkeiten von Handelsstörern darauf beschränkten, nur solche Handelsschiffe zu versenken, die feindliche Kriegsanstrengungen direkt unterstützten – und auch dann nur, nachdem die Schiffe zum Stoppen gebracht, die Schiffspapiere geprüft und Anstalten für die Sicherheit der Besatzungen getroffen waren.

Hitler ließ sich bei seiner Entscheidung durchaus nicht von humanitären Erwägungen leiten. Er wollte vielmehr bei den neutralen Staaten, besonders bei den Vereinigten Staaten, keinen Anstoß erregen. Auch hoffte er immer noch, mit Großbritannien zu einer schnellen Regelung zu kommen, die ihm den Rücken frei machte für seinen großen Plan gegen Rußland.

Dönitz' Sache wurde nicht gefördert, als eines seiner U-Boote – U 30, geführt von Oberleutnant zur See Fritz-Julius Lemp – am allerersten Tage des Krieges das britische Passagierschiff *Athenia* mit mehr als 1400 Passagieren an Bord fälschlich für einen Truppentransporter hielt und ohne Vorwarnung torpedierte. Die *Athenia* ging unter, 118 Passagiere starben, darunter 22 Staatsangehörige der Vereinigten Staaten. Die Briten waren empört, die Amerikaner aufgeschreckt, Hitler war wütend und Dönitz zutiefst in Verlegenheit gestürzt. Ständig in Sorge, Amerika könne in den Krieg eintreten, leugneten die Deutschen, daß die *Athenia* von einem U-Boot versenkt worden sei. Im Kriegstagebuch von U 30 wurden alle Hinweise auf die Versenkung gelöscht, Lemp und seine Besatzung verpflichteten sich unter Eid zum Stillschweigen.

Bei einer Besichtigung der U-Boote im September 1939 in Wilhelmshaven spricht Adolf Hitler mit dem Oberbefehlshaber der Kriegsmarine, Großadmiral Erich Raeder (links), und dem Führer der U-Boote, Karl Dönitz. Der Besuch des Führers verfolgte die Absicht, Unteroffiziere und Mannschaften der U-Boote zu überzeugen, daß sie einer Elitetruppe angehörten.

In dieser Lage ließ Dönitz einen Angriff auf Scapa Flow planen. Um den *Athenia*-Fehler auszubügeln und um den Ansprüchen der U-Bootwaffe Geltung zu verschaffen, mußte er einen aufsehenerregenden Schlag gegen ein rechtmäßiges Feindziel führen – gegen die britische Kriegsflotte. Innerhalb von ein oder zwei Tagen nach Kriegsausbruch und dem Fehlschlag der *Athenia*-Versenkung kam ein Gedanke wieder auf, mit dem er schon lange gespielt hatte: Ein U-Bootvorstoß nach Scapa Flow hinein, den Briten einen schnellen, betäubenden Schlag versetzen, und die U-Boote zur gefeierten Waffe Deutschlands machen.

Dönitz war kein Zauderer. Sofort befahl er, ihm alle vorhandenen Unterlagen und Feindnachrichten über Scapa Flow in sein Stabsquartier nach Wilhelmshaven zu schicken. Am 6. September, nur drei Tage nach Kriegsbeginn, ließ die Luftwaffe ein Heinkel-Bombenflugzeug einen Luftbildeinsatz über Scapa Flow fliegen. Dönitz schickte ein U-Boot dorthin, das vor den Einfahrten kreuzen und Angaben über Gezeiten und Strömungen sammeln sollte. Die Luftbilder zeigten eine ganze Flotte leichter und schwerer Kriegsschiffe, die im Flow vor Anker lagen. Eine zweite Luftaufklärung enthüllte genaue Einzelheiten sämtlicher Sperren an den verschiedenen Einfahrten.

Es gab sieben Einfahrten nach Scapa Flow – die drei mit Balkensperren als U-Bootabwehr verschlossenen Haupteinfahrten im Westen und vier schmalere Einfahrten auf der Ostseite, in denen Blockschiffe lagen. Bei genauem Studium der Luftaufnahmen erkannte Dönitz, daß es nur einen möglichen Weg zu dem Ankerplatz gab. Dieser führte durch den Kirk-Sund, die nördlichste Einfahrt auf der Ostseite von Scapa Flow. Drei Blockschiffe lagen quer über den Kirk-Sund versenkt. Sie waren aber nicht Bug an Heck in geschlossener Linie versenkt worden, sondern so, daß kleine Fahrzeuge im Zickzackkurs durch die Sperre fahren konnten.

Dönitz sah auch, daß zwischen dem südlichsten Blockschiff und dem Ufer eine schmale Rinne freigeblieben war, etwa 15,5 Meter breit und sechs Meter tief. Zwischen dem nördlichen und dem mittleren Blockschiff gab es eine ähnliche Fahrrinne, etwas breiter, aber flacher als die südliche Lücke. Im Kriegstagebuch des U-Bootkommandos vermerkte Dönitz: „Hier, glaube ich, wäre es sicher möglich einzudringen, aufgetaucht, bei Nacht und bei Stillwasser. Die Hauptschwierigkeiten werden navigatorischer Art sein."

Die Auswahl eines Kommandanten für die gefährliche Aufgabe bereitete Dönitz keine Schwierigkeiten. Günther Prien verfügte über alle geeigneten beruflichen und persönlichen Eigenschaften, über die richtige Mischung aus Draufgängertum und Vorsicht, um den Auftrag durchzuführen. Einige Wochen nachdem Prien stolz von seiner ersten erfolgreichen Feindfahrt zurückgekehrt war, wurde er zu Dönitz an Bord des U-Boottenders im Kieler Hafen befohlen. Es war Sonntag, der 1. Oktober. Dönitz stand an einem großen, runden, mit Seekarten bedeckten Tisch, und der erste Gegenstand, auf den Priens Augen beim Eintreten fielen, war – wie er sich später erinnerte – die oberste Karte mit der in großen Buchstaben gedruckten Überschrift „Bucht von Scapa Flow". Dönitz erklärte, warum er ihn hatte rufen lassen. Er skizzierte seinen Plan, wies auf die Schwierigkeiten hin, zeigte die Ankerplätze der britischen Flotte, die Verteidigungsanlagen und den vorgeschlagenen Weg hinein und hinaus.

Dönitz fragte: „Glauben Sie, daß ein entschlossener Kommandant sein Boot nach Scapa Flow hineinbringen und die dort liegenden feindlichen Streitkräfte angreifen kann?"

Bevor Prien antworten konnte, wurde er angewiesen, sich die Sache für 48 Stunden zu überlegen und sich am Dienstag wieder zu melden. Wenn er meinte, den Auftrag nicht ausführen zu können, würde ihm das nicht verübelt werden. Er wurde mit der ganzen Akte über Scapa Flow, einschließlich aller Luftbilder und der Seekarten, entlassen, um die

Diese nach der Versenkung des britischen Passagierschiffes „Athenia" veröffentlichte deutsche Karikatur klagt Winston Churchill an, ein eigenes Schiff versenkt zu haben, und zeigt ihn für dieses Verbrechen vor Gericht gestellt. Mit dieser plumpen Lüge wurde die Tatsache zu verschleiern versucht, daß das Schiff von dem übereifrigen Kommandanten von U 30 irrtümlich versenkt worden war.

Unterlagen zu studieren. Zu Hause, nach dem Sonntagabendessen mit seiner Frau, machte sich Prien daran, das Problem durchzuarbeiten: die britischen Verteidigungsanlagen, die Aussichten, vorzeitig entdeckt zu werden, vor allem aber die sehr starken Gezeitenströme, die bei Springtide mit zehn Knoten dahinstürmen konnten. Das ganze Unternehmen erschien wie ein Glücksspiel. Bei richtiger Berechnung konnte es aber gelingen.

Prien wartete die ihm zugestandenen 48 Stunden nicht ab. Am Montag, dem 2. Oktober, meldete er sich um 14 Uhr wieder in der Kajüte von Dönitz, der ihn geradeheraus fragte: „Ja oder nein?"

„Jawohl, Herr Kapitän!" antwortete Prien.

„Gut, dann treffen Sie die notwendigen Vorbereitungen." Das war für den Augenblick alles. Sie gaben sich die Hand und gingen auseinander.

Sechs Tage später glitt Priens U 47 ohne das übliche Zeremoniell aus dem Nord-Ostsee-Kanal und schlug den Kurs nach Scapa Flow ein.

Das scheinbar endlose Warten auf dem Meeresboden der Nordsee näherte sich nunmehr seinem Ende. Um 14 Uhr bahnte sich Friedrich Walz, der Koch, seinen Weg nach achtern. Nach kurzer Zeit ertönten aus der Kombüse, wo ein elektrischer Herd, ein 55 Liter fassender elektrischer Kochtopf, ein Abwaschtisch und Geschirrborde in einen Raum von der Größe eines Kleiderschrankes hineingezwängt waren, die vertrauten Küchengeräusche. Hier mußte der Koch Essen für 40 Mann zubereiten. Aber um 16.00 Uhr war das Abendessen bereitet. Die Kunde davon lief durch das Boot, die Männer schwangen ihre Beine aus den Kojen, um die für lange Zeit letzte Mahlzeit einzunehmen. Es könnte sogar ihre allerletzte Mahlzeit sein.

Es gab ein Festessen, das Beste, was die Marine für ein Boot im Kampfeinsatz zu jener Zeit liefern konnte: Suppe, Kasseler Rippenspeer, Kartoffeln, Grünkohl und Soße, alles heruntergespült mit sehr starkem, süßem Kaffee. Die Männer nannten es „Henkersmahlzeit" und aßen mit herzhaftem Appetit, dabei neckten sie sich gegenseitig und rissen Witze mit übertriebener Lustigkeit.

Nach dem Essen begannen sie, das Boot für den Kampfeinsatz aufzuklaren. Das Geschirr wurde abgewaschen und verstaut, die Kojen wurden hochgeklappt und festgelascht. Sie räumten die Flurplatten über den Reservetorpedos beiseite und senkten das Hebegeschirr ab, um es in die Schnelladeposition hinter den Rohren 1 und 2 zu bringen. Sie packten Sprengladungen und Zeitzünder aus, mit denen sie das Boot nötigenfalls versenken wollten. Sie bauten die Funkschlüsselmaschine ab, trugen Funkkladde, Signalbuch und Geheimsachen zusammen und befestigten darauf eine Sprengladung. Dann prüften sie ihre Tauchretter und füllten die Notverpflegungstaschen mit Schokolade und Zigaretten. Zum Schluß rissen sie die Mützenbänder mit der Flottillenbezeichnung von ihren Mützen, um den Engländern, falls sie in deren Hand fielen, keinen Hinweis auf ihre Einheit zu geben. Währenddessen hörten sie nie auf, darüber zu witzeln, wie sie als Kriegsgefangene in Schottland Kartoffeln auf den Feldern lesen würden. Es war eine zu naheliegende Möglichkeit, um ernst darüber zu reden. Prien schrieb im Kriegstagebuch des Bootes: „Die Moral der Besatzung ist hervorragend."

Gegen 19.15 Uhr, als es an der Oberfläche schon dunkel geworden war, krächzte Priens metallische Stimme durch die Sprechanlage des U-Bootes: „Auf Tauchstation!"

Die Brückenwache versammelte sich nacheinander in der Zentrale unter dem unteren Luk, zog Ölzeug über das in der U-Bootwaffe getragene Einsatzpäckchen und machte ihre Ferngläser klar. Der Leitende Ingenieur nahm seinen gewohnten Platz hinter den beiden Tiefenrudergängern in der Zentrale ein, von wo er die Trimmlage des Bootes korrigieren und die Tiefenanzeige beobachten konnte: Zwei Tiefenmesser und eine Feinanzeige, Papenberg genannt, die einem großen Thermometer ähnelte, die Tiefe auf acht Zentimeter genau angab und vorrangig für das Tiefehalten bei Sehrohrbeobachtung benutzt wurde.

„Ballast nach See pumpen", befahl der Leitende Ingenieur, und langsam hob sich das Boot vom Grund.

„Vorne hart oben, achtern oben fünf", wies der Leitende die vor ihren Druckknöpfen sitzenden beiden Tiefenrudergänger an. U 47 schlingerte und ächzte. Der Zeiger des Tiefenmessers zitterte. Die Elektromotoren begannen ihr Summen, als das Boot langsam aufwärtsglitt. In der Zentrale herrschte Totenstille. Der Leitende Ingenieur starrte gebannt auf die Tiefenanzeige, deren Zeiger sich gegen den Uhrzeigersinn bewegten.

„Boot steigt", sagte der Leitende; „60 Meter . . . 50 Meter . . ."

Bei 25 Metern befahl Prien eine Suche mit dem Unterwasserhorchgerät. Der Bedienungsmann konnte kein Geräusch an der Oberfläche hören. Auf Sehrohrtiefe nahm Prien einen schnellen Rundblick über die Wasseroberfläche. Alles war frei.

„Klar zum Auftauchen", meldete der Leitende.

„Auftauchen!" befahl Prien, während er bereits die Metalleiter hochkletterte, die aus der Zentrale durch das untere Luk in den Turm führte.

„Alle Hauptballasttanks ausblasen!" gab der Leitende Ingenieur Befehl. Der Bootsmaat in der Zentrale öffnete die Hauptventile an der Ausblaseschalttafel, die Preßluft drang mit zischendem Geräusch in die Tanks, und das Boot wurde sofort leichter.

„Aufgetaucht", rief der Leitende mit lauter Stimme. U 47 stampfte bereits mit der Bewegung der See. Den Lärm in der Zentrale durchdrang gelegentlich schon das Geräusch der Wellen, die gegen die Stahlaußenhaut des U-Bootes schlugen.

„Druckausgleich!" befahl Prien. „Oberes Turmluk öffnen – jetzt!"

Frische, kühle Luft strömte in das Bootsinnere, als Prien die Leiter vom inneren Turm durch das obere Luk auf die Brücke hinaufkletterte. Die Brückenwache folgte dem Kommandanten dichtauf.

„Mit Dieseln auf vollen Auftrieb blasen!" folgte das nächste Kommando von Prien. „Hauptmaschinen Achtung!"

Das Unterseeboot war wieder ein Überwasserkriegsschiff geworden. Plötzlich klingelte der Maschinentelegraph. Als die Dieselmotoren eingekuppelt wurden, durchlief ein Zittern das Boot. Das sanfte Stampfen verwandelte sich in einen Vorwärtsschub, und der rhythmische Schlag der Diesel wuchs zu einem Brüllen an. Sobald das U-Boot in der Nordseedünung Fahrt aufnahm, traf die Männer auf der Brücke der kalte Wind ins Gesicht, und Gischt durchnäßte sie. U 47 drehte auf die vor ihm liegende dunkle Masse der feindlichen Küste zu. Der entscheidende Abschnitt der Sonderunternehmung *P* hatte begonnen.

Prien konnte sich über das, was er von der Brücke sah, kaum freuen. Obwohl der Mond noch in seiner ersten Phase stand, war seine schmale Sichel unerwartet hell. Schlimmer noch und ganz unvorhergesehen – am ganzen nördlichen Horizont glühten die Nordlichter; riesige Wolken atmosphärischer Lichtstrahlung wallten in großen Strömen auf und nieder. Prien verfluchte sie, dachte sogar daran, den Angriff um 24 Stunden zu verschieben, entschloß sich dann aber weiterzufahren.

Das Unterseeboot folgte nun mit nordwestlichem Kurs dem Tidenstrom in Richtung Holm-Sund an der Südostecke von Scapa Flow. Es gelangte in schnelle Strömungen quirlenden Wassers, die so stark waren, daß sie das Boot auch mit gestoppten Maschinen hindurchgetragen hätten. Eindeutig erwuchs für U 47 die ernste Gefahr, sich die dünnwandigen Brennstoffzellen oder Ballasttanks an Felsen oder den versenkten Blockschiffen aufzureißen. Deshalb sollte auch jeglicher Versuch, nach Scapa Flow einzudringen, bei Stillwasser nach dem Fluthochwasser unternommen werden, wenn der

Die Brückenwache auf dem Turm von U 552 sucht mit Doppelgläsern den Horizont nach feindlichen Schiffen ab. Zum Schutz gegen die ständig über das lange, tief im Wasser liegende Boot sprühende Gischt tragen die Männer Ölzeug. Über die aufreibende Vierstundenwache schrieb ein Mann, der sie selber durchgemacht hatte, sie „scheint, eine Ewigkeit zu dauern. Jede Möwe sieht wie ein angreifendes Flugzeug aus, jeder Wolkenfetzen verwandelt sich in eine Rauchfahne."

Gezeitenstrom schwach war. In dieser Gegend war das Navigieren schon bei Tageslicht schwierig, bei Nacht aber extrem riskant.

Schon das Ansteuern des Kirk-Sundes, der von Dönitz ausgesuchten Einfahrt, erwies sich für Prien und sein U 47 als gefährlich. Bei Annäherung an Rose Ness, kurz nach 23 Uhr, entdeckte Prien einen Schatten in seiner Nähe, ein abgeblendet fahrendes Handelsschiff, das ihn zum Tauchen zwang, bis es in der Nacht verschwunden war. Eben vor Mitternacht, nach einer Standortbestimmung am Leuchtfeuer von Rose Ness, welches zwar nicht brannte, dessen Turm aber in einer Entfernung von 600 Metern an Steuerbord voraus schwach sichtbar war, befahl Prien eine Kursänderung auf 270 Grad – und brachte damit U 47 in den falschen Sund.

Für einen Augenblick war er verwirrt. Nichts in der Gegend sah so aus wie erwartet. Statt zwei Blockschiffen konnte er nur eines ausmachen, auch gab es nur eine Durchfahrtsöffnung und nicht die beiden, die auf den Luftbildern erkannt worden waren. Aus der Zentrale kam ein Warnruf von Spahr, dem Obersteuermann, der den Weg des U-Bootes auf der Seekarte mitgekoppelt und nach Priens Kursänderung das Echolot überwacht hatte. Als Spahr den Fehler erkannte, nannte er Prien den neuen Kurs – hart Steuerbord, 30 Grad –, und Prien änderte sofort Kurs, um in der starken Strömung, die immer noch nach Scapa Flow hineinsetzte, eine Grundberührung zu vermeiden. Wenige Minuten später war der Kirk-Sund deutlich zu erkennen. „Ein sehr unheimlicher Anblick", vermerkte Prien im Kriegstagebuch des U-Bootes. „Unter Land ist alles dunkel. Hoch am Himmel ist das flackernde Nordlicht, so daß die Bucht, die von ziemlich hohen Bergen umgeben ist, direkt von oben beleuchtet wird. Gespenstisch wie Theaterkulissen liegen die Blockschiffe im Sund."

Oberleutnant zur See Engelbert Endraß, Priens Erster Wachoffizier, verantwortlich für das Torpedoschießen auf U 47, drehte sich zu seinem Kommandanten auf der Brücke um und sagte: „Was halten Sie davon? Gutes Büchsenlicht, Herr Kapitänleutnant."

Prien war zu beschäftigt, um zu antworten. Nun lief U 47 in den Kirk-Sund ein. Das Hochwasser war vorbei, der Gezeitenstrom aber noch nicht ganz zum Stillstand gekommen. Eine starke, aber beherrschbare Strömung schob das Boot immer noch vorwärts. Die Ereignisse folgten jetzt schnell aufeinander. Die nördlichere Rinne schien die günstigere zu sein – doppelt so breit wie die tiefere südlichere Öffnung.

Prien ließ das Ruder hart Backbord legen und gab Befehl, die laut dröhnenden Dieselmotoren abzustellen und auf die leise summenden Elektromotoren umzuschalten. Dicht unter der Leeküste schob sich U 47 in nur 14 Meter Abstand an dem Rumpf eines versenkten Segelschiffes vorbei. Bei langsamer Fahrtstufe war es aber in der wirbelnden Strömung kaum möglich, noch genügend Ruderwirkung zu behalten. Prien steuerte deswegen das Unterseeboot nach Steuerbord, damit es unter die Küste käme, wo das Wasser ruhiger zu sein schien.

Voraus, wo sich der Sund verengte, zeichneten sich drohend die Blockschiffe *Thames* und *Soriano* ab. Ihre Masten waren gekappt, nur die Brückenaufbauten ragten über die Wasseroberfläche. Weil die Gewalt der Strömungen eine feste Balkensperre nicht zuließ, hatte die englische Admiralität die beiden Schiffe mit Zement füllen und versenken lassen. Dann hatte man sie mit einer Hanftrosse von 30 Zentimeter Durchmesser und mehreren Stahltrossen von 15 und 18 Zentimeter Durchmesser miteinander verbunden.

Auf der Brücke von U 47 befahl Prien jetzt einen Kurs von 270 Grad und schlich sich langsam zwischen die Schiffskörper. Von da an rief er, wenn er die Fahrtrichtung ändern wollte, dem Rudergänger unten im Turm statt Kompaßkursen nur noch Ruderlagebefehle zu. Zwischen den Blockschiffen schien sich eine Lücke von mehr als 30 Meter Breite aufzutun. Langsam passierte Prien das nach Süden gerichtete Heck des Blockschiffes *Thames* und sah plötzlich die gewaltige, dicke Trosse und die Stahltaue, die es mit der *Soriano* verbanden, unmittelbar vor sich schräg ins Wasser hängen. Da das Wasser weiß um sie herumstrudelte, konnte er die Trossen genau erkennen. Auf die Mitte der Lücke zwischen *Thames* und *Soriano* zusteuernd, hoffte er, daß die Trossen tief genug durchhingen, um ihn darüber passieren zu lassen. Plötzlich ergriff jedoch die Strömung das U-Boot, drückte es unaufhaltsam nach Steuerbord, und in diesem kritischen Augenblick gehorchte es auch nicht mehr dem Ruder. Das Unterseeboot trieb manövrierunfähig in die Abwehranlagen.

Nur Prien und die vier Mann der Brückenwache wußten, was vorging. Die übrige Besatzung, eingesperrt im Schiffskörper, konnte die Manöver ihres Unterseebootes nur ahnen. Die Männer im vorderen Torpedoraum und achtern in den Maschinen- und Motorenräumen begannen sich Sorgen zu machen. Ihre Stationen lagen so weit von der Ausstiegsluke in der Zentrale entfernt, daß ihre Aussichten, im Fall eines Unglücks lebend herauszukommen, nur gering waren. Als sie daher das laute metallische Rasseln der am Kiel schleifenden Trossen hörten, fuhren sie auf. Viele der Männer glaubten, sie hätten das Ankertau einer Mine berührt und würden jeden Augenblick in die Luft fliegen.

„Berührung", rief jemand aus der Zentrale nach oben.

„Bestätigt", kam Priens ruhige Antwort von der Brücke. Die Trossen glitten unter dem Boot durch. Beim Passieren der Sperre war das U-Boot jedoch herumgeschlagen und zeigte auf das Ufer. Plötzlich lief es auf Grund. Prien mußte jetzt schnell handeln. Denn immer noch herrschte eine starke Strömung, und in jeder Sekunde konnte das U-Boot fester in den Grund gedrückt werden. Und wenn es nicht mehr freikäme, würden die Briten es im Morgengrauen entdecken.

Um den Bug des Bootes nach Backbord, fort vom Ufer und zurück in die Fahrrinne zu drängen, ließ Prien die Backbordmaschine stoppen, die Steuerbordmaschine langsame Fahrt voraus gehen und das Ruder hart Backbord legen. Da sich das als nicht ausreichend erwies, befahl er, die Tauchtanks auszublasen, um das Boot leichter zu machen und seinen Tiefgang zu verringern (die Tanks waren teilgeflutet, damit das Boot tiefer im Wasser lag und die über Wasser sichtbare Silhouette verkleinert wurde). Sofort hob sich das Boot und schwamm frei in dem wirbelnden Wasser dahin. Als es wieder auf Grund zu geraten drohte, kämpfte Prien mit einer Reihe schneller Ruderkommandos dagegen an, um es nach Backbord zu zwingen. Endlich kam U 47 wieder unter Kontrolle und hielt einen geraden Kurs ein. Die Blockschiffe blieben achteraus zurück, die Meerenge erweiterte sich und enthüllte eine weite Fläche dunklen Wassers. Am Sonnabendmorgen, dem 14. Oktober 1939, genau 27 Minuten nach Mitternacht, rief Prien seiner Besatzung im Boot zu: „Wir sind drin!" Vor ihm lag der wunderbare Ausblick auf Scapa Flow.

„Es ist widerlich hell", notierte Prien im Kriegstagebuch. „Die ganze Bucht ist erleuchtet." Das dämpfte aber nicht seine Freude. Er hatte das erste U-Boot nach Scapa Flow geführt, das unentdeckt in die englische Festung eingedrungen war. Er wandte sich an einen Matrosen und sagte: „Wir haben Großes vor heute nacht!" Dann fuhr U 47, die Besatzung für sofortigen Torpedoangriff bereit auf den Gefechtsstationen, nach Westen, um die britische Flotte zu suchen.

Für einen Moment, als Prien gerade aus der Einfahrt glitt, wurde U 47 von den Scheinwerfern eines Autos erfaßt, das auf der Landstraße nahe dem Dorf St. Mary entlangfuhr. Entsetzt blickten sich die deutschen U-Bootmänner um, als die ganze Steuerbordseite ihres Bootes angestrahlt war. Sie waren so dicht unter Land, daß sie geparkte Lastwagen und die Wachen erkennen konnten. Aber das Licht wanderte von ihnen fort und nichts passierte. U 47 drang weiter in die Herzkammer der britischen Flotte ein. Was Prien vorfand, bereitete ihm jedoch eine herbe Enttäuschung.

„Im Süden liegt nichts", schrieb er im Kriegstagebuch, „Ich laufe noch näher heran. Da erkenne ich die Bewachung vom Hoxa-Sund, für die das Boot als Zielscheibe in den nächsten Sekunden erscheinen muß. Damit wäre alles umsonst, zumal sich an Steuerbord immer noch keine Schiffe ausmachen lassen, obwohl sonst alles klar erkennbar ist. Laufen unter der Küste nach Norden." Die britische Flotte befand sich nicht an dem angenommenen Ort, nicht dort, wo auf den nur wenige Tage alten Luftbildern eine Menge von vor Anker liegenden Kriegsschiffen zu erkennen gewesen waren. Prien hatte etwa drei Seemeilen zurückgelegt; seine Unruhe stieg mit jedem Schlag der wieder angelassenen Dieselmotoren, und er hatte noch kein einziges Schiff in Sicht bekommen. Daher drehte er nach Backbord, schlug einen weiten Kreis, wobei er seinen eigenen früheren Kurs kreuzte, und wandte sich nach Norden zur Insel Mainland.

U 47 fuhr weiter quer durch Scapa Flow. Aber keine Schlachtschiffe, keine Flugzeugträger, keine Kreuzer, nicht einmal ein Verkehrsboot wurden gesichtet. Wohin waren die Briten verschwunden?

Mehr als eine halbe Stunde war verstrichen, seit U 47 in Scapa Flow eingelaufen war. Jetzt endlich entdeckte Prien durch sein Nachtglas in der entfernten Nordostecke des Flow einen leichten Schatten auf dem Wasser. Als er näher heranfuhr, wurde der Schatten größer und deutlicher, bis Prien vor sich als klare Silhouette gegen den Himmel die unverwechselbaren Aufbauten, den Dreibeinmast und die riesigen Geschütztürme eines britischen Schlachtschiffes liegen sah. Prien schlich näher heran. „Hier", sagte er zu Endraß und reichte ihm das Glas, „werfen Sie mal einen Blick dorthin. Dahinter liegt noch ein anderes." Im Westen, etwa eineinhalb Kilometer dahinter, lag ein zweites Schiff, war aber bis auf den Bug von dem vorderen Schiffskörper verdeckt. Prien hielt beide für Schlachtschiffe. Tatsächlich war das eine das Schlachtschiff *Royal Oak,* das andere aber war H.M.S. *Pegasus,* ein alter Seeflugzeugtender von 6900 Tonnen, der in ein Transportschiff für Seeflugzeuge umgebaut worden war.

U 47 kroch noch näher, dann ließ Prien die Maschinen stoppen. Oberleutnant Endraß stand über das Zielgerät gebeugt und berechnete die Schußwerte. Er wollte einen Fächer von drei Torpedos schießen, den ersten auf den Bug des entfernten Schiffes gezielt, die anderen beiden auf die Steuerbordseite des näher liegenden Schiffes. Bei einer Entfernung von fast drei Seemeilen war der Schuß auf das entferntere Schiff unsicher, das vordere konnte man aber kaum verfehlen.

„Rohre für Überwasserschuß fluten!" befahl er. „Rohre sind geflutet", kam die Rückmeldung aus dem vorderen Torpedoraum.

Jetzt waren die Torpedorohre so weit bereit, daß die Außenklappen geöffnet und die Torpedos mit einem Preßluftstoß abgefeuert werden konnten. Dann würden sie selbständig durch das Wasser gleiten, von ihrem eigenen elektrischen Antrieb zum Ziel getrieben.

Endraß richtete die Fadenkreuze des Zielgerätes auf die beiden Schiffe.

Dann befahl er: „Außenklappen öffnen!"

Danach drückte er auf den Abfeuerhebel. Für den Fall einer elektrischen Störung drückte zur Sicherheit gleichzeitig ein Mann im Boot auf die Handabfeuerung. Der erste eineinhalb Tonnen schwere Torpedo mit einem 360 Kilogramm TNT tragenden Gefechtskopf schoß aus dem Rohr. Das U-Boot bäumte sich auf. Zwei Sekunden später folgte der zweite Torpedo, dann der dritte.

„Torpedos laufen", meldete der Unterwasserhorchfunker, der ihr Schraubengeräusch hören konnte. Der Obersteuermann Spahr blickte auf seine Stoppuhr und zählte die Sekunden bis zum Aufschlag. Schweigend warteten 40 Deutsche an Bord von U 47 auf die erste Explosion.

Am 10. Oktober, während Prien noch auf dem Wege nach Scapa Flow war, kehrte die Masse der britischen Heimatflotte von einem ergebnislosen Vorstoß in die Nordsee zurück und war auf einen anderen Ankerplatz beordert worden. Da man zu Recht befürchten mußte, daß der Flow gegen einen U-Bootangriff nur ungenügenden Schutz bot, hatte der Befehlshaber der Flotte, Admiral Sir Charles Forbes, die Schiffe nach Loch Ewe geschickt, einem Liegeplatz an der Westküste Schottlands. Nur ein paar Hilfsschiffe und die *Royal Oak* wurden zurückgelassen. Auf der *Royal Oak* wurde ein auf einer früheren Fahrt auftretender kleiner Schaden behoben; sie sollte Scapa Flow am 14. Oktober verlassen. Das Schlachtschiff mit 29 000 Tonnen Verdrängung stammte aus dem Ersten Weltkrieg, trug acht riesige 38-cm-Geschütze und besaß eine Panzerung bis zu 33 Zentimeter Stärke. Es war immer noch ein prächtiges Schiff, allerdings zu langsam, um mit der übrigen Flotte mithalten zu können. Immerhin war sie seit Kriegsausbruch mehrere Male in See gewesen.

Kurz nach 1 Uhr hörte die erstaunte Besatzung der *Royal Oak* eine Explosion im Bug des Schiffes. Unmittelbar danach rauschten die Ankerketten mit einem entsetzlich polternden Lärm aus, und man sah einen riesigen Wasserschwall auf das Vorschiff herunterstürzen. In den vorderen Unterkünften wirkte der Stoß so stark, daß einige Männer aus ihren Hängematten geschleudert wurden und die Kakerlaken von den Decken fielen. In der Mitte des Schiffes klang er aber nicht lauter oder furchterregender, als wenn – wie ein Zeuge berichtete – „man im Bad des Offiziersdecks eine große Zinkschüssel hätte fallen lassen“. Viele der Männer drehten sich in ihren Hängematten um und schliefen wieder ein. Den meisten erschien die

Neben dem riesigen Schlachtschiff „Royal Oak“, das am 27. Juni 1938 in Weymouth, England, vor Anker liegt, sieht eine Barkasse der britischen Marine verhältnismäßig klein aus. Als sie von Günther Prien mit U 47 in Scapa Flow angegriffen wurde, diente die 22 Jahre alte „Royal Oak“ als Flaggschiff des Zweiten Schlachtschiffgeschwaders der britischen Heimatflotte.

Explosion als eine rätselhafte, aber harmlose Angelegenheit, über die sich kaum jemand Gedanken machte. Nur die in der Nähe des Bugs untergebrachten Matrosen empfanden sie als besonders heftig.

Einige von ihnen dachten an eine Bombe von einem deutschen Flugzeug. Andere glaubten, das Schiff sei auf eine treibende Mine geschwoit. Rauch und übelriechende Gase, die sich unter der Back ausbreiteten, schienen auf eine innere Explosion hinzuweisen, die sich in der Farbenlast ereignet haben konnte. Auch bestand die Möglichkeit, daß in der Kühlanlage eine Kohlendioxydflasche geplatzt war. Man hörte den Schiffsprofos im Vorschiff herumgehen und die Männer beruhigen: „Da ist nur eine CO_2-Flasche hochgegangen. Geht beiseite, Jungs; nichts Aufregendes, geht wieder schlafen.“ Noch mehrere Minuten nach der Explosion fühlte sich niemand besonders beunruhigt. Die Lampen brannten noch, und die Rundspruchanlage funktionierte. Als aber der Schiffszimmermann feststellte, daß durch die Luftleitungen aus den Bugräumen Luft mit beträchtlichem Druck ausgeblasen wurde, erkannte er sofort, daß das Schiff ein Loch erhalten hatte und Wasser machte.

Selbst das war aber kein Grund zu besonderer Sorge. Die Abteilungen im Bug waren klein und durch wasserdichte Schotten voneinander getrennt; sie konnten vollaufen, ohne die Trimmlage des Schiffes zu beeinträchtigen. Auch war nicht zu erkennen, ob die *Royal Oak* Schlagseite annahm oder mit dem Bug tiefer tauchte. Kapitän zur See William Gordon Benn, der Kommandant, der zur Zeit der Explosion in seiner Kajüte geschlafen hatte, kam wenig später mit anderen höheren Offizieren an Deck. Es wurden aber keine Befehle erteilt, die Mannschaft auf Gefechtsstationen zu rufen. Kein Mensch an Bord ahnte auch nur, daß in Bug und Kiel des Schiffes ein riesiges Loch geschlagen worden war – so groß, daß ein Doppelomnibus hätte hindurchfahren können. So war die Besatzung des Schlachtschiffes in geradezu tragischer Weise unvorbereitet für die kommenden Ereignisse.

Währendessen nahm Prien auf U 47 an, der erste Torpedo habe das entferntere Schiff, die *Pegasus,* getroffen. Daher meinte er, daß der zweite und dritte Torpedo, auf die *Royal Oak* gezielt, Fehlschüsse gewesen seien. Da keines der beiden Schiffe aussah, als ob es sinke, ließ Prien das U-Boot wenden und schoß den Hecktorpedo auf die *Royal Oak* ab. Auch dieser Schuß ging daneben. Prien schrieb diese enttäuschenden Fehlschüsse falscher Berechnung von Kurs, Fahrt und Stromversetzung zu.

Verdutzt, aber nicht entmutigt zog Prien sich zurück, während zwei Torpedos in die Bugrohre nachgeladen wurden, womit wieder drei klar zum Abschuß waren. Dann lief U 47 erneut an, diesmal noch näher an das Ziel heran. Wieder zeigte das U-Boot auf die bewegungslose Silhouette der *Royal Oak.* Wieder beugte sich Endraß über das Zielgerät auf der Brücke. „Torpedo los!“ Alle drei Torpedos wurden in rascher Reihenfolge auf die Breitseite des Schlachtschiffes abgeschossen.

Jetzt gab es an Bord der *Royal Oak* keine Zweifel mehr über das, was hier vorging. Um 1.16 Uhr, zwölf Minuten nach der ersten Explosion, erfolgte in der Mitte des Schiffes eine zweite, die eine enorme Gischtsäule bis zur Höhe des Gefechtstopps aufwarf und das Schiff so heftig erschütterte, daß die Stahlschotten wackelten, als wären sie aus Pappe. Sofort danach kam die nächste Explosion, eben vor dem Hauptmast. Diese war noch stärker und warf eine dicke, schwarze Rauchwolke in die Luft. Mit einem gähnenden Loch im Steuerbordmaschinenraum krängte die *Royal Oak* schnell nach Steuerbord. Noch während sie sich auf die Seite legte, traf eine neue gewaltige Explosion das Schiff unter der Messe der Seesoldaten. Sie schien das Riesenschiff aus der See zu heben.

Diese letzte Detonation ließ alle Lichter ausgehen und das Innere des Schiffes in Dunkelheit versinken. Auch zerstörte sie die Rundspruchanlage, so daß die leitenden Offiziere keine Befehle mehr durchgeben konnten –

nicht einmal „Schiff verlassen". Noch schlimmer war, daß sie eine Munitionskammer in Brand setzte und die Flammen des brennenden Kordits, der Füllung der Kartuschen, in das Lüftungssystem schlugen.

„Es war, als ob man in die Flamme einer Lötlampe sieht", berichtete ein Seesoldat. „Die Flamme war außen hellorange und in der Mitte tiefblau." Schreiende Männer, deren Kleidung Feuer gefangen hatte und deren verbranntes Fleisch sich aufrollte wie Tapetenpapier an der Wand, rannten hilflos im Dunkeln herum.

Die Gewalt der letzten Explosion hatte mittschiffs im Achterdeck ein riesiges Loch in den Decksplatten aufgerissen; es sah aus, als ob die ganze Steuerbordseite dort zusammenschmelzen und einbrechen würde. Als das Schiff sich immer weiter auf die Seite legte, glitten die Matrosen an Deck aus, rutschten in das Loch und fielen in den in der Munitionskammer immer noch wütenden Brand. Unter Deck tasteten sich vor Schreck fast betäubte Überlebende durch die Finsternis und suchten einen ins Freie führenden Fluchtweg. Inzwischen hatte die *Royal Oak* so starke Schlagseite bekommen, daß allen Menschen an Bord klar wurde, sie würde nur noch wenige Minuten standhalten können.

Zu der Zeit, als das Schiff die Treffer erhielt, befanden sich die meisten der 1200 Mann Besatzung unter Deck. Für die Mehrzahl von ihnen wurde

Die Turmbesatzung von U 47 beobachtet, wie ein Torpedotreffer an dem englischen Schlachtschiff „Royal Oak" eine Wassersäule aufwirft. Die Darstellung eines Künstlers zeigt, in getreuer Wiedergabe des Beobachtungsfehlers des Kommandanten, den hinter dem getroffenen Schiff liegenden Schlachtkreuzer „Repulse". Tatsächlich war es der Seeflugzeugtender „Pegasus". Ein drittes Schiff, links im Hintergrund, ist reine Erfindung des Künstlers.

das Schiff zur tödlichen Falle. Einige Männer – in dem Glauben, das Schiff würde aus der Luft angegriffen – verloren jede Überlebenschance, weil sie tief in den Schiffskörper hinabstiegen, um unter den Schutz des Panzerdecks zu gelangen. Andere fanden die Niedergänge nicht und irrten bis zu ihrem Ende verloren in der Dunkelheit umher. Wieder andere fanden zwar die Niedergänge, konnten jedoch die maschinell bewegten Panzerluken nicht öffnen, weil die Stromversorgung des Schiffes ausgefallen war. Zwei Matrosen wurden in Hüfthöhe mitten durchgeschnitten, als eine von Hand geöffnete Stahlluke bei zunehmender Schlagseite des Schiffes durch ihr eigenes Gewicht plötzlich wieder zuklappte; die herunterfallenden blutigen Körperhälften rissen die Männer unter ihnen von der Leiter. Viele der Matrosen wurden von schwerem Gerät, das über die schrägen Decks rutschte, zerquetscht oder eingeklemmt.

Inzwischen hatte das Schiff einen Krängungswinkel von 45 Grad erreicht. Der Gefechtsmars auf dem Dreibeinmast brach aus seinen Halterungen, und die schweren Geschütztürme drehten sich in Neigungsrichtung, bis ihre Rohre ins Wasser zeigten. Die Bullaugen der Steuerbordseite, für die Hafenliegezeit nur mit dünnen Verdunkelungsblenden aus Sperrholz verschlossen, lagen bereits in die See eingetaucht, und das Wasser drang ungehindert durch sie ein. Die Backbordbullaugen wiesen nun himmelwärts, durch sie konnten die letzten Männer, denen die Flucht aus dem sterbenden Schiff gelang, sich ins Freie winden. Draußen konnten sie entweder am Schiffsrumpf nach oben auf das Deck klettern oder sich hinunter ins Wasser gleiten lassen.

Die Wassertemperatur betrug neun Grad Celsius. In solch kaltem Wasser konnte ein durchschnittlich widerstandsfähiger Mensch nicht lange überleben. Mangel an Rettungsgerät verringerte zusätzlich die Überlebenschancen der Männer. Schwimmwesten waren noch nicht an alle Mann verteilt, und ein Sturm in See hatte vor wenigen Tagen die Mehrzahl der Rettungsflöße zerschlagen. Eine große Barkasse, die Hunderte von Menschen aufnehmen konnte, wurde zerstört, als der Gefechtsmars hineinkrachte. Außer Holzplanken und treibenden Wrackteilen boten nur ein Wachboot und der von der Marine gecharterte Fischkutter *Daisy II,* die auf halber Länge des Schiffes an Backbordseite vertäut lagen, den Überlebenden eine Hilfe, sich aus dem Wasser zu retten. Wegen der ausgefallenen Stromversorgung konnte weder über Funk noch mit einer Signallampe ein SOS abgesetzt werden, auch ließ sich weder auf der *Pegasus* noch an der Küste irgendein Anzeichen erkennen, daß die Katastrophe bemerkt worden sei. Tatsächlich hatten jedoch Matrosen des Seeflugzeugtenders die Explosionsschocks wahrgenommen. Sie waren aber zu weit entfernt, um sehen zu können, was vorging, auch war ihnen noch nicht klar geworden, daß die *Royal Oak* einem Feindangriff ausgesetzt war. Sie brachten zwei Boote aus, um den Vorfall zu untersuchen, ergriffen aber erst geraume Zeit später ernsthafte Rettungsmaßnahmen. Nur wenige Seeleute der *Royal Oak* wurden schließlich von den Booten der *Pegasus* gerettet.

Die Männer, die an Bord der *Daisy* gingen, solange der Fischkutter noch am Schlachtschiff vertäut lag, taten dies in bemerkenswert guter Ordnung. Sie wurden von einem jungen Wachoffizier angehalten, in ordentlicher Reihe das Fallreep herunterzugehen, wobei dieser seine Ermahnungen mit Jahrmarktsausrufen würzte: „Rollt, kegelt oder werft, jeder Wurf eine Kokosnuß, hier in Reihe aufstellen, meine guten Jungs!" Die zunehmende Schlagseite der *Royal Oak* hob die *Daisy* aber allmählich aus dem Wasser, der Fischkutter mußte die Leinen loswerfen. Danach war jeder auf sich selbst gestellt. Viele Seeleute sprangen von dem sterbenden Schiff und schlugen beim Fallen immer wieder auf die Schiffsseite auf. Männer, die über den mit Seepocken bewachsenen Schiffsboden krochen, als die Backbordseite aus dem Wasser tauchte, zogen sich fürchterliche Verletzungen zu. Es gelang sowohl dem Kommandanten der *Royal Oak,* Benn, wie dem Ersten Offizier, Kapitän zur See R. F. Nichols, heil ins Wasser zu kommen. Konteradmiral Henry Blagrove vom Zweiten Schlachtschiffgeschwader, der sich zufällig als Gast an Bord aufhielt, hatte jedoch nicht soviel Glück. Er wurde von dem Leitenden Ingenieur, der überlebte, zuletzt auf dem Achterdeck gesehen. „Was war die Ursache der Explosion, Leitender Ingenieur?" hatte der Admiral gefragt.

„Torpedos, Herr Admiral." Nach der zweiten Explosion bestanden beim Leitenden Ingenieur keine Zweifel mehr, was das Schiff getroffen hatte.

„Mein Gott!" rief der Admiral aus. Er wurde nie wieder gesehen.

Der Krängungswinkel des Schiffes näherte sich 90 Grad. Dann geriet es in eine weite Torkelbewegung und drehte sich ganz auf den Kopf. „Was mich am meisten erstaunte", erinnerte sich ein Überlebender, „war der gewaltige Lärm. Es hörte sich an, wie wenn eine große Schüssel voll Bolzen und Muttern langsam umgekippt wird. Die Granatlager müssen sich losgerissen haben, wohl auch anderes Gerät, so daß für die Menschen, die noch im Schiff waren, keinerlei Hoffnung mehr bestand. Es muß entsetzlich gewesen sein." Mehr als 800 Mann blieben im Schiffskörper eingeschlossen, als sich die *Royal Oak* auf den Rücken wälzte. Etwa ein halbes Dutzend Männer stand auf dem Schiffsboden des gekenterten Schlachtschiffes. Als es langsam versank, wateten sie wie von einem Strand aus in das Wasser. Es war jetzt 1.33 Uhr – weniger als 29 Minuten nach dem ersten Torpedotreffer, den U 47 der *Royal Oak* beigebracht hatte, und etwa 17 Minuten nach dem letzten. Mit laut keuchendem Geräusch verschwand das Schlachtschiff in den Fluten von Scapa Flow.

Noch aber war die Tragödie nicht zu Ende. Das Wachboot war so überladen, daß es bald kenterte und sank, wobei wieder einige Menschen ertranken. Der Fischkutter *Daisy II* begann, Überlebende aus dem Wasser zu bergen. Mehrere Hundert schwammen in den Wellen. Die Nichtschwimmer schlugen um sich, nach Hilfe schreiend, während einige Schwimmer plötzlich Seemannslieder anstimmten. Das aus den Treibstoffbunkern des Schlachtschiffes ausgeflossene dicke, schwarze Heizöl überzog viele Schwimmer mit einer dicken Schicht, so daß sie kaum sichtbar waren. Einige hatten schwerste Brandwunden; es war schwierig, sie aus dem Wasser zu heben, ohne ihnen noch weitere Verletzungen oder Schmerzen zuzufügen. Ein Matrose war so schrecklich verbrannt, daß ihm das Fleisch von Händen und Gesicht wie Wasser abtropfte. „Er hielt seine Hände vor sich wie abwärts gerichtete Klauen", berichtete ein Überlebender, „und das Fleisch tropfte von ihnen herunter."

Ungefähr 50 Mann schwammen zu den felsigen Klippen, die knapp einen Kilometer entfernt lagen. Die Kälte war so schlimm, daß, wie sich ein Schwimmender erinnerte, „sie durch das Fleisch drang, bis ich mein eigenes Skelett fühlen konnte. Jeden einzelnen Knochen meines Körpers konnte ich spüren." Mehr als 30 der Schwimmer erlagen der Kälte und ertranken. Einige von denen, die die felsige Küste erreichten, waren so erschöpft, daß sie dort zusammenbrachen und starben. Drei Mann jedoch besaßen noch genug Kraft, um zu dem über drei Kilometer entfernten Dorf Scapa zu gehen und Alarm zu schlagen. Ein anderer Matrose, der in die entgegengesetzte Richtung geschwommen war, kam nach fast drei Stunden tatsächlich bei der *Pegasus* an.

Wenige Minuten vorher hatte die *Daisy* an dem Seeflugzeugtender festgemacht. Sie hatte 386 Mann – die Mehrzahl der schließlich Überlebenden – geborgen. Diesen Männern wurden Decken ausgehändigt, heiße Bäder bereitet, Kakao und Whisky verabreicht sowie alle notwendige ärztliche Hilfe gewährt. Bei Sonnenaufgang wurde klar, daß in den Fluten von Scapa Flow niemand mehr am Leben war. Der Angriff hatte 24 Offizieren und 809 Mann das Leben gekostet.

Der Weg eines verwegenen Kommandanten zum Ruhm

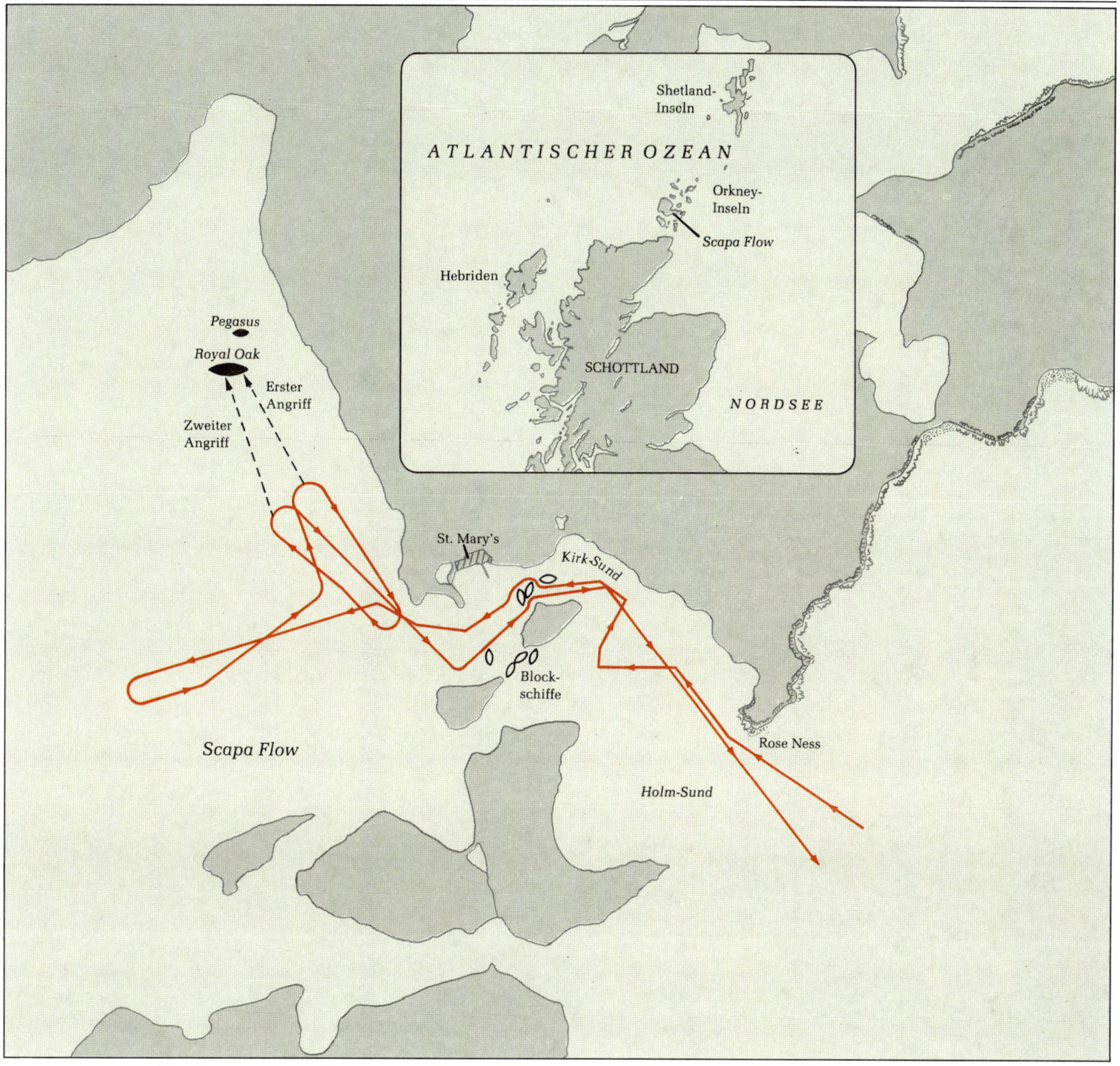

Durch den Holm-Sund einfahrend, manövrierte U 47 an drei versenkten Blockschiffen vorbei und steuerte nach Westen. Scapa Flow war jedoch leer. Das Unterseeboot fuhr eine Schleife, steuerte nach Norden, sichtete die „Royal Oak" und die „Pegasus" und fuhr den ersten Angriff. Nach Kehrtwendung, um nachzuladen, griff U 47 erneut an und drehte dann auf Südostkurs wieder dem Holm-Sund zu.

Zu dieser Zeit war U 47 mit Prien und seiner Besatzung nicht mehr in der Nähe. Die Männer im U-Boot hatten die vier Torpedoexplosionen deutlich gehört, diejenigen auf der Brücke hatten sie auch gesehen. Priens Besatzung fühlte sich stolz und erleichtert; alle strahlten, klopften sich auf die Schulter und schüttelten sich die Hände.

Obgleich er noch fünf Torpedos hatte, entschloß sich Prien, den Angriff in Scapa Flow abzubrechen und sich so schnell wie möglich zurückzuziehen. In einem widersprüchlichen Eintrag im Kriegstagebuch des U-Bootes, bei dessen Niederschrift er wahrscheinlich an seinen Befehlshaber dachte, rechtfertigte Prien seinen überstürzten Rückzug mit der Begründung, es gebe Anzeichen, daß der erwartete englische Gegenangriff bereits angelaufen sei. Aus verschiedenen Gründen könne er nicht mehr lange unentdeckt bleiben. „Jetzt wird der Hafen lebendig", schrieb er. „Zerstörer haben

Überlebende der „Royal Oak", behelfsmäßig eingekleidet und in Turnschuhen, tragen am 16. Oktober 1939 einen Kranz zu der Beisetzung ihrer Kameraden, die in Scapa Flow umkamen, als ihr Schiff von Günther Priens U 47 versenkt wurde.

Lichter, an allen Ecken wird gemorst. 2000 Meter entfernt an Land fahren Autos über die Straße. Alle Rohre sind leergeschossen. Ich entschließe mich zum Auslaufen, weil: (1) Ich nachts mit den Sehrohren keinen getauchten Angriff fahren kann. (2) Ich in einer hellen Nacht bei ruhiger See nicht unbeobachtet manövrieren kann. (3) Ich annehmen muß, daß mich der Fahrer eines Autos entdeckt hat, das uns gegenüber anhielt, wendete und mit höchster Geschwindigkeit nach Scapa fuhr. (4) Ich nicht weiter nach Norden vordringen kann, weil dort, meiner Sicht entzogen, die Zerstörer liegen, welche vorher undeutlich erkennbar waren."

In Wirklichkeit gab es dort keine britischen Zerstörer. Es gab bei den Briten überhaupt keine Reaktion. Erst eineinhalb Stunden nach der Versenkung erhielt Admiral Sir Wilfrid French, Kommandeur auf den Orkney- und Shetland-Inseln, die Nachricht von Kapitän Benn. Dies war der erste offizielle Hinweis, daß ein Feindangriff stattgefunden hatte. Wenn andere lohnende Ziele vorhanden gewesen wären, hätte Prien noch in Scapa Flow bleiben und ungestraft weiteren Schaden anrichten können. So wie die Dinge lagen, gab ihm aber der Gezeitenwechsel allein schon genügend Grund, aus Scapa Flow herauszufahren. Auch hier ist Priens Kriegstagebucheintrag merkwürdig. Er hatte sich entschlossen, durch den Kirk-Sund auszulaufen, jedoch durch die engere, tiefere südliche Rinne anstatt durch den flacheren, breiteren nördlichen Fahrweg, über den er hereingekommen war. „Jetzt ist Ebbe", schrieb er. „Die Strömung läuft gegen uns an. Mit langsamer und ganz langsamer Fahrt versuche ich fortzukommen. Die Lage ist schwierig. Kurs 058, langsame Fahrt – 10 Knoten. Ich komme nicht vorwärts." Priens Gezeitenangabe war richtig.

Wie die Gezeitentabellen für diesen Morgen unzweifelhaft auswiesen, lief der starke Ebbstrom aber mit U 47 und nicht gegenan. Prien hätte das wissen sollen, doch es mag ihm, als sein Boot in den Wirbeln und Querströmungen des schnellen Ebbstromes hin und her gestoßen wurde, vorgekommen sein, als laufe er gegen die Strömung an.

Über die südliche Rinne waren keine Trossen oder Stahltaue gespannt. Sie wand sich an den auseinandergebrochenen Überbleibseln eines alten Blockschiffes aus dem Ersten Weltkrieg, *Minich* genannt, vorbei. Prien berichtete: „Mit hoher Fahrt passiere ich knapp das südliche Blockschiff. Der Rudergänger arbeitet hervorragend. Beide Maschinen ‚Große Fahrt voraus'. Danach mit dreiviertel Geschwindigkeit, endlich ‚Äußerste Kraft voraus'. Frei vom Blockschiff. Aber dann: Voraus ein Wellenbrecher! Hart Ruder und hart Ruder zurück. Und um 2.15 Uhr sind wir wieder draußen."

Fast zwei Stunden nach dem Eindringen in Scapa Flow war U 47 unversehrt in die Sicherheit der Nordsee entkommen. Prien teilte seiner Besatzung mit: „Ein Schlachtschiff vernichtet, ein anderes Schlachtschiff torpediert – wir sind durch."

Allgemeiner Jubel brach aus, die Männer umarmten sich und prosteten sich mit Bier zu, das eigens für die Gelegenheit hervorgeholt wurde. „Der Lichtschein von Scapa Flow ist noch lange Zeit sichtbar", notierte Prien in einer anderen wunderlichen Eintragung in seinem Kriegstagebuch. „Anscheinend werfen sie immer noch Wasserbomben." Tatsache ist, daß es keinen Lichtschein gab, denn es gab auch keinen Brand mehr. Es wurden auch keine Wasserbomben geworfen. Denn bis jetzt wußte noch niemand sicher, ob überhaupt ein U-Boot dagewesen war, und die Überlebenden der *Royal Oak* wurden noch aufgefischt.

Im Laufe des Vormittags gab die britische Admiralität in London bekannt, das Schlachtschiff *Royal Oak* sei verlorengegangen – „wahrscheinlich durch U-Bootangriff". Am folgenden Tag stieg eine Gruppe von Marinetauchern zur Untersuchung des Wracks in die Tiefe.

Das Schiff bot einen gespenstischen Anblick. Leichen hingen zur Hälfte aus den Bullaugen, Menschenkörper waren von fallendem Gerät zerschmettert worden, Leichen bewegten sich in aufrechter Stellung auf dem Meeresboden. Einige Taucher sollen fast wahnsinnig vor Entsetzen über das, was sie gesehen hatten, wieder nach oben gekommen sein. Ihre Berichte bestätigten die schlimmsten Befürchtungen: *Royal Oak* war durch Torpedos versenkt worden. Unterhalb ihrer Wasserlinie gab es Riesenlöcher, wo die Außenhaut von den Explosionen eingedrückt worden war. Zudem brachten die Taucher einen Teil des Schwanzstückes eines Torpedos an die Oberfläche. Das war Beweismittel genug.

Ungestört legte Günther Prien inzwischen seine Rückreise über die Nordsee zurück. Die Bekanntgabe der britischen Admiralität, ausgestrahlt in der Nachrichtensendung von BBC, war in Deutschland abgehört und mit Jubel über den Rundfunk im ganzen Lande verbreitet worden. Aus den im Radio gesendeten Wehrmachtsberichten erfuhr Prien, daß das von ihm versenkte Schiff die *Royal Oak* gewesen war. Er war somit nicht völlig überrascht über den grandiosen Empfang, der ihm bereitet wurde, als er am Morgen des 17. Oktober endlich in Wilhelmshaven festmachte. Militärmusikkorps spielten auf der Pier, in Hochrufe ausbrechende Menschenmengen waren versammelt, und Hunderte von Matrosen standen in Paradeaufstellung auf jedem Kriegsschiff, um den triumphierenden Helden bei ihrer Heimkehr zuzujubeln.

Die höchsten Offiziere der deutschen Kriegsmarine waren zum Hafen gekommen, um Prien und seine Besatzung persönlich zu begrüßen: nicht nur ihr vor kurzem zum Konteradmiral beförderter Befehlshaber Karl Dönitz, auch der Befehlshaber der Marinegruppe West, ja selbst Großadmiral Erich Raeder. Dönitz stieg auf das schmale Oberdeck von U 47 herunter und gab jedem Mann der Besatzung die Hand. Prien verlieh er das Eiserne Kreuz I. Klasse, alle anderen erhielten das Eiserne Kreuz II. Klasse. Für alle wurde es ein tolles Ereignis. Einer der Männer von U 47 erinnerte sich später daran: „Wir tranken einen Schluck, bekamen wieder etwas zu trinken, und am Ende waren wir alle ganz schön voll."

An demselben Nachmittag flog Prien mit seiner Besatzung über Kiel nach Berlin, um dem Führer vorgestellt zu werden. Am folgenden Tag zeichnete Hitler den tapferen Kommandanten mit dem Ritterkreuz des Eisernen Kreuzes aus. Der deutsche Rundfunk hatte bereits bekanntgegeben, daß Priens U-Boot die *Royal Oak* versenkt hatte, sein Name war in aller Munde. Ein Volk im Krieg braucht Helden. Dem von Dr. Joseph Goebbels geleiteten Ministerium für Volksaufklärung und Propaganda kam ein Mann wie Prien äußerst gelegen. Allerdings mußten für den propagandistischen Gebrauch seine Taten vergrößert und ausgeschmückt werden. Die Zeitungen hatten damit bereits begonnen. „Siegreiches U-Boot kehrt heim", schrie die Parteizeitung *Der Angriff* heraus. „*Royal Oak* und *Repulse* in der Bucht von Scapa Flow torpediert."

Am Nachmittag des 18. Oktober erschien Prien zum Tee im Propagandaministerium und wurde von Hitlers Pressechef, Dr. Otto Dietrich, den Reportern vorgestellt. Ein bei dieser Gelegenheit anwesender amerikanischer Korrespondent, William Shirer, vermerkte in seinem Tagebuch: „Prien ist geradeheraus, sehr selbstbewußt, ein fanatischer Nazi und offensichtlich ein fähiger Mann." Am Abend waren Kommandant und Besatzung in das Wintergarten-Theater eingeladen, wo Goebbels persönlich zu ihnen stieß und Prien von der applaudierenden Menge gezwungen wurde, eine Ansprache an sie zu richten. In den folgenden Tagen feierte

In strammer Haltung nimmt Günther Prien am 18. Oktober 1939 die Glückwünsche Adolf Hitlers zur Verleihung des Ritterkreuzes des Eisernen Kreuzes entgegen. Die begehrte Auszeichnung wurde Prien für seinen Vorstoß nach Scapa Flow verliehen, eine Leistung, die Hitler als „die stolzeste Tat" würdigte, die einem U-Boot überhaupt gelingen konnte.

Beim Einlaufen in den Kieler Hafen am 23. Oktober 1939 passiert U 47 den Kreuzer „Emden" und seine zur Begrüßung angetretene Besatzung. Die Ehrungen, mit denen Günther Prien und seine Männer nach der Versenkung der „Royal Oak" überhäuft wurden, waren so überwältigend, daß Prien zu einem Freund mürrisch äußerte: „Ich bin Offizier, kein Filmstar."

man Prien abgöttisch wie einen Filmstar, während die Massenblätter seinen Erfolg schon zu einer Heldenlegende erhoben.

Der Vorstoß nach Scapa Flow machte Prien nicht nur zum ersten deutschen Seehelden des Zweiten Weltkrieges, er schenkte Deutschland auch einen gewaltigen psychologischen Sieg und veranlaßte Hitler und seine militärischen Berater, in den U-Booten die Hauptwaffe für den Krieg gegen die Briten zu sehen. Als der Herbst in den Winter überging und die Aussichten auf einen baldigen Frieden, wie Hitler ihn suchte, dahinschwanden, steigerte sich der U-Bootkrieg zu einer umfassenden Belagerung Großbritanniens. „Je rücksichtsloser der Wirtschaftskrieg geführt wird", erklärte Admiral Raeder, „um so früher geht der Krieg zu Ende." Hitler stimmte zu: „Es muß ein massierter Angriff unternommen werden, um England abzuschneiden." Und seiner winzigen U-Bootflotte wiederholte Dönitz immer wieder die Lehren von Scapa Flow: „Angreifen und wieder angreifen . . . in diesem Kriege müssen wir hart sein."

So ging im Kielwasser von Günther Priens Tat ein ständiger Strom zielstrebiger und hervorragender U-Bootkommandanten in See, um der neuen U-Bootoffensive Nachdruck zu verleihen, und das Schicksal des Dritten Reiches verband sich eng mit dem von rund 2000 U-Bootfahrern, die in ihren Stahlröhren die Küsten der Britischen Inseln umkreisten.

Leben in einem eisernen Sarg

„Die Wärme im Raum! Der Ölgestank! Blei im Schädel vom Maschinendunst", schrieb der deutsche Kriegsberichterstatter Lothar-Günther Buchheim in seinen bruchstückhaften Erinnerungsbildern von einer Feindfahrt auf U 96 im Jahre 1941. „Ich komme mir vor wie Jonas in einem riesigen Schalentier, dessen verletzliche Teile vom Panzer umhüllt sind." Die von Buchheim gewonnenen Eindrücke waren für die 40 000 Männer der deutschen U-Bootflotte eine alltägliche Erfahrung. Ihr Leben auf See hatte nur sehr wenig Beziehung zu dem Zauberglanz des großen Abenteuers, den die öffentliche Meinung in ihren Heldentaten sah. Die Unterseeboote waren enggedrängt voll Menschen, sie stanken, sie waren unhygienisch und erzeugten Platzangst, die sich bis zum Wahnsinn steigern konnte.

Unterkunftsräume an Bord waren dort hineingezwängt worden, wo Maschinen und Waffen noch ein Plätzchen frei ließen. Im Bugraum eines normalen U-Bootes, einer sich verjüngenden Abteilung, die an ihrer breitesten Stelle nur 3,50 Meter maß, schlief und aß fast die halbe Besatzung – rund 25 Mann – und mußte sich diesen Raum noch mit Torpedos, Ladegeschirr und anderem U-Bootzubehör teilen. Sechs Kojen lagen an jeder Seite der Abteilung übereinander. Sie wurden schichtweise benutzt. Männer, die von Wache kamen, kletterten in Betten, noch warm von den Körpern der anderen, die eben für ihren Wachtörn aufgestanden waren.

Klosetts waren rar. Das normale Unterseeboot besaß zwei für 50 Mann. Beim Auslaufen zu einer Feindfahrt – wenn das Boot für eine Seedauer von mehreren Wochen verproviantiert worden war – diente manchmal einer der Abtritte als zusätzlicher Lagerraum für Lebensmittel. Und keiner von beiden ließ sich benutzen, wenn das Boot tiefer als 25 Meter tauchte, weil unterhalb dieser Tiefe die Spülpumpen, die die Klosetts nach außen entleerten, gegen den Wasserdruck um den Schiffskörper nicht mehr ankamen.

Im allgemeinen ertrugen die U-Bootfahrer die Entbehrungen mit Humor. Buchheim bemerkte: „Das Wort ‚Hygiene' klingt in den Ohren von U-Bootbesatzungen wie ein Stück aus einer Komödie." Ihre schwarze Unterwäsche, eingefärbt, damit sie selbst ungewaschen nicht schmutzig aussah, nannten sie fröhlich „Nuttenwäsche".

Aber selbst der Humor versagte gelegentlich bei der bis zum Erbrechen wiederholten Routine in blendendem elektrischem Licht, das jeden Unterschied zwischen Tag und Nacht verwischte. Buchheim erinnert sich an seine eigene Methode, mit der Langeweile fertig zu werden: „Ich versuche, mich innerlich schwer zu machen, alle Gedanken zu löschen. Schlafe ich, oder wache ich?" In der kleinen Welt eines U-Bootes auf Feindfahrt war das manchmal schwer zu sagen.

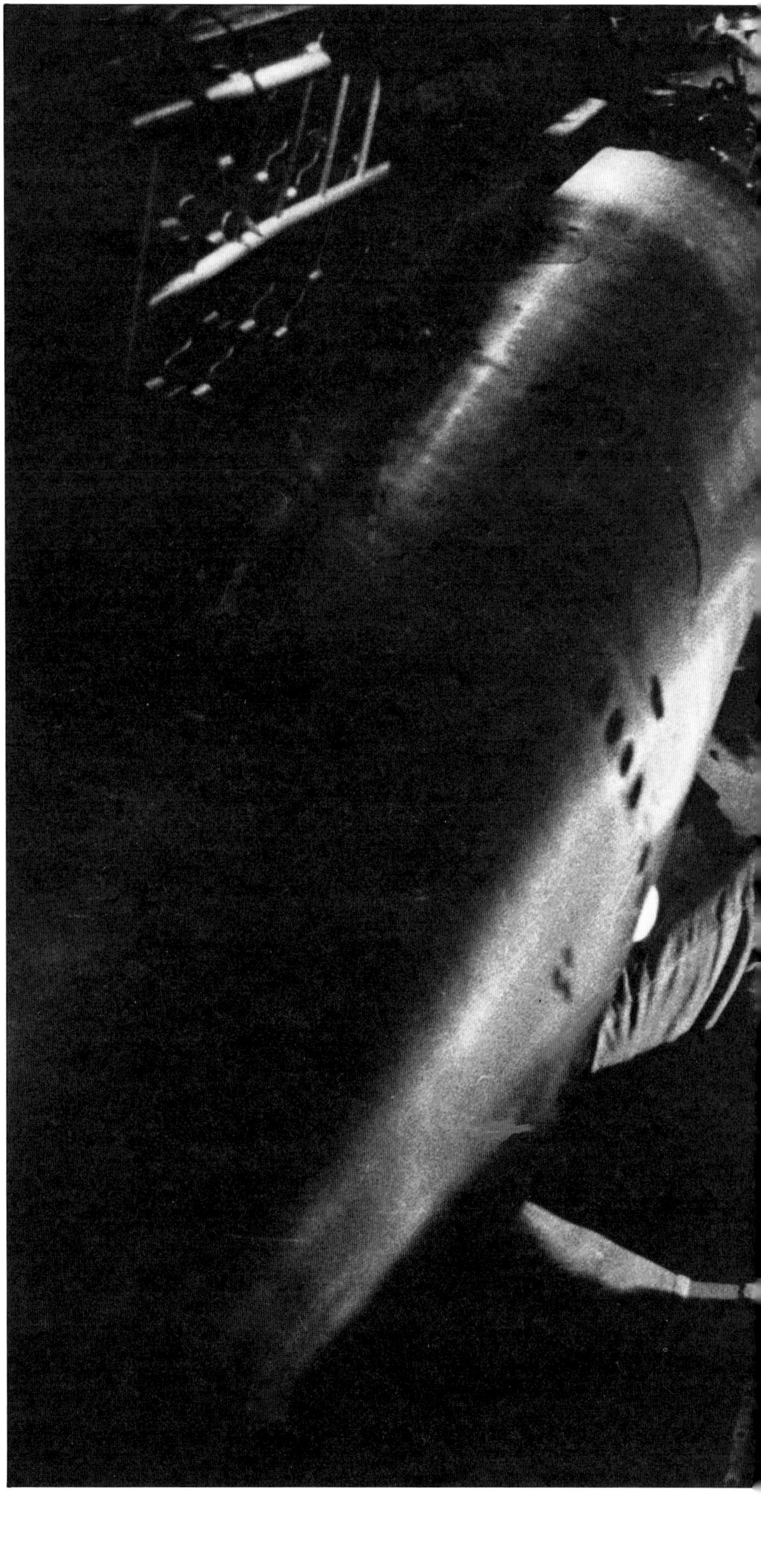

Eingerahmt von den im Ladegeschirr hängenden Torpedos, versehen U-Bootmänner Wartungsarbeiten an den unter den Flurplatten liegenden Reservetorpedos. Ein U-Bootmann schrieb: „Die Aussicht auf Verbrauch der Waffen im Gefecht war etwas, worauf die Männer sich wirklich freuten, schaffte es doch wenigstens Platz."

In der winzigen Kombüse mit zwei Kochplatten rührt der Koch in einem Gericht; der Backschafter sieht zu. „Selbst das Essen schmeckte nach U-Boot", erinnerte sich ein U-Bootfahrer.

Beladen mit Geschirr, quetscht sich der Backschafter durch ein Rundschott. U-Bootmänner mußten sich ständig bücken oder verrenken, um an Hindernissen vorbeizukommen.

Den Blick so leer wie die abgegessenen Teller auf dem Klapptisch vor ihm, hockt ein erschöpfter U-Bootmann nach seiner Mahlzeit auf der Kante der Koje, in der ein Kamerad schläft.

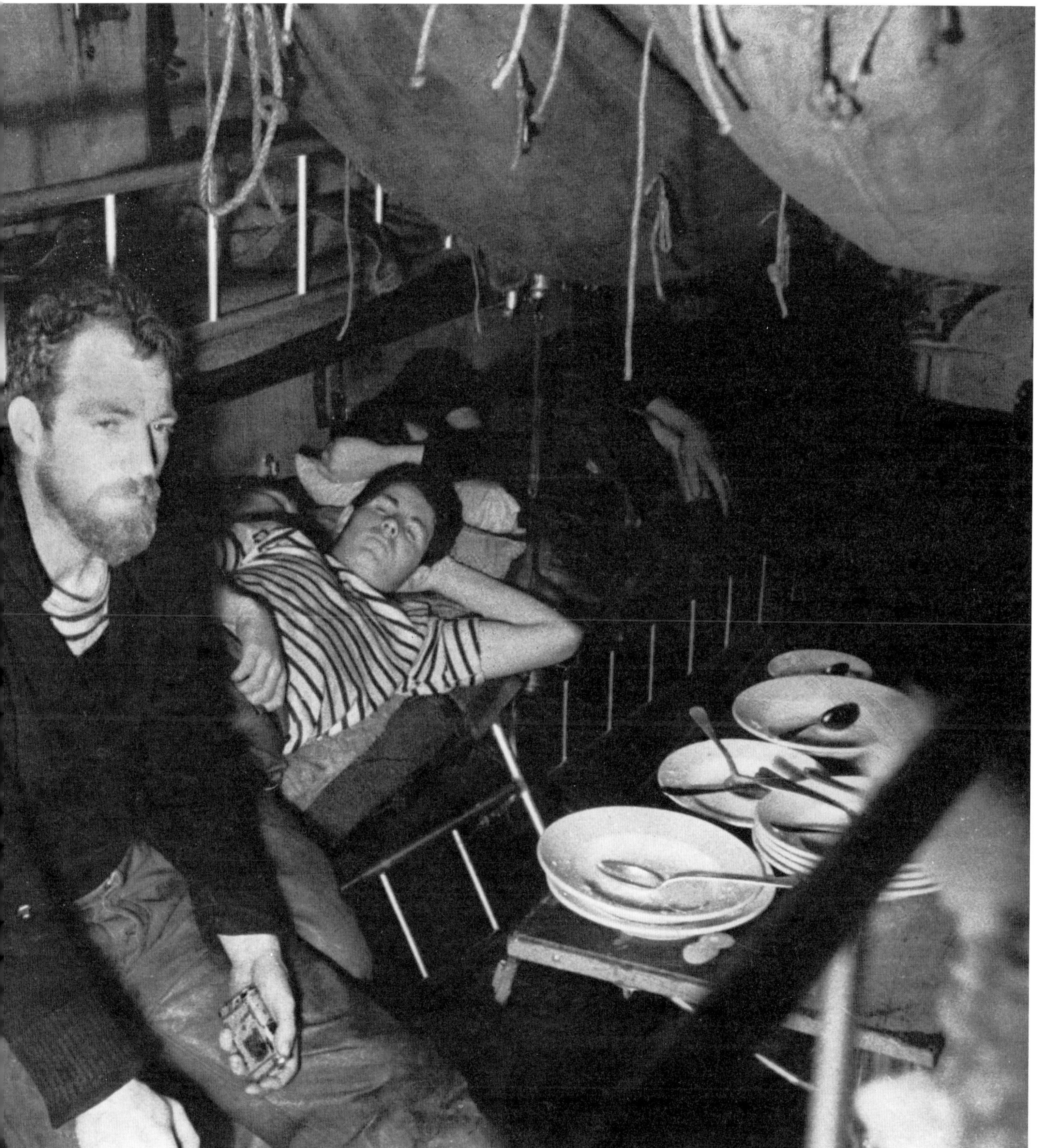

Die Freiwache beim Kartenspiel im Bugraum. Zur Hebung der Stimmung empfahlen die vorgesetzten Stellen der Marine Kartenspiele, Schachkämpfe, Gesang und Malwettbewerbe.

Unter dem prüfenden Blick eines Bordkameraden bastelt ein Seemann an einem U-Bootmodell. „Keine Möglichkeit, sich je zurückzuziehen, allein zu sein", bemerkte ein U-Bootfahrer.

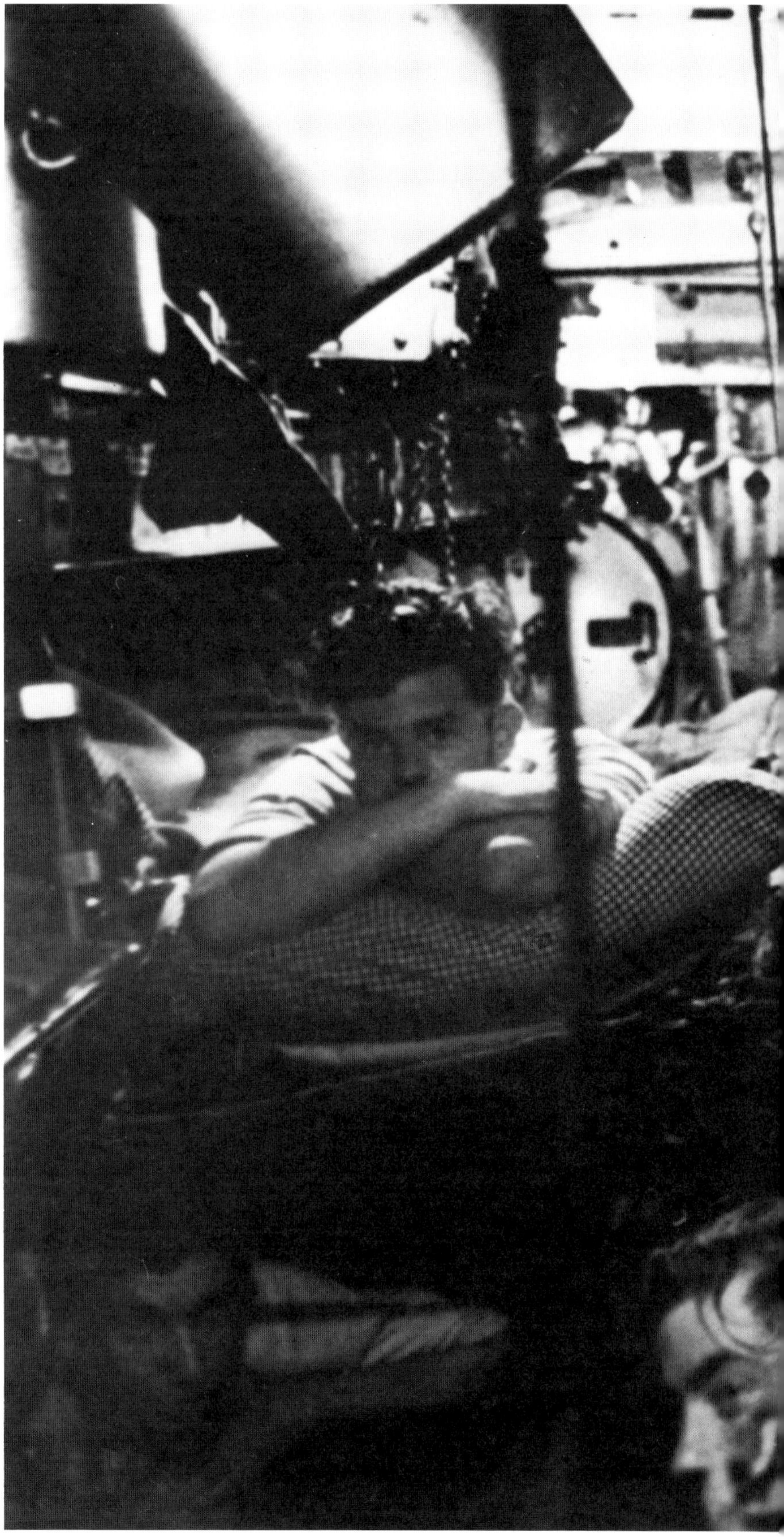

Drei schlaflose U-Bootfahrer liegen in der Koje, während die Stunden verrinnen. Schlaf, erinnerte sich ein poetisch veranlagter Mann, „ist wie ein Schleier, dünn wie Spinnweben".

Kapitel 5

Die glorreiche Zeit der Grauen Wölfe

Korvettenkapitän Victor Öhrn umklammerte die Handgriffe des Sehrohres und sah angestrengt in das Okular. Er führte U 37 bei der Pirsch auf ein Frachtschiff. Einem Offizier diktierte er in das Kriegstagebuch: „Entfernung abnehmend, der Dampfer kommt schnell näher.“ Wenn seine Stimme etwas Aufregung verriet, so hatte das seinen guten Grund. Die Jagd war ein Zugeständnis an Öhrn, der sonst im Stabe des Befehlshabers der U-Boote, Karl Dönitz, als Erster Admiralstabsoffizier Dienst tat und daher viel seiner Zeit im Stabsquartier zubrachte. Jetzt, am 27. Mai 1940, fuhr er nur deswegen zur See, weil Dönitz ihn ausersehen hatte, die neue Offensive in Gang zu bringen.

In den ersten Monaten des Jahres 1940 hatte sich der Druck, den die U-Boote nach Günther Priens wagemutigem Vorstoß nach Scapa Flow im Oktober 1939 auf die britischen Versorgungslinien ausübten, um einiges vermindert. In drei Monaten dieses Frühjahres stand sogar kein einziges U-Boot in der Nähe Großbritanniens; alle waren zur Unterstützung der Besetzung Norwegens abgezogen worden. Vor drei Tagen, nach Abschluß dieser Operation, hatte Hitler zugestimmt, Dönitz' Graue Wölfe in einem neuen „uneingeschränkten“ U-Bootkrieg gegen die Schiffahrt in den britischen Gewässern loszulassen. Bislang durften nur britische Schiffe warnungslos versenkt werden, jetzt sollten bei den Angriffen der U-Boote lediglich Schiffe der Vereinigten Staaten und der sogenannten befreundeten Neutralen – Italien, Rußland und Japan – geschont werden. Admiral Dönitz hatte U 37 am 15. Mai auslaufen lassen. Öhrn näherte sich daher schon seinem Jagdgebiet am Westausgang des Ärmelkanals, als der Führer die neue Offensive genehmigte, und der ehemalige Offizier im Stabe hatte sein Ziel im Visier, um dieser Entscheidung Nachdruck zu verleihen.

Trotz des weiten Spielraumes in der Wahl der Opfer plagten Öhrn Zweifel, ob der Frachter angegriffen werden dürfte. Er suchte nach einer Flagge oder sonstigen die Nationalität anzeigenden Markierung, nach einer Bewaffnung, die die Eigenschaft als Feindschiff bestätigen würde. „Ich kann das Heck noch nicht sehen“, sagte er. „Rohr fertig. Soll ich – oder soll ich nicht?“ Er beobachtete das Ziel. „An der Seite ein gelbes Kreuz in kleinem dunkelblauem Viereck. Schwede? Wahrscheinlich nicht. Ich hebe das Sehrohr etwas an.“ Dann entdeckte er, was er suchte: „Hurra“, rief er triumphierend, „ein Heckgeschütz, vielleicht ein Flugabwehrgeschütz. Torpedo los! Ich kann ihn nicht verfehlen.“

Er verfehlte sein Ziel nicht; das Schiff sank auf den Meeresgrund.

Die Versenkung war so problemlos vonstatten gegangen, daß das Beispiel Schule machen sollte. Es folgte eine regelrechte Schiffsversenkungsorgie, die die kühnsten Träume des optimistischsten U-Bootfahrers übertraf. Auf seiner vierwöchigen Feindfahrt versenkte Öhrn elf Schiffe mit zusammen 43 000 Tonnen – ein bemerkenswertes Ergebnis, welches jedoch bald von anderen Kommandanten übertroffen werden sollte. In diesem Sommer schienen die U-Boote, bei geringen eigenen Verlusten, alliierte Schiffe nach Belieben abschießen zu können. Die folgenden Monate waren so voll von

Ein aus Lorient im besetzten Frankreich zu einer Feindfahrt im Nordatlantik auslaufendes deutsches Unterseeboot wird von einem Musikkorps verabschiedet. Im Herbst 1940, auf dem Höhepunkt ihrer Erfolge, gingen die U-Bootfahrer unter Blasmusikklängen in See und wurden bei der Rückkehr von einer Feindfahrt von ihren jubelnden Landsleuten mit Sekt und Blumengirlanden begrüßt.

berauschenden Erfolgen, daß die U-Bootmänner diesen Zeitraum immer als die „Glückliche Zeit" in Erinnerung behalten sollten.

Wie alle Zeitabschnitte, die die menschlichen Empfindungen zutiefst aufwühlen, hatte auch die Glückliche Zeit keinen genau bestimmbaren Anfang und kein festlegbares Ende, und ihre Datierung beruht weitgehend auf dem nach innen gerichteten Blick des sich Erinnernden. Selbst Historiker nennen unterschiedliche Daten. Um es einzugrenzen, kann man jedoch sagen, daß die Glückliche Zeit vom Sommer 1940 bis zum Frühjahr 1941 dauerte – von dem Zeitpunkt also, als die von Öhrn im Mai ausgelöste Offensive auf hohe Touren kam und die U-Boote alliierte Handelsschiffe mit der enormen Quote von acht Schiffen je U-Boot und Monat versenkten, bis zu der Zeit, als es den Alliierten gelang, sich dem Angriff entgegenzustemmen und die durch U-Boote verursachten Verluste auf zwei Schiffe je U-Boot und Monat zu senken.

Selbst dann war die Schlacht durchaus noch nicht geschlagen. Noch lange nach dem Ende der Gücklichen Zeit wurden die Briten auf eine harte Probe gestellt, bei der sie nicht nur ihre materiellen Fähigkeiten zu überleben, sondern auch ihre unerschütterliche Willensstärke beweisen mußten. Es kamen Zeiten, in denen der Nachschub, der ihren Inselstaat am Leben erhielt, und der Schiffsraum, der diesen Nachschub herantrug, so knapp wurden, daß die Entscheidung über den Kriegsausgang nur noch auf dem Widerstandswillen der Nation zu ruhen schien. Bis weit in das Jahr 1943 war der Kampf um die Seeherrschaft im Atlantik nicht entschieden, und ein Endsieg der U-Boote lag im Bereich der Möglichkeiten.

Nicht, daß die Alliierten die bitteren Lehren des Ersten Weltkrieges außer acht ließen – sie wußten, was sie zu tun hatten. Nur fehlten einfach die Mittel, das Notwendige wirksam zu tun. Fast sofort nach Ausbruch des Zweiten Weltkrieges hatte England das Geleitzugsystem eingeführt, jedoch blieben während der ersten 18 Monate die Geleitzüge ungenügend geschützt. Nur wenige Geleitschutzfahrzeuge standen zur Verfügung, und kaum eines von ihnen besaß einen ausreichenden Brennstoffvorrat, um auslaufende Geleitzüge weiter als bis zum 15. westlichen Längengrad, das heißt bis rund 180 Seemeilen von der irischen Westküste entfernt, zu begleiten. Jenseits dieser Grenze fuhren die Geleitzüge praktisch auf sich selbst gestellt, während der Geleitschutz wartete, um nach Großbritannien bestimmte Geleitzüge aufzunehmen. Weiterhin fehlten den Alliierten hinreichende Nachrichten über die Bewegungen der U-Boote und wirksame Kampfmittel, um Unterseeboote zu orten und zu zerstören. In den Jahren zwischen den Kriegen hatten britische Wissenschaftler eine Unterwasser-Echo-Ortungsanlage – ASDIC – entwickelt; sie arbeitete aber nicht so gut wie erhofft *(nebenstehend)*. Radar für Schiffe befand sich noch in einem unzulänglichen Entwicklungsstadium. Flugzeuge, später die von den U-Booten am meisten gefürchteten Feinde, gab es nur wenige; ihre Reichweite war gering und ihre Bewaffnung unzureichend – auch konnten sie nachts keinen Geleitschutz fliegen.

Bis zu einem gewissen Grade konnte man das ungenügende Sicherheitssystem der Alliierten für ihre Sorgen verantwortlich machen. Über lange Zeiträume des U-Bootkrieges war Dönitz über die Bewegungen der alliierten Geleitzüge bemerkenswert gut unterrichtet, hauptsächlich weil eine besondere Abteilung der deutschen Marine, der B-Dienst, die Funksprüche der britischen Marine entschlüsselte. Er verfügte aber noch über eine andere Informationsquelle, die ihm eine wirklich unglaubliche Nachlässigkeit der Vereinigten Staaten in Sicherheitsfragen erschloß. Nach Kriegsbeginn setzten amerikanische Seeversicherer ihre normalen Geschäftspraktiken des Risikoteilens mit europäischen Rückversicherern fort. Unbehindert sandten die amerikanischen Gesellschaften ihren europäi-

Ein Horchgerät für U-Jäger

Im Ersten Weltkrieg war für die Briten die Jagd auf getauchte U-Boote ein enttäuschendes Ratespiel geblieben. Meist erkannten sie die Anwesenheit eines feindlichen Unterseebootes erst, wenn dieses einen Torpedotreffer angebracht hatte. Bis zum Ausbruch des Zweiten Weltkrieges hatten sie jedoch ein Gerät entwickelt, welches nach einem Geheimbericht „den Unterseebooten den Mantel der Unsichtbarkeit nimmt, der Hauptursache ihrer Wirksamkeit im vergangenen Kriege war".

Der Optimismus der Royal Navy stützte sich auf ein geheimes U-Bootortungsgerät, ASDIC genannt – eine Abkürzung von „Anti Submarine Detection Investigation Committee" (Forschungsgruppe für U-Bootabwehr und -ortung). Dies war eine Gruppe britischer und französischer Wissenschaftler, die 20 Jahre an der Entwicklung des Gerätes gearbeitet hatten. In der Marine der Vereinigten Staaten wurde das Gerät unter dem Namen SONAR bekannt, eine Abkürzung von „Sound Navigation Ranging" (Schallnavigation und Entfernungsmessung), und es war tatsächlich eher Ohr als Auge.

Das Gerät bestand aus einem elektronischen Schallsender und einem Empfänger, die in einem Metalldom am Schiffsboden des U-Jägers untergebracht waren. Der Sender erzeugte hochfrequente Impulse – hörbar als „Ping" –, die von festen Objekten reflektiert wurden. Ein Bedienungsmann überwachte die vom Empfänger aufgefaßten Echos und beobachtete gleichzeitig die Ausschläge einer auf einen beweglichen Papierstreifen aufgezeichneten Linie. Die Signallaufzeit zwischen Aussendung und Echoempfang ergab die Entfernung zum Ziel, während die Änderung des Neigungswinkels anzeigte, ob sich dieses näherte oder entfernte.

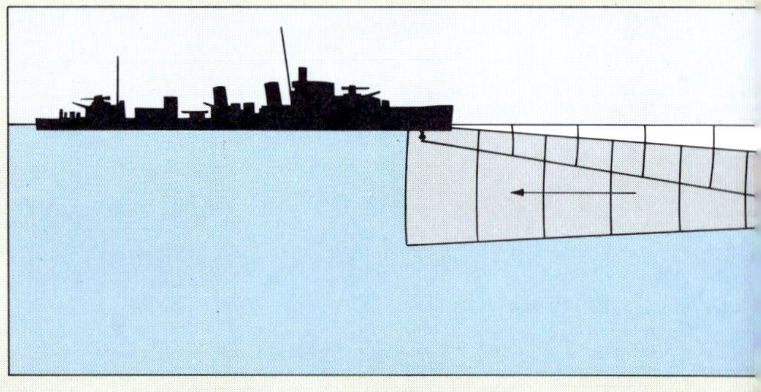

Hochmütig behaupteten die Briten, daß mit ASDIC „ein Zerstörer die Arbeit einer ganzen Flottille leisten könnte". Im praktischen Einsatz unter Kriegsbedingungen zeigte ASDIC aber bald seine Grenzen auf. Es wies nur die Richtung zu einem U-Boot, zeigte jedoch nicht dessen Tauchtiefe an. Auch ähnelten die von einem Unterseeboot reflektierten Echos in verwirrender Weise denen einer ganzen Reihe anderer Unterwasserobjekte – Felsen, Wracks, Fischschwärmen und Walen. Selbst Temperaturunterschiede verschiedener Wasserschichten erzeugten Schallwellenechos. Ein Seemann brauchte viele Wochen Einsatzerfahrung und ein scharfes Gehör, um das ASDIC-Gerät richtig bedienen zu können.

Die Briten mußten erkennen, daß selbst mit erfahrenen ASDIC-Bedienungsleuten das Orten von U-Booten ein enorm schwieriges Geschäft blieb. Die wirksame Reichweite von ASDIC betrug knapp 1400 Meter, und seine Suchkeule sah wie ein flacher, horizontaler Kegel aus *(Abbildung unten)*. Da die U-Bootkommandanten, die unter Wasser die Schallimpulse hören konnten, dies wußten, lernten sie bald, Kurse zu wählen, die die verräterischen Geräusche abschwächten. Später entwickelte die deutsche Kriegsmarine eine ASDIC-Abwehr, den Pillenwerfer, der Chemikalien ins Wasser ausstieß. Diese erzeugten Ströme schallreflektierender Blasen, durch die der Bedienungsmann getäuscht wurde.

Immerhin geht eine Anzahl von den Briten vernichteter U-Boote auf das Konto von ASDIC, und auf dem Höhepunkt der Atlantikschlacht schreckte manches U-Boot vor dem Angriff auf einen Geleitzug zurück, wenn seine Besatzung das hohe metallische Zirpen hörte, mit dem die feindlichen Jäger sich an das Boot herantasteten.

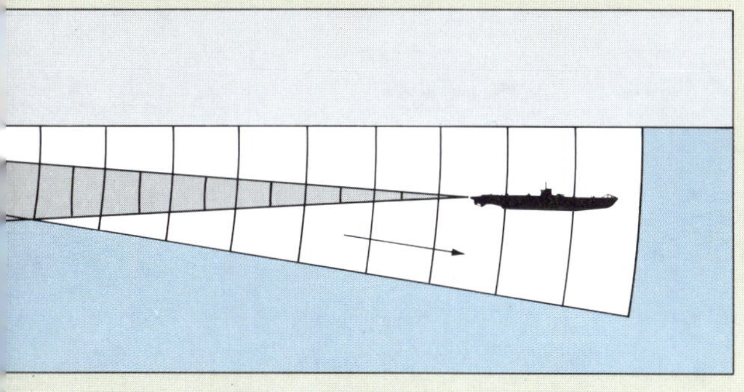

schen Partnern Nachrichten über die versicherten Schiffsladungen, auch über für Großbritannien bestimmtes Kriegsmaterial, und nannten dabei die Schiffsnamen, die Auslaufzeiten und die Bestimmungsorte.

Nun ergab sich, daß ein Empfänger der Informationen, ein großer schweizerischer Rückversicherer in Zürich, auch Geschäftsbeziehungen zu einer Versicherungsgesellschaft in München unterhielt. Die Gesellschaft in der Schweiz gab die Schiffahrtsnachrichten routinemäßig an ihren Partner in München weiter, von wo aus sie ohne Schwierigkeit ihren Weg zum Nachrichtendienst der Kriegsmarine fanden. Das bedeutete, daß der Einsatzstab der U-Boote nicht nur die Zusammensetzung der meisten nach britischen Häfen bestimmten Materialverschiffungen kannte, sondern auch wußte, wann man wo auf dem Atlantik auf der Lauer zu liegen hatte.

Das amerikanische Justizministerium erhielt 1941 Kenntnis von den verflochtenen Versicherungs- und Rückversicherungsvereinbarungen und ergriff Maßnahmen, den Informationsfluß bezüglich der Schiffahrt einzuschränken. Das Verfahren lief aber selbst nach Kriegseintritt der Vereinigten Staaten weiter. Erst im Frühjahr 1943 wurden die Versicherungsgesellschaften mit dem Spionagegesetz gezwungen, ihre Schiffahrtsnachrichten geheimzuhalten. Bis zu diesem Zeitpunkt begaben sich die U-Boote mit richtigen Wegekarten und Fahrplänen auf die Jagd. Als Ergebnis der Verbindung über Zürich versanken unzählige Tonnen Schiffsraum, bevor sie überhaupt das amerikanische Seegebiet verlassen hatten.

An der jenseitigen Küste des Atlantiks nutzten die Deutschen die bisherigen militärischen Erfolge zu ihrem Vorteil. Nachdem sie im Juni 1940 Frankreich besetzt hatten, brachte Dönitz seine Unterseeboote in den Häfen an der Atlantikküste unter – in Brest, La Pallice, Sant-Nazaire, Bordeaux und Lorient. Das gab dem U-Bootkrieg strategisch ein völlig neues Gesicht. Anstatt Zeit und Treibstoff auf dem langen Anmarschweg aus der Ostsee durch die Nordsee und um Schottland herum zu verbrauchen, konnten die U-Boote jetzt ihre Feindfahrten viele hundert Seemeilen näher an ihrem Operationsgebiet, den westlichen Seewegen, wo die Geleitzugsrouten aus dem Atlantik zusammenliefen, beginnen. Sie waren sogar in der Lage, ihre Fahrten im Atlantik bis zu 25 Grad West, das heißt bis weit jenseits der Reichweite englischer Geleitschutzschiffe, auszudehnen – ein sehr wesentliches Element der Glücklichen Zeit.

Admiral Dönitz selbst trug mit am meisten zu den Erfolgen der U-Boote in dieser Zeit bei. Er leitete die Vernichtung von Schiffsraum mit vollendetem Können. Im Jahre 1940 stand Dönitz mit 50 Jahren auf der Höhe seiner Leistungsfähigkeit, ein Stratege ohnegleichen in der U-Bootkriegführung – und ein Musterbeispiel menschlicher Zwiespältigkeit. Immer sehr steif, sehr korrekt und sehr kalt, ließ er nie eine Gemütsbewegung erkennen. Man erzählte sich später, daß er überhaupt keine Reaktion zeigte, als ihm mitgeteilt wurde, seine beiden Söhne seien auf See gefallen, einer davon in einem U-Boot. Indes waren das entschlossen vorgeschobene Kinn und der durchdringende Blick seiner stahlblauen Augen Ausdruck einer strikt unabhängigen Persönlichkeit und eines außergewöhnlich klaren, analytischen Verstandes. Wenn er seine U-Bootbesatzungen auch bis an die Grenze ihrer Leistungsfähigkeit trieb, so hielten sein Verständnis für die Härte des Frontlebens und die Fürsorge für seine Männer deren Motivation doch auf einer erstaunlichen Höhe und begeisterten sie zu einer persönlichen Loyalität dem Manne gegenüber, den sie den „Löwen" nannten.

Dönitz führte seine weiträumigen Operationen fast ohne fremde Hilfe durch. Sein Einsatzstab war sehr klein: ein Chef des Stabes (Konteradmiral Eberhardt Godt), zwei Operationsoffiziere, eine Handvoll Spezialisten und Wachoffiziere. Nach Verlegung der Stützpunkte nach Frankreich zog Dönitz mit seinem Stab aus der Baracke in Wilhelmshaven aus und richtete sein Stabsquartier in einem Landsitz in Kerneval, nahe Lorient, ein. Bis 1942 leitete er von dort den U-Bootkrieg. Dann, als die französische Atlantikküste alliierten Angriffen ausgesetzt war, beorderte ihn der Führer zuerst nach Paris und später nach Berlin.

An der Wand von Dönitz' Lagezimmer in Kerneval hing eine riesengroße Karte des Atlantischen Ozeans. Sie war mit einem Gitternetz von Quadraten überzogen, jedes Quadrat mit einer Bezeichnung aus zwei Buchstaben. Diese Quadrate waren wiederum in kleinere Quadrate mit einer aus zwei Ziffern bestehenden Kennung unterteilt. Wollte also Dönitz zum Beispiel U 551 auf den Geleitzugweg vom 48. zum 53. Breitengrad ungefähr 400 Seemeilen östlich von Neufundland schicken, so gab er ihm den Funkbefehl, in das Quadrat BC35 zu fahren.

Das Oberkommando der Wehrmacht erließ sehr strenge Sicherheitsvorschriften. Dönitz standen zwei Mittel zur Verfügung, die Fahrtziele seiner U-Boote geheimzuhalten. Entweder ließ er ein U-Boot auslaufen und schickte ihm, wenn es in See stand, verschlüsselte Funkbefehle, oder er gab dem Kommandanten einen versiegelten Umschlag mit, den dieser erst öffnen durfte, wenn sie 20 Grad westlich der Biscaya standen. Von dem Augenblick an, in dem der Kommandant seine Befehle erhalten hatte, stand das U-Boot in Funkverbindung mit dem Gefechtsstand von Dönitz, setzte regelmäßig Lagemeldungen ab und erhielt, soweit erforderlich, neue Anweisungen. Dieser pausenlose Strom gefunkter Nachrichten ermöglichte die tödliche Geschwindigkeit, mit der die U-Boote reagierten, wenn sie sich zu gemeinsamem Angriff versammelten.

Es besteht kaum ein Zweifel, daß Karl Dönitz England in die Niederlage getrieben hätte, wenn 1940 und in den ersten Monaten des Jahres 1941 die 300 U-Boote vorhanden gewesen wären, von denen er träumte. Aber obwohl 1940 die Arbeit an Überwasserschiffen eingestellt wurde, damit der Schiffbau sich auf Unterseeboote konzentrieren konnte, ließen sich diese nicht viel schneller fertigstellen und bemannen. Unbeschadet aller Erfolge der U-Bootwaffe führte Dönitz während der Glücklichen Zeit seine Operationen mit völlig unzulänglichen Mitteln aus. Den ersten Kriegswinter mußte er mit nicht mehr als zehn, oft sogar mit nur zwei Booten im Einsatz durchstehen. Immerhin wurde der Mangel an U-Booten durch die Begeisterung und Hingabe seiner jungen Männer, die sich „Freikorps Dönitz" nannten, mehr als wettgemacht. Werbeaktionen erreichten leicht ihre Sollzahlen, und die Freiwilligen zeichneten sich durch kämpferischen Eifer beim Befolgen von Dönitz' Grundsatzbefehlen aus.

Kein U-Bootfahrer gab ein besseres Beispiel für den Schwung, den Wagemut und die Hartnäckigkeit der Dönitz-Männer als Kapitänleutnant Otto Kretschmer, stolzer Sohn eines schlesischen Lehrers. Kretschmer führte gegen Ende Juni 1940 das neue U 99 auf dessen erster Feindfahrt. An dem sonnigen Nachmittag des 5. Juli kreuzte er den Kurs des 2053 Tonnen großen kanadischen Dampfers *Magog*. Durch die lange Atlantikdünung schickte er einen einzigen Torpedo auf die Reise, der das Schiff in der Mitte auseinanderbrechen ließ. Zwei Tage später tauchte noch ein Alleinfahrer über dem Horizont auf. Es war das schwedische Schiff *Bissen* mit 1514 Tonnen, und Kretschmer versenkte es, wieder mit einem Torpedotreffer in die Mitte des Schiffes. In der folgenden Nacht sichtete er einen von Großbritannien kommenden Geleitzug – seinen ersten Geleitzug – und manövrierte U 99 schnell in seinen Kurs. In weniger als 100 Meter Entfernung an einem Zerstörer vorbeischleichend, versuchte er mit Torpedoschüssen nach rechts und links in den Kern des Geleitzuges zu treffen. Nur einer der Torpedos traf. Kretschmer tauchte, um dem Geleitschutz auszuweichen, hörte aber bald Schraubengeräusche in der Unterwasserhorchanlage. „Ich glaube, meine Besatzung erhält jetzt ihre Feuertaufe mit Wasserbomben", schrieb er später in einem in der Gegenwartsform abgefaßten Bericht für das offizielle Kriegstagebuch.

Mit hartkantigem Gesicht und stählernem Blick wirbt auf diesem Plakat ein Portepee-Unteroffizier vor seinem U-Boot um Freiwillige für die Kriegsmarine. Der Ruhm der U-Booterfolge bildete eindeutig den Hauptblickfang solcher Werbung. Die Wimpel am U-Boot zeigen die Versenkung von sechs feindlichen Schiffen an.

Der Wasserbombenangriff setzte fast sofort ein. Die den Schiffskörper erschütternden Explosionen warfen das Boot gefährlich herum, obwohl Kretschmer es auf über 100 Meter Tiefe absinken ließ. Nach zwei Stunden versagte die Sauerstoffanlage, und die Besatzung mußte die Notatemmasken anlegen. Kretschmer befahl den Männern, stillzuliegen und jede unnötige Bewegung zu vermeiden. Nach sechs Stunden waren einige der Männer am Keuchen – und der Wasserbombenwurf ging weiter. Nach zwölf Stunden war die Luft verpestet und erkennbar gelb geworden. Viele glaubten, sie müßten bald sterben, sei es an Sauerstoffmangel, sei es durch die explodierenden Wasserbomben oder sei es durch den Wasserdruck, wenn die Batterien, die das Boot langsam in Bewegung hielten, leer waren und es unter die zulässige Tiefe absinken würde.

Nach 14 Stunden ununterbrochener Bombardierung durch Wasserbomben gaben die Angreifer über ihnen endlich auf. Aber Kretschmer ging kein unnötiges Risiko ein. Er wartete weitere fünf Stunden, bevor er auftauchte. Nach fast 20 Stunden stemmte Kretschmer das Turmluk auf, und seine Männer stolperten heraus, brachen an Deck zusammen und sogen die kühle frische Luft in vollen Zügen ein. Kretschmers Reaktion war nicht nur Erleichterung, daß die Prüfung vorüber war, sondern auch Genugtuung darüber, daß sie stattgefunden hatte. In seinem Tagebuch vermerkte er: „Wir alle fühlten uns wie Schulkinder zu Weihnachten. Wir haben jetzt alle Geschenke erhalten, die der Feind uns geben kann. Wir alle haben neues Zutrauen zu unserem Boot.“

Sofort nahm Kretschmer seinen Angriff wieder auf. Bevor er zum Stützpunkt zurückkehrte, versenkte er weitere drei Schiffe und wies in einer schrulligen Laune ein viertes, einen kleinen estnischen Frachter, an, sich als Prise bei den deutschen Behörden in Bordeaux zu melden (der Frachter kam nie an; er wurde auf dem Wege zum Golf von Biscaya durch Fliegerbomben versenkt). Auf seiner nächsten Fahrt, zwei Wochen später, versenkte er sieben Schiffe mit einer Gesamttonnage von 65 137 Tonnen (ein Rekordergebnis für eine einzelne Feindfahrt). Dabei schoß er drei Schiffe mit Einzelschüssen aus der Mitte eines Geleitzuges heraus, in den er sich bei Nacht, unbemerkt von dem Geleitschutz am Außenrand, manövriert hatte. Die Anwesenheit des U-Bootes brachte den Geleitzug so durcheinander, daß zwei Schiffe, die Zickzackkurse steuerten, um U 99 zu entgehen, zusammenstießen und untergingen. Sie wurden in Kretschmers Abschußliste nicht mitgezählt, der trotzdem mit einer Versenkungsziffer von 44 Schiffen mit zusammen 266 629 Tonnen der erfolgreichste U-Bootkommandant des Zweiten Weltkrieges wurde.

Kretschmer war nur einer von mehr als einem Dutzend U-Boot-Assen, die in Deutschland während der Glücklichen Zeit und auch später noch als Nationalhelden verehrt wurden. Der vielleicht bekannteste war Günther Prien mit seinem Ruhm von Scapa Flow. Er versenkte im Juni 1940 auf einer der erfolgreichsten Feindfahrten des Krieges 66 588 Tonnen Schiffsraum. Ein anderer war Joachim Schepke mit U 100, der im August in nur drei Stunden fünf Schiffe torpedierte.

In Persönlichkeit und Lebensart bestanden zwischen den drei Assen – Kretschmer, Prien und Schepke – große Unterschiede. Kretschmer war wahrscheinlich der brillanteste der drei und gewann das höchste Ansehen. Als zielstrebiger Marineoffizier und Berufssoldat forderte er von seinen Männern unbedingte Disziplin und formte sie zu der schlagkräftigsten aller U-Bootbesatzungen, verdiente sich dabei aber auch ihre uneingeschränkte Treue und Bewunderung. Er war so wortkarg, daß er in der Kriegsmarine als „Otto der Schweiger“ bekannt wurde. Dabei war seine Konzentration auf eine Aufgabe sprichwörtlich. Als er einmal zum Angriff ansetzte, schlug er in seiner Ungeduld, an das Sehrohr zu kommen, einen Untergebenen ins Genick und schob den Mann beiseite. Kretschmer war so auf sein Ziel konzentriert gewesen, daß er sich des Vorfalls nicht einmal mehr entsann, als der betroffene Untergebene ihn bei einem Abendessen in entspannter Runde daran erinnerte.

Schepke dagegen war ein lässiger, gutaussehender, liebenswürdiger und ausgelassen lachender Lebemann mit einem Auge für Frauen und der Ausstrahlung eines Schauspielers, was ihm seine Rolle als Held erleichterte – seine Mütze stets verwegen schräg auf dem Kopf tragend.

Prien war ein Mensch von ungeheurer Entschlossenheit. Er konnte es nie erwarten, wieder in See zu gehen. Er besaß jedoch genügend Gefühl, um einen malvenfarbenen Schal seiner Frau um den Hals zu tragen und Verehrerbriefe von Kindern aufzubewahren. Mit Torpedo und Geschütz trieb er seine Versenkungsziffer erbarmungslos in die Höhe, angetrieben vom Pflichtbewußtsein gegenüber der Marine, dem Deutschen Reich und der Nationalsozialistischen Partei, aber auch von reiner Lust an der Jagd und einem zwingenden Willen, sich auszuzeichnen.

Die Versenkungsstatistik, die diese drei Kommandanten mit ihren Kameraden zusammen produzierten, war wahrhaft erstaunlich. Im Juni 1940, als durchschnittlich nur sechs U-Boote in See standen, versenkte die Streitkraft von Dönitz ein Schiff pro Tag, erreichte 289 000 Tonnen vernichteter Tonnage und verlor kein einziges U-Boot. Zwischen Juli und Oktober, dem Höhepunkt der Glücklichen Zeit, vernichteten die Unterseeboote 217 Schiffe mit 1 111 185 Bruttoregistertonnen.

Während die Glückliche Zeit unvermindert fortdauerte, begann sich die Taktik im U-Bootkrieg zu ändern. Die aus dem Ersten Weltkrieg stammenden und in den ersten Monaten des Zweiten Weltkrieges noch benutzten Methoden ließen sich nicht mehr anwenden. Gegen Ende des Jahres 1940 wurde es zu riskant, sich an der Oberfläche aufzuhalten und das Geschütz einzusetzen, um Schiffe zu versenken. Alle Handelsschiffe waren jetzt mit Funk ausgerüstet und konnten Hilfe herbeirufen. ASDIC war zwar bei weitem noch nicht perfekt, machte aber Unterwasserangriffe gefährlich. Daher folgten die U-Boote mit steigender Wirksamkeit dem Beispiel Kretschmers und wandten Überwasserangriffe bei Nacht an, wenn ihre niedrigen Silhouetten für das unbewaffnete Auge fast unsichtbar waren und sie mit ASDIC nicht geortet werden konnten.

Im September 1940 fing Dönitz an, zum Teil durch die sich versteifende alliierte Abwehr motiviert, eine neue Taktik auszuprobieren, die er in Auswertung seiner Erfahrungen im Ersten Weltkrieg ausgearbeitet hatte. Es war der Rudelangriff. Dabei schickte er die U-Boote nicht mehr einzeln auf Suchfahrten, sondern faßte Gruppen von vier oder fünf Unterseebooten zusammen – mit entsprechenden Ergebnissen. Am 7. September sichtete ein Rudel, in dem Prien und Kretschmer fuhren, einen Geleitzug mit 53 Schiffen und versenkte fünf davon in einer Nacht. Zwei Wochen später, am 21. September, versenkte ein Rudel von vier U-Booten in nur sieben Stunden elf Schiffe. Am 18. Oktober traf ein Fünferrudel auf einen Geleitzug mit 34 Schiffen. Otto Kretschmers Kriegstagebuch beschreibt in knappen Worten die Spannung des Gemetzels, das kurz vor Mitternacht begann:

„2330. Greife rechten Flügel der vorletzten Linie an. Bugschuß auf einen großen Frachter. Schiff fuhr Zickzackkurs, daher lief Torpedo am Bug vorbei und traf seinen noch größeren Nachbarn. Das Schiff, etwa 7000 Tonnen, wurde unter dem vorderen Mast getroffen und sank schnell.

„2358. Bugschuß auf großen Frachter von ungefähr 6000 Tonnen. Entfernung knapp 700 Meter. Treffer unter dem Vormast. Der Explosion des Torpedos folgte sofort eine hohe Flammenwand und eine Explosion, die das Schiff bis zur Brücke aufriß und eine 200 Meter hohe Qualmwolke erzeugte. Vorderteil des Schiffes anscheinend zerstört. Schiff brennt heftig."

Mitternacht ging vorüber und für die allerersten Morgenstunden des 19. Oktober fährt Kretschmers Kriegstagebuch fort:

Nach der Rückkehr von einer rekordbrechenden Feindfahrt trinkt der soeben mit dem Ritterkreuz geehrte Oberleutnant zur See Otto Kretschmer am 5. August 1940 mit der Besatzung seines U 99 ein Bier. Er erhielt die Auszeichnung für eine nur zweiwöchige Feindfahrt, auf der er nicht weniger als sieben Schiffe versenkt hatte.

Die U-Boot-Asse Günther Prien (links) und Joachim Schepke rekonstruieren mit Sektgläsern einen ihrer im Herbst 1940 gefahrenen gemeinsamen Angriffe auf alliierte Geleitzüge. In der Nacht vom 19. auf den 20. Oktober versenkte ein Rudel von sieben U-Booten, darunter Priens U 47 und Schepkes U 100, zwölf alliierte Schiffe.

„0015. Die Zerstörer sind mit ihrer Weisheit am Ende. Dauernd schießen sie Leuchtgranaten, um sich selbst und die anderen zu beruhigen. Das nützt in der hellen Mondnacht nicht viel. Ich fange jetzt an, sie vom Ende des Geleits aus abzuschießen.

„0138. Bugschuß auf großen, schwer beladenen Frachter von etwa 6000 Tonnen. Entfernung 850 Meter. Treffer unter dem vorderen Mast. Schiff sank sofort.

„0155. Bugschuß auf das nächste Schiff, ein großer Dampfer von ungefähr 7000 Tonnen. Entfernung 900 Meter. Treffer unter vorderem Mast. Schiff sank in 40 Sekunden."

Bis 2 Uhr morgens hatte das aus fünf U-Booten bestehende Rudel 17 Schiffe mit zusammen 80 000 Tonnen versenkt – die Hälfte des Geleitzuges.

Für die Briten waren solche Verluste, die sich während dieser Monate mehrmals wiederholten, schwer zu ertragen. Bis zum Ende des Jahres war die Hälfte von Großbritanniens lebenswichtigen Ölimporten in Flammen aufgegangen, und es dauerte nicht lange, bis auch die Einfuhr von Nahrungsmitteln um die Hälfte beschnitten war. Bis zum Februar 1941 wurde britischer Schiffsraum in der furchteinflößenden Menge von sieben Millionen Tonnen pro Jahr vernichtet. Das war dreimal mehr, als Ersatz gebaut werden konnte.

In demselben Monat nahm jedoch eine Reihe schicksalsschwerer Ereignisse ihren Anfang, die die drei führenden U-Bootkommandanten traf und wie länger werdende Abendschatten Zeichen setzte, daß die Glückliche Zeit sich ihrem Ende zuneigte.

Am 18. Februar 1941, dem Vorabend einer neuen Feindfahrt, lud Prien seine Offiziere und einen guten Freund, Wolfgang Frank, zu einem Abschiedsessen ein. Von Lorient fuhren sie durch die dunkle Winterlandschaft der Bretagne zu einem Gasthaus, das einer alten, für ihre gute Küche berühmten Bretonin gehörte. „Wir saßen dort einen langen Abend bei allerlei guten Dingen", erinnerte sich Frank, „leerten eine Flasche, noch eine und noch eine ... und spannen ein langes Garn. Prien war in strahlendster Laune, erfüllt von dem Drang, nach Urlaub und Liegezeit wieder hinauszukommen in See."

Früh am nächsten Morgen traf Prien die Vorbereitungen, um mit U 47 wieder in See zu gehen. Für dieses Ereignis war er untadelig gekleidet. Sein Lederanzug war gerade aus der Reinigung gekommen, steif und glänzend wie ein Panzer. Der Mützenbezug war frisch gestärkt und von strahlendem Weiß. Ein Musikkorps spielte auf der Pier, und eine große Menschenmenge hatte sich versammelt, um Prien zu verabschieden. Ein junges Mädchen überreichte ihm einen Strauß frischer Kamelienblüten, die in der Bretagne früh aufblühen. Prien brach eine der Blüten und gab sie dem Mädchen, eine andere steckte er sich ins Knopfloch.

Kretschmer war gekommen, um auf Wiedersehen zu sagen. „Prüntje", rief er mit der Ungezwungenheit eines guten Freundes, „in ein paar Tagen komme ich nach, halt mir einen Geleitzug parat."

„Mal sehen, was Papas Nase findet", antwortete Prien. „Ich habe ein prima Gefühl für diese Unternehmung. Ich glaube, das wird eine große Sache." Mit dieser Bemerkung verabschiedete er sich.

Drei Tage später verließ Kretschmer mit U 99 Lorient. Ein Heeresmusikkorps auf einem beschlagnahmten Flußdampfer spielte den eigens zu seinen Ehren komponierten „Kretschmer-Marsch". Am folgenden Tage lief auch Schepke mit U 100 aus. Deutschlands beste drei U-Bootkommandanten waren zur gleichen Zeit im Atlantik.

Dönitz befahl, südlich von Island, quer über den vermuteten Weg eines von Großbritannien kommenden besonders großen Geleitzuges, eine Auffanglinie zu bilden. In der Hoffnung, auf das Geleit zu stoßen, fuhren sie eine Weile zusammen nach Osten und tauschten, solange sie einander in Sicht hatten, Winksprüche persönlichen, oft nichtigen Inhalts aus. Nach einigen Tagen wurde ihnen klar, daß sie das Geleit verpaßt hatten. Sie fächerten daher auf, um die Suche auf ein weiteres Gebiet auszudehnen. Dann, am 7. März, traf Prien plötzlich auf den Geleitzug. Er meldete an das Kommando der U-Boote: FEIND IN SICHT AUF NORDWESTKURS. GEGNERFAHRT ACHT KNOTEN.

Die restliche Nacht und den ganzen folgenden Tag über beschattete Prien in trüben, regnerischem Wetter den Geleitzug und meldete den anderen U-Booten dessen Standort, Kurs und Fahrt. Es war ein großer, von Zerstörern und Korvetten stark gesicherter Geleitzug, der sich über mehrere Quadratkilometer erstreckte.

Niemand weiß genau, was Prien in den frühen Stunden des 8. März zustieß, und noch Jahrzehnte später hält unter den Marinehistorikern die Debatte über die Geschehnisse dieses Morgens und über die beteiligten Schiffe an. Eine in weiten Kreisen anerkannte Darstellung stützt sich auf das Kriegstagebuch des Geleitzerstörers *Wolverine* unter dem Kommando von Kapitänleutnant Jim Rowland. Es scheint, daß Prien sich im Schutz eines Regenschauers zu nahe an das Geleit heranwagte. Als der Schauer plötzlich aufklarte, wurde U 47 fast augenblicklich von der *Wolverine* angegriffen. Rowlands Kriegstagebuch erzählt die Geschichte:

Reicher Ordensegen für die U-Bootelite

DAS RITTERKREUZ DES EISERNEN KREUZES MIT EICHENLAUB, SCHWERTERN UND BRILLANTEN

Von den 900 000 Angehörigen der Kriegsmarine im Zweiten Weltkrieg wurden keine so großzügig mit Orden und Abzeichen bedacht wie die 40 000 Männer der U-Bootwaffe. Einige Auszeichnungen, wie zum Beispiel das U-Bootabzeichen *(S. 3 und unten)*, wurden zu Tausenden vergeben, andere, einschließlich der begehrten Ritterkreuze, nur für außergewöhnliche Verdienste.

Von den 318 in der Kriegsmarine verliehenen Ritterkreuzen gingen 145 – fast die Hälfte – an die Männer der U-Bootwaffe, die zahlenmäßig weniger als fünf Prozent des Personalbestandes der Kriegsmarine ausmachten. Die höchste Auszeichnung *(links)* wurde nur zweimal verliehen: An Kapitänleutnant Wolfgang Lüth von U 181 und an das U-Boot-As Albrecht Brandi von U 967.

Die meisten U-Bootfahrer konnten von solchem Ruhm nur träumen. Doch die Aussicht auf diese Ehrung trug dazu bei, das zu erhalten, was Dönitz „einen Geist von Uneigennützigkeit und Dienstbereitschaft“ nannte.

Kapitänleutnant Jochen Mohr freut sich über zwei Ritterkreuze – ein in Handarbeit hergestelltes, das er am Hals trägt, und ein eßbares vor ihm. Im Frühjahr 1942 wurden sie ihm vor der offiziellen Verleihung von der Besatzung seines U 124 geschenkt. Mohr erhielt die Auszeichnung für das Überschreiten der 100 000-Tonnengrenze bei der Versenkung feindlichen Schiffsraumes vor der Ostküste der USA.

U-Bootmänner erhalten nach Rückkehr von einer Feindfahrt Eiserne Kreuze (am Band) und U-Bootabzeichen (auf dem Tablett) von einem Offizier überreicht. Die beiden Auszeichnungen wurden freigebig verteilt, um den Kampfgeist zu stärken.

„0023. Rauch gesichtet, der dem Auspuffqualm von Dieselmotoren ähnlich ist. Einen Augenblick später meldet die Horchanlage Geräusche in derselben Peilung. Kurs geändert und Fahrt auf 18 Knoten erhöht.

„0026. Ein Kielwasser gesichtet und *Wolverine* auf 22 Knoten gebracht. Gleich darauf sah man, daß es von einem U-Boot stammte. Um 0029 ‚Große Fahrt voraus' befohlen, der Kurs wurde so gelegt, daß er auf das U-Boot, welches mit hoher Fahrt wild zickzackte, ständig zuhielt." Als ein anderes Sicherungsschiff eine Leuchtgranate schoß, die das Seegebiet erleuchtete, „tauchte das U-Boot in einer Entfernung von ungefähr sieben Kabellängen [etwa 1300 Meter] sofort weg".

U 47 war jetzt besonders verletzlich – getaucht und fast gestoppt. 15 Minuten nach dem Tauchen wurde Priens Boot vom ASDIC in 5 Grad auf dem Backbordbug der *Wolverine* geortet und einem Wasserbombenangriff von mehr als einer Stunde Dauer ausgesetzt. Nach Priens Erfahrungen war das nicht außergewöhnlich lange, aber mindestens eine der Wasserbomben scheint nahe am U-Boot explodiert zu sein, denn anscheinend sprang in den Treibstoffbunkern ein Leck auf.

Rowland fuhr fort: „Um 0320 meldete ein Ingenieuroffizier der Brücke, er habe zweifelsfrei Dieselöl gesehen und gerochen (als er mit einem Signalscheinwerfer die Wasseroberfläche absuchte)." Gegen 4 Uhr zeigten laute Schraubengeräusche im Horchgerät der *Wolverine* an, daß das U-Boot aufgetaucht war und mit hoher Fahrt ablief. „Eine Ölspur von etwa 15 Meter Breite kam in Sicht. Dieser folgend, fuhren wir durch einen großen Ölfleck, von dem eine schmale Spur dicken Öls nach Steuerbord wegführte."

U 47 mit Prien verschwand. *Wolverine* setzte jedoch verbissen die Jagd fort, und um 5.14 Uhr erklangen aus den Lautsprechern der Horchanlage aus einer Entfernung von vier Seemeilen schnell näherkommende metallische Rasselgeräusche, die eindeutig von dem U-Boot stammten. Aller Wahrscheinlichkeit nach waren bei dem vorhergegangenen Wasserbombenangriff die Schrauben von U 47 aus der Fluchtung geraten.

„Um 0519" schrieb Rowland, „U-Boot gesichtet und Kurs wenige Grad nach Backbord geändert. Auf ‚Große Fahrt voraus' gegangen und an alle Stationen ‚Klar zum Rammen' durchgegeben. Um 0522 tauchte U-Boot und lief nach Steuerbord ab. Ich befahl unverzüglich ‚Steuerbord 30', da wir das U-Boot sehr schnell überholten und die beträchtliche Kavitation seiner Schrauben zu sehen war."

Prien mochte sich drehen und wenden, wie er wollte, alle Listen und Tricks anwenden, die er in eineinhalb Jahren U-Bootkrieg gelernt hatte – sein Glück verließ ihn jetzt. In dem schwachen Licht vor der Morgendämmerung eines Märztages der nördlichen Breiten konnten seine Verfolger durch das kristallklare Wasser die Phosphoreszenz um das Unterseeboot, etwa 15 Meter unter ihnen, klar erkennen. Rowland schrieb: „Ein Schwall Blasen erzeugte an der Wasseroberfläche einen aufgewühlten Fleck, aus dem eine ungefähr 18 Meter lange V-förmige Blasenbahn herausführte. Da ich fast sechs Jahre auf Unterseebooten Dienst getan habe, bin ich überzeugt, daß die Blasenbahn aus dem vorderen Entlüftungsventil kam und daß ich unter Wasser die Bahn bis nahe an den Ort ihrer Entstehung verfolgen konnte. Der große Fleck sah nach Luft aus den Hauptballasttanks aus, vielleicht mit etwas Nachleuchten um den Turm des Bootes."

Als *Wolverine* über die Blasen fuhr, gab Rowland das Feuerkommando. Ein Teppich von zehn Wasserbomben wurde über den vermuteten Standort von Priens U-Boot geworfen. Um 5.43 Uhr wurde die See von einer gewaltigen Explosion aufgeworfen, und die Männer der *Wolverine* sahen einen orangefarbenen Lichtschein im Wasser aufglühen. Das Glühen hielt zehn Sekunden an – und verschwand.

Den ganzen Tag über rief Dönitz über Funk nach Prien: U 47, STANDORT, BEDINGUNGEN UND ERFOLG MELDEN. Und wieder: U 47, STANDORT MELDEN. Es

Ein Geleitsicherungsflugzeug des Küstenfliegerkommandos der Royal Air Force hat hier einen aus etwa 30 Schiffen bestehenden alliierten Geleitzug bei einer scharfen Kursänderung photographiert. Zu Anfang des Krieges bevorzugte die Admiralität kleine Geleite, weil sie besser zu manövrieren waren. Im Frühjahr 1943 stellte man aber fest, daß auch Geleite mit fast 150 Schiffen erfolgreich operieren konnten.

kam keine Antwort. Der orangefarbene Lichtschein unter Wasser, den die Besatzung der *Wolverine* gesehen hatte, bezeichnete – jenseits allen berechtigten Zweifels – den Tod von Günther Prien und 47 Mann seiner Besatzung. Günther Prien, 33 Jahre alt, Dönitz' bevorzugter U-Bootkommandant mit einer Abschußliste von einem Schlachtschiff und 28 Handelsschiffen mit insgesamt 160 935 Bruttoregistertonnen, ausgezeichnet mit dem Eichenlaub zum Ritterkreuz des Eisernen Kreuzes, hatte schließlich ein ebenso schreckliches Ende gefunden, wie es von ihm unzähligen anderen zur See fahrenden Männern bereitet worden war.

In der gleichen Nacht, in der Prien starb, sichtete Kapitänleutnant Fritz-Julius Lemp, Vernichter der *Athenia* am ersten Tag des Krieges, vor Island einen weiteren Geleitzug. Unter den U-Booten, die auf seinen Funkruf antworteten, befanden sich auch Schepkes U 100 und Kretschmers U 99. Die verbleibenden zwei des Dreigestirns deutscher Spitzenkommandanten standen im Begriff, zusammen ins Gefecht zu gehen.

Schwere Regenböen und stürmischer Ostwind hielten sie auf, so daß acht Tage vergingen, bis sich das Rudel um den Geleitzug versammelt hatte. Diesmal trafen die U-Boote auf einen Geleitschutz, der einen Angriffsgeist offenbarte, wie sie ihn bisher kaum kennengelernt hatten.

Die phantasievolle Heraldik der U-Bootmänner

Als U 47 im Jahre 1939 nach seinem Schlag gegen die Briten in Scapa Flow mit voller Kraft heimwärts fuhr, griff sich ein fröhlicher Oberleutnant, Engelbert Endraß, einen Farbtopf und schmückte den Turm des U-Bootes mit der Darstellung eines schnaubenden Stiers. Der Stier, aus dem Augenblick des Triumphes geborene Schöpfung, erhielt sich auch in späterer Zeit als das Abzeichen von U 47 und war das erste Beispiel einer Mode, die sich in der ganzen U-Bootflotte ausbreitete.

Der Ursprung vieler an deutschen Unterseebooten erschienenen Abzeichen ist unbekannt. Auf U 203 brachte man das Stadtwappen von Essen an, weil die Stadt eine Patenschaft für die Besatzung übernommen hatte. Die Besatzung von U 558 entnahm ihre Losung „Holzauge, sei wachsam" einer alten Volkserzählung und benutzte den einäugigen Priester, auf den sich die Aufforderung bezog, für ihr Abzeichen. Als U 338 beim Stapellauf vorzeitig von den Hellingen glitt, gab ihm die Besatzung den Spitznamen „Wilder Esel" und malte dementsprechend einen auskeilenden Esel an den Turm. In der über Monate gemeinsam erlebter Gefahren und Triumphe gewachsenen Vertrautheit schrieben die U-Bootmänner ihren Bootsabzeichen eine starke, gefühlsmäßig bedingte Bedeutung zu. Sie bestanden nicht nur darauf, sie an ihrem Boot aufzumalen, sondern verliehen den Bildern sogar eine Art Eigenleben. Die Besatzung von U 201 wählte beispielsweise einen Schneemann als Ehrung für ihren hochgeschätzten Kommandanten Adalbert Schnee. Als Korvettenkapitän Schnee später das Ritterkreuz erhielt, schmückten seine Männer auch den Schneemann entsprechend mit einem gemalten Kreuz.

U 338: Wilder Esel

U 203: Stadtwappen von Essen

U 94: Seeungeheuer und britischer Löwe

U 132: Adler mit Hakenkreuz

U 201: Schnees Schneemann

U 124: Edelweiß

U 558: Einäugiger Priester

U 47: Stier von Scapa Flow

U 216: England vom Schwert durchbohrt

U 34: Elefant und Churchill

Zuerst wurde Schepke von zwei Zerstörern einer Geleitgruppe gejagt, die der Korvettenkapitän Donald Macintyre, später einer der erfolgreichsten U-Bootjäger des Krieges, führte. U 100 tauchte, erlitt aber durch Wasserbomben einen Schaden, der es nach kurzer Zeit zum Auftauchen zwang. Über Wasser widerfuhr ihm das Pech, das erste U-Boot zu sein, das in einem Nachtangriff von Schiffsradar geortet wurde, einem bis dahin ziemlich unwirksamen Gerät. Die Zerstörer *Vanoc* und *Walker* machten mit hoher Fahrt eine enge Kehrtwendung und fegten die Radarpeilung entlang, bis der Schatten von U 100 in Sicht kam. Dann raste *Vanoc* auf das Unterseeboot zu und richtete seinen Bug auf den Turm. Einige U-Bootmänner sprangen über Bord und versuchten, aus der Bahn des Zerstörers zu schwimmen. Auf der *Vanoc* war deutlich Schepkes Stimme zu hören, als er seiner Besatzung zurief: „Keine Panik. Der verfehlt uns. Er läuft achtern vorbei."

Schepkes aufmunternde Worte waren vergeblich. Mit entsetzlichem Geräusch bohrte sich der Bug der *Vanoc* in den Turm des U-Bootes, schleuderte einige Mann von der Brücke in die See, quetschte Schepke die Beine am Leib ab und klemmte ihn zwischen Brückenschild und Sehrohrsockel ein. Der Zerstörer überfuhr das Boot völlig, bevor er zum Stoppen kam, ging dann mit den Maschinen zurück und zog sich mit knirschendem Ruck frei. Als sich U 100 in die Luft hob, kam Schepkes beinloser Körper frei und wurde ins Wasser geschleudert. Schepke lebte noch, trug immer noch seine weiße Kommandantenmütze verwegen schräg auf dem Kopf. In der hohen Atlantikdünung schlug er für einige Sekunden wild mit den Armen um sich. Dann schloß sich die See gnädig über seinem verstümmelten Leib. Jetzt war nur noch eines der drei großen Asse übrig.

An Bord von U 99 durchlebte inzwischen auch Otto Kretschmer eine Zeit voller Spannung. Während des Angriffs auf den Geleitzug, dessen Sicherung vor einer Woche Prien getötet hatte, war Kretschmer zwischen die Kolonnen der Schiffe eingedrungen und hatte zwei Dampfer torpediert – einer davon war ein 20 000 Tonnen großes Walfangfabrikschiff, das größte seiner Art in der Welt. Von zwei aus einem Regenschauer heraus angreifenden Korvetten zum Tauchen gezwungen und mit mehr als 100 Wasserbomben beworfen, wurden Kretschmer und seine Männer in dem sich wild aufbäumenden Boot herumgestoßen. Um 4.24 Uhr, nachdem U 99 sich endlich, gedeckt durch die wrackgeschossenen Schiffe im Geleitzug auf der See über ihm, davonschleichen konnte, fing Kretschmer die letzte Funkmeldung von Prien auf und hörte dann, wie Dönitz während des ganzen Tages vergeblich versuchte, seinen bevorzugten Kommandanten in dessen Grab in der Tiefe zu erreichen.

Am 16. März traf U 99 auf den zweiten Geleitzug, an demselben Tage, an welchem auch Schepke mit dem Rest des Rudels sich um ihn versammelte. Wieder wandte Kretschmer seine spezielle Taktik an, drang in die Mitte des Geleits vor und torpedierte kaltblütig sechs Schiffe. Als sein Torpedovorrat verschossen war, begab er sich auf die Heimfahrt – in der Dunkelheit klugerweise aufgetaucht. Dann kam jedoch ein Zerstörer in Sicht und anstatt zu versuchen, über Wasser in Sicherheit abzulaufen, ließ der Wachoffizier tauchen. Kretschmer war wütend, denn das getauchte Unterseeboot machte sich sofort im ASDIC-Gerät des Zerstörers bemerkbar.

Ein unvorhersehbarer, unglücklicher Zufall wollte es, daß der Zerstörer die *Walker* war. In all der wilden Weite des Atlantiks war U 99 nun in fast dieselbe Lage geraten wie das eben vor einer halben Stunde versenkte U 100. Die *Walker* hielt sich in der Nähe bereit, als die *Vanoc* die überlebenden Besatzungsmitglieder von Schepkes U-Boot, insgesamt fünf, auffischte. Korvettenkapitän Macintyre auf der *Walker* war höchst erstaunt, plötzlich ein deutliches ASDIC-Echo aufzufangen, das fast genau unter dem Heck der *Vanoc* lag. Während die *Vanoc* sich langsam absetzte, fuhr die *Walker* einen sofortigen Angriff und warf sechs Wasserbomben, die einzigen, die noch rechtzeitig scharf gemacht werden konnten. Dann wendete die *Walker* für den nächsten Anlauf, als sie einen dramatischen Signalspruch von der *Vanoc* erhielt: AUFGETAUCHTES U-BOOT HINTER MIR. Hell beleuchtet vom grellen Scheinwerferstrahl der *Vanoc* lag U 99 gestoppt an der Oberfläche. Von seinem Turm kam mit der Morselampe in etwas fehlerhaftem English der Signalspruch: ICH SINKE.

Der Wasserbombenangriff hatte den Ausfall der Maschinen von U 99 bewirkt und seine Schrauben so stark beschädigt, daß das Boot, unfähig noch Fahrt zu machen, auf 220 Meter Tiefe abgesunken war. In dieser Tiefe fing der Bootskörper an aufzubrechen. Kretschmer sah sich gezwungen, die Tauchtanks auszublasen, und das Boot schoß, Bug voran, wie ein Korken an die Oberfläche. Da lag nun U 99, schlingernd und mit Schlagseite, während Macintyres Männer hektisch mit ihren Geschützen darauf feuerten. Kretschmer steckte sich in aller Ruhe eine Zigarre an und leitete die Vernichtung der Geheimschlüssel und der Dokumente, das Aussteigen der Besatzung, und das Versenken des Bootes.

Er wurde als letzter der Besatzung von U 99 aus dem eiskalten Wasser geborgen. Kretschmer entsprach kaum dem Bild, das sich die ihn gefangennehmenden Briten von einem U-Bootkommandanten gemacht hatten. Statt eines fanatischen Nazis sahen sie einen ruhig sprechenden, höflichen und unpolitischen Berufsoffizier, der die englische Sprache gut beherrschte und Macintyre zu seinem Erfolg beglückwünschte. Er wurde zu Macintyres Kajüte geführt. Dort sank der erfolgreichste U-Bootkommandant im Sessel des erfolgreichsten U-Bootjägers total erschöpft in den Schlaf.

Weil der Verlust von drei der in Deutschland am höchsten verehrten Kriegshelden sich nachteilig auf die Kriegsmoral der Nation auswirken konnte, weigerte sich das Führerhauptquartier anfänglich, eine offizielle Bekanntgabe zu gestatten. Selbst Priens Frau durfte nicht die Wahrheit erfahren. Das Schicksal von Kretschmer und Schepke wurde erst gegen Ende April, das von Prien erst am 23. Mai – volle zehn Wochen nach seinem Tod – veröffentlicht. Dann gab Dönitz einen Tagesbefehl heraus, ein Abschiednehmen voll Schmerz und Trotz:

„Günther Prien, der Held von Scapa Flow, tat seine letzte Fahrt. Wir U-Bootmänner neigen uns in stolzer Trauer und grüßen ihn und seine Männer. Auch wenn ihn der weite Ozean deckt, Günther Prien steht doch noch mitten zwischen uns. Kein U-Boot wird nach Westen fahren, das er nicht begleitet, das nichts von seinem Geist mitnimmt. Kein Schlag gegen England wird von uns geschlagen werden, den er nicht zum Angriff mitführt . . . Der Kampf geht weiter in seinem Geiste."

Für einige Leute markierte der Verlust der drei Spitzenkommandanten das Ende der Glücklichen Zeit. Verwirrt waren die Deutschen, wie betäubt. „Hatten die Engländer neue Waffen oder Techniken in die Kriegführung gegen die Unterseeboote eingeführt?" fragte sich Herbert A. Werner, damals Fähnrich zur See auf U 557, der den Krieg als U-Bootkommandant überleben sollte. „Wir fanden keine Erklärung."

Tatsächlich hatte Winston Churchill schon rechtzeitig gewarnt, daß sich der Charakter des U-Bootkrieges ändern würde. „Wir müssen dieses Geschäft auf die höchste Dringlichkeitsstufe heben, über alles andere", hatte er seinem Marinebefehlshaber, Admiral Sir Dudley Pound, erklärt. „Ich werde die Schlacht auf dem Atlantik verkünden." Und am 6. März, als Prien, Schepke und Kretschmer noch auf der Fahrt in ihr Verhängnis waren, veröffentlichte er eine allgemeine Weisung: „Wir müssen annehmen, daß die Schlacht auf dem Atlantik begonnen hat", sagte er. „Die U-Boote auf See müssen gejagt werden, die U-Boote in den Bauwerften oder in den Häfen müssen bombardiert werden."

Churchills Worte waren mehr als reine Rhetorik. Die Briten waren darangegangen, eine Anzahl von Maßnahmen zu ergreifen, die im Laufe der Zeit Früchte trugen. Der Geleitschutz war durch 50 von Amerika geliehene Zerstörer, zwar älteren Typs, jedoch unschätzbar in ihrem Einsatzwert, verstärkt worden. Hinzu kamen britische, aus anderen Aufgaben freigesetzte Zerstörer sowie Korvetten, Fregatten und Geleitflugzeugträger. Schiffe und Besatzungen, zu ständigen Geleitschutzgruppen zusammengefaßt, durchliefen eine besondere Ausbildung in U-Bootabwehrtaktiken. Auf Island hatte man zwei Marinestützpunkte eingerichtet, die den Geleitschiffen ermöglichten, dort Treibstoff zu bunkern und damit ihre Reichweite zu vergrößern. Die Küstenflieger der Royal Air Force waren einsatzmäßig der Admiralität unterstellt worden, somit konnte die Offensive gegen die U-Boote auf zwei Ebenen – auf See und aus der Luft – vorgetragen werden. Außerdem wurde der Weiterentwicklung des Radar Vorrang eingeräumt.

Die Auswirkungen dieser Maßnahmen machten sich nur allmählich bemerkbar – löste doch, wie vorherzusehen war, jeder technische oder taktische Fortschritt auf der einen Seite schnell eine Gegenmaßnahme auf der anderen Seite aus. Als zum Beispiel die Deutschen neue akustische Torpedos einsetzten, die das Schraubengeräusch der Feindschiffe ansteuerten, antworteten die Briten mit einem lärmerzeugenden Gerät. Diese Vorrichtung – „verdammte Radattelbojen", wie sie ein U-Bootfahrer nannte – wurden an langen Stahltrossen geschleppt und lenkten die akustischen Torpedos durch Erzeugen von Klappergeräuschen ab. Umgekehrt, als die Briten das Radar so weit entwickelt hatten, daß es aufgetauchte Unterseeboote selbst bei schwerem Seegang entdeckte, reagierten die Deutschen darauf mit der Einführung des METOX, eines Empfangsgeräts für Radarwellen, das durch Pfeifton vor anfliegenden Flugzeugen warnte.

So ging mit dem Ende der Glücklichen Zeit der U-Bootkrieg in einen tödlichen technischen Wettlauf über, bei dem beide Seiten schwere Schläge austeilten und hohe Verluste hinnahmen, bei dem Blut und Öl von Jägern und Gejagten sich auf den Meeren vermischten und das schauerliche tägliche Drama der Männer auf den U-Booten wie auf den Überwasserschiffen bestimmt wurde von dem schweigenden Kampf zwischen technologischem Vorstoß und Gegenstoß. Jene Phase des Krieges dauerte fast zwei Jahre, bis zum Frühjahr 1943. Die Glückliche Zeit war vorüber, die U-Boote blieben aber eine tödliche Bedrohung.

Admiral Dönitz stellte sich unerschrocken der veränderten Erscheinungsform des Krieges – trotz tiefen persönlichen Kummers über den Verlust seiner besten Kommandanten. Seine Strategie wirkte gerade durch ihre Einfachheit verheerend: Suche die weichen Stellen des Feindes, schlage zu, wo er am schwächsten und unaufmerksamsten ist, zwinge ihn, seine Verteidigung bis über die Grenze seiner Leistungsfähigkeit auszudehnen. Ganz offensichtlich boten die Seewege auf dem Nordatlantik wegen ihrer Verkehrsdichte und der relativen Nähe zu den U-Bootstützpunkten in Frankreich die meisten Gelegenheiten. In Verfolg seiner gewandelten Strategie verlagerte Dönitz den Krieg aber auch in andere Seegebiete. U-Boote trugen die Geißel des Krieges jetzt in das Mittelmeer und das Schwarze Meer, in das Eismeer und in die Karibische See, in den Südatlantik, den Indischen Ozean und in die fernöstlichen Gewässer. Große neue Versorgungsunterseeboote des 1700 Tonnen großen Typs XIV, von den Besatzungen mit dem Spitznamen „Milchkühe" belegt, versorgten die Kampfboote auf See mit Treibstoff, Munition und Lebensmitteln *(S. 124–129)* und verdoppelten damit deren Reichweite und Seeausdauer. Einige U-Boote legten wahrhaft erstaunliche Reisen zurück. U 107 unter dem Kommando des Schwiegersohnes von Dönitz, Günther Hessler, fuhr in 135 Tagen 20 000 Seemeilen und setzte mit der Versenkung von 14 Schiffen auf einer einzigen Feindfahrt einen Rekord für den Zweiten Weltkrieg.

Eine neue Entwicklung: die Milchkühe

In den ersten drei Jahren des Zweiten Weltkrieges konnten die U-Boote Treibstoff und Proviant nur für eine 6250 Seemeilen lange Fahrt mitführen. Überquerten sie den Atlantik, so mußten sie, kaum an der Gegenküste angekommen, schon wieder umkehren. Im Frühjahr 1942 setzte das Kommando der U-Boote jedoch die ersten von zehn raffiniert eingerichteten Unterseetankschiffen ein, die die U-Boote in See versorgten.

In den Konstruktionszeichnungen als Typ XIV bezeichnet, wurden die Versorgungsboote von den deutschen U-Bootfahrern mit dem Spitznamen „Milchkühe" bedacht. Sie waren in der Schiffsmitte etwa zwei Meter breiter als ihre schlankeren Schwestern, die Kampfboote. In dem breiten Schiffskörper konnte jede Milchkuh 700 Tonnen Dieselöl und 45 Tonnen anderer Versorgungsgüter aufnehmen, was ausreichte, um ein aus zehn Kampfbooten bestehendes Rudel bis zu vier Monaten in See zu halten. Wurde eine Milchkuh trocken, dann fuhr sie heim, um neue Vorräte zu laden und zu bunkern, und eine andere trat an ihre Stelle. Im Frühjahr und Sommer 1942 führten mehrere U-Bootrudel – die ersten, die von Milchkühen versorgt wurden – erfolgreiche Blitzaktionen gegen den alliierten Schiffsverkehr tief in der Karibik und im Golf von Mexiko durch. Der Befehlshaber der U-Boote, Karl Dönitz, war begeistert. „Dank der Unterseetanker", erinnerte er sich später, „waren wir in der Lage, ein reiches Operationsgebiet auszunutzen, das 3000 bis 4000 Seemeilen von den Stützpunkten in der Biscaya entfernt lag."

Die Vereinigten Staaten, inzwischen schon an der eigenen Türschwelle bekämpft, räumten der Vernichtung der Tankschiffe höchsten Vorrang ein. Im August 1942 gelang es einem Bombenflugzeug, eine Milchkuh zu orten und sie mit einer Wasserbombe zu zerstören. Indessen verging fast ein Jahr, bevor weitere versenkt werden konnten. Aber im Laufe der Zeit hetzten alliierte Flugzeuge und Schiffe alle zehn für das U-Bootkommando gebauten U-Tanker zu Tode.

Ein Besatzungsmitglied einer Milchkuh trägt Dosenverpflegung und ein Netz mit Broten auf sein Schiff (links). In einem Betonbunker wird der U-Tanker (rechts) beladen. Über eine Schlauchleitung wird Öl gebunkert, während ein Laufkatzenkran am Bug einen Torpedo an Bord hebt.

Eine Milchkuh und zwei U-Boote treffen sich im Atlantik. Das Zusammenfinden in den Weiten des Ozeans erforderte höchste Seemannschaft und Navigation. Ein U-Bootfahrer erinnerte sich: „Endlich sichteten wir unser Versorgungsboot, ein Stück der Heimat, ein Schicksalsgenosse – was für ein Augenblick.“

Ruhiges Wetter nutzend, betankt die Besatzung eines Versorgungsbootes einen Jäger über eine Schlauchleitung von Bord zu Bord. Verpackte Lebensmittel werden für die Übergabe an das U-Boot an Deck gestapelt. Ein verletzter Seemann wird in ein Schlauchboot gelegt (Hintergrund rechts), um zum Tanker gebracht und nach Hause transportiert zu werden.

Männer der Milchkuh hantieren mit einem 1150 Kilogramm schweren Torpedo, der in einem Deckskran hängt. Um ihm zusätzlichen Auftrieb zu geben, hat man den Torpedokopf mit Schwimmwesten umwickelt. Der Kran senkt den Torpedo ins Wasser, und das Empfängerboot holt ihn an einer Leine zu sich herüber.

Ein Wildcat-Kampfflugzeug der U.S. Navy, welches – was gelegentlich vorkam – außer dem Nationalitätszeichen keine weitere Kennzeichnung trägt, unterbricht mit einem Sturzangriff und Wasserbombenwurf eine Treibstoffübernahme. Das auftankende U-Boot verschwindet mit einem Alarmtauchmanöver unter Wasser und überläßt die Milchkuh der Vernichtung. Milchkühe waren gegen Luftangriffe besonders empfindlich, weil ihre großen Bootskörper kein schnelles Tauchen zuließen.

Kaum waren im Dezember 1941 die Vereinigten Staaten von Amerika in den Krieg eingetreten, da entsandte Dönitz bereits fünf Unterseeboote in die amerikanischen Seegebiete. In einer Operation mit dem Decknamen *Paukenschlag,* eröffnet von U 123 unter Kapitänleutnant Reinhardt Hardegen, richteten sie dort ein unglaubliches Gemetzel an. Dabei half den U-Bootfahrern das völlige Fehlen von Verdunkelungsmaßnahmen an der amerikanischen Ostküste. Friedensmäßig erstrahlten die Städte in ihren Lichtern; Leuchtfeuer und Ansteuerungstonnen brannten noch; selbst die Schiffe führten normale Positionslichter, benutzten ohne Hemmungen den Funkverkehr und meldeten dabei häufig ihren Standort, so daß die U-Boote keine Schwierigkeiten hatten, sie zu finden. Keinerlei Geleitzugsystem war eingeführt, und die U-Bootabwehrmaßnahmen blieben primitiv und wirkungslos. Die U-Boote drangen in die Küstengewässer vor, lagen bei Tag auf Grund, tauchten nachts auf, kreuzten in aller Ruhe auf den Inlandwasserwegen und schossen ihre Torpedos, wenn sie diese verließen. Nach vorsichtiger Schätzung wurden bis Ende April 1942, bei Verlust von nur einem U-Boot, 200 Schiffe mit zusammen 1 150 675 Tonnen vernichtet. Erst als ab 1. April 1942 in den amerikanischen Gewässern das Fahren im Geleit eingeführt wurde, trafen die U-Boote auf nennenswerten Widerstand. Dann

Der einem U-Bootangriff zum Opfer gefallene amerikanische Tanker „Byron D. Benson“ liegt am 5. April 1942 völlig verborgen unter einer schwarzen Qualmwolke vor Cap Hatteras. Die Abschußergebnisse im Westatlantik waren in der ersten Zeit so ermutigend, daß die deutschen Kommandanten einen volkstümlichen amerikanischen Ausdruck entliehen und die dortigen Operationen das „amerikanische Truthahnschießen“ nannten.

U 156 läuft am 7. Juli 1942 nach erfolgreicher Aktion gegen die amerikanische Schiffahrt in der Karibik in Lorient ein und stellt seine Beute an Gummireifen aus – einen Artikel, der in einem von der normalen Versorgung abgeschnittenen Land besonders wertvoll war. Die charakteristischen Eigenschaften des U-Bootkrieges gestatteten selten, Beute zu machen. Aber allein in den ersten sechs Monaten des Jahres 1942 schickten die U-Boote mehr als eine Million Tonnen alliierten Schiffsraumes auf den Grund des Atlantiks.

allerdings ging die Zahl der Versenkungen von 128 Schiffen im ersten Vierteljahr 1942 auf nur noch 21 im zweiten Vierteljahr zurück.

Dönitz zog seine U-Boote aus dem Seegebiet vor Nordamerika ab und dirigierte sie nach Süden, um in der Karibik die Tankerrouten, auf denen das Erdöl an die Kriegsfront befördert wurde, heimzusuchen. Als auch dort Geleitzüge gebildet wurden, wechselte er wiederum das Einsatzgebiet und teilte einige Boote für den Südatlantik ein. Dort nun, etwa auf der Mitte der Strecke zwischen Südafrika und Brasilien, spielte sich im September eine Folge von Ereignissen ab, die in ihrer Mischung aus menschlichem Mitgefühl und kriegsbedingter Rücksichtslosigkeit den Charakter des U-Bootkrieges von Grund auf veränderten.

Entgegen der alliierten Kriegspropaganda, welche die U-Bootkommandanten und ihre Besatzungen als Kriegsverbrecher darstellte, die hämisch grinsend hilflose Seeleute der Handelsschiffe mit Maschinengewehren abschossen, waren im Zweiten Weltkrieg Greueltaten außerordentlich selten vorgekommen. In den ersten Kriegsjahren hatten U-Bootbesatzungen ihren Opfern sogar oft geholfen. Ein Kommandant, Herbert Schultze auf U 48, ging in bewußter oder unbewußter Nachahmung eines seiner Vorgänger selbst soweit, der Admiralität in London Funkmeldungen zu schicken und um Entsendung eines Schiffes zur Bergung der Überlebenden des Frachters, den er soeben versenkt hatte, zu bitten.

Keiner aber unternahm heldenhaftere Anstrengungen, Barmherzigkeit zu üben, als Kapitänleutnant Werner Hartenstein, 32 Jahre alter Kommandant von U 156. In der Nacht des 12. September torpedierte Hartenstein den englischen Truppentransporter *Laconia,* mit dem britische Soldaten und ihre Familien sowie Kriegsgefangene aus dem britischen Afrika evakuiert wurden. An Bord befanden sich 463 Mann britische Besatzung, 286 britische Soldaten, 80 Zivilpersonen (darunter Frauen und Kinder), 1800 italienische Kriegsgefangene sowie 103 polnische Bewacher. Als Hartenstein Hilferufe hörte, begann er sofort, Opfer aus dem Wasser zu retten. BISHER 90 GERETTET, funkte er an die U-Bootführung, ERBITTE ANWEISUNGEN. Dönitz wußte, daß die Torpedierung eines Schiffes mit italienischen Soldaten nachteilige Auswirkungen auf Deutschlands Beziehungen zu seinem Achsenpartner haben könnte. Er zog daher zwei U-Boote von Freetown, Sierra Leone, ab und schickte sie zum Versenkungsort. Die Italiener entsandten eines ihrer U-Boote, und die Vichyfranzosen setzten drei Kriegsschiffe in Marsch, um bei der Bergung zu helfen.

Im Augenblick war U 156 jedoch noch allein. Das Boot kreuzte die ganze Nacht umher und fischte Menschen ohne Rücksicht auf deren Nationalität aus der See. Unterseeboote sind jedoch erbärmlich schlecht für solche Situationen ausgestattet. Im Boot ist kaum Platz genug, die Besatzung zu beherbergen, schon gar nicht, um zusätzliche Passagiere aufzunehmen, und an Oberdeck sich aufhaltende Überlebende laufen Gefahr zu ertrinken, wenn das U-Boot zum plötzlichen Tauchen gezwungen wird. Am nächsten Morgen um 4 Uhr setzte Hartenstein in Englisch eine Funkmeldung auf der internationalen 25-Meter-Seenotfrequenz und auf der 600-Meter-Welle für Zivilverkehr ab: WENN IRGENDEIN SCHIFF DER SCHIFFBRÜCHIGEN LACONIA-BESATZUNG ZU HILFE KOMMT, WERDE ICH ES NICHT ANGREIFEN, VORAUSGESETZT, ICH WERDE NICHT VON SCHIFF ODER FLUGZEUGEN ANGEGRIFFEN. HABE 193 MENSCHEN GERETTET. 4°52'S, 11°26'W. DEUTSCHES UNTERSEEBOOT. Es kam kein Schiff, aber der Feind kannte jetzt den Standort von U 156.

Zwei Tage mühte sich Hartenstein, die Rettungsboote und die Schiffbrüchigen zusammenzuhalten. Was ihn betraf, war das Rettungsunternehmen keine Maßnahme militärischer Zweckmäßigkeit, sondern ein rein humanitärer Dienst. Inzwischen waren auf U 156 schon 310 Menschen zusammengedrängt – Deutsche, Italiener, Engländer und Polen. Ein italienischer Arzt behandelte die Kranken und Verwundeten. Er benutzte dafür die deutschen

Nach Torpedierung des britischen Frachters „Tweed" vor Sierra Leone im April 1941 nimmt die Besatzung von U 124 die Überlebenden an Bord, die sich an ein gekentertes Rettungsboot geklammert haben. Die U-Bootmänner richteten anschließend das Rettungsboot auf, reparierten es, versorgten die Männer der „Tweed" mit solchen Luxusgütern wie Schokolade, Schnaps und Tabak und wiesen ihnen dann den Kurs zur Küste.

Verbandsmittel und Medikamente. Einige Italiener hatten Bajonettstiche erhalten, als sie mit ihren polnischen Bewachern kämpften, um sich aus den für Gefangene eingerichteten Laderäumen der *Laconia* zu befreien. Andere Menschen hatten ernste Verletzungen durch Bisse von Haifischen.

Endlich trafen U 506 und U 507 von Freetown ein. Sie übernahmen eine Anzahl Überlebender von U 156 und andere aus den Rettungsbooten. Hartenstein, der insgesamt 400 Menschen geborgen hatte, behielt noch 55 Italiener und 55 Briten an Bord. Die Besatzungen der anderen Boote zeigten die gleiche Fürsorge, gaben Suppe und Kaffee aus und räumten ihre Kojen für die Frauen und die Verwundeten. Dann sammelten die U-Boote die Rettungsboote für das Treffen mit den Kriegsschiffen der Vichyfranzosen. Während U 156 noch am vierten Tage nach der Torpedierung derart beschäftigt war, schlug das Unheil aus klarem, blauem Himmel zu.

Um 11.25 Uhr – das Oberdeck von U 156 war gedrängt voll mit Überlebenden, und noch viele mehr saßen in den vier geschleppten Rettungsbooten – meldete der Ausguck Flugzeuggeräusch. Ein viermotoriges B-24-Liberator-Bombenflugzeug näherte sich von Nordosten. Es trug amerikanische Abzeichen. Hartenstein, der dem Piloten seine friedlichen Absichten zu erkennen geben wollte, gab Anweisung, eine improvisierte Rotkreuzflagge über dem 10,5-cm-Geschütz auszuspannen, und befahl der

Bedienung des Flakgeschützes hinter der Brücke, sich flach hinzulegen. Auch ließ er einen Morsespruch in Englisch an das Flugzeug geben: HIER DEUTSCHES UNTERSEEBOOT MIT BRITISCHEN SCHIFFBRÜCHIGEN AN BORD. HABEN SIE RETTUNGSSCHIFF IN SICHT? Da vom Flugzeug keine Antwort kam, bat ein britischer Offizier, selber einen Spruch mit dem Signalscheinwerfer absetzen zu dürfen, weil er vielleicht besser verstanden würde. Der Bitte wurde stattgegeben und dem amerikanischen Piloten folgender Spruch gemorst: RAF-OFFIZIER SPRICHT VON DEUTSCHEM UNTERSEEBOOT. ÜBERLEBENDE DER LACONIA AN BORD, SOLDATEN, ZIVILISTEN, FRAUEN, KINDER.

Ein britischer Seemann erinnerte sich mit Schrecken der Szene: „Selbst der kurzsichtigste Flugzeugführer hätte das Bild nicht mißverstehen können", sagte er. „Hier war ein Unterseeboot mit vier Booten voller Schiffbrüchiger im Schlepp, das erste davon nur ungefähr 20 Meter hinter ihm." Wieder antwortete der Flugzeugführer nicht, sondern flog fort, um – wie man später erfuhr – in Freetown Wasserbomben zu laden.

Um 12.32 Uhr kehrte das Liberator-Flugzeug zurück und flog in niedriger Höhe an. Sprachlos vor Verblüffung sah Hartenstein, wie sich beim Tiefergehen die Bombenklappen öffneten. Zwei Bomben fielen nahebei in die See. Deutsche, Briten, Italiener und Polen, geeint durch den gemeinsamen Feind, schrien Flüche zum amerikanischen Flugzeug. Beim zweiten Anflug der Liberator kappte ein deutscher Seemann mit einem Beilhieb die Schleppleine der Rettungsboote. Es war zu spät. Eine Bombe jagte eines der Boote in die Luft, dabei wurden mehrere Insassen getötet. Jetzt versuchten einige Männer, das Flugabwehrgeschütz zu besetzen, aber Hartenstein rief: „Kein Mann nähert sich dem Geschütz!"

Wieder flog das Flugzeug an. Eine Wasserbombe explodierte genau unter der Zentrale. Frauen und Kinder kreischten, aus Zentrale und Bugraum wurden Lecks gemeldet. Hartenstein hatte keine Wahl mehr, er mußte sein U-Boot in Sicherheit bringen. „Alle Briten von Bord!" rief er. Dann kam die Meldung, daß die Akkumulatoren Chlorgas entwickelten. Um das Boot freizumachen, damit die Besatzung den Notstand beheben konnte, mußte er auch den Italienern das Verlassen des U-Bootes befehlen.

Nach Abwurf aller Bomben flog das Flugzeug ab. Wegen der starken Beschädigung von U 156 entschloß sich Hartenstein, das Rettungsunternehmen abzubrechen und zum Stützpunkt zurückzukehren. Erst am 17. September, fünf Tage nach der Versenkung, erreichten zwei Kriegsschiffe der Vichyfranzosen den vereinbarten Treffpunkt und konnten die letzten Überlebenden aus den Rettungsbooten bergen.

So endete eine der bemerkenswertesten Episoden der U-Bootkriegführung im Zweiten Weltkrieg. Eine abschließende Zählung ergab 450 gerettete Italiener von 1800, 588 Briten von 829 und 73 Polen von ursprünglich 103. Alle an dem Rettungsunternehmen beteiligten U-Boote wurden auf späteren Feindfahrten von Flugzeugen versenkt. Hartenstein fiel auf U 156 im März 1943 östlich von Barbados. Jahre später wurde bekannt, daß der amerikanische Flugzeugführer das sich ihm bietende Bild richtig als Rettungsunternehmen gedeutet hatte, ihm aber der U-Bootabwehrstützpunkt der amerikanischen Luftwaffe auf der Insel Ascension befohlen hatte, trotzdem anzugreifen. Die Begründung lautete, das U-Boot stelle für die Schiffe in diesem Seegebiet weiterhin eine Bedrohung dar.

Damit wurde allen Beteiligten nur zu deutlich klar, daß Menschlichkeit im U-Bootkrieg keinen Platz mehr hatte. Als Folge des Angriffs der Liberator auf U 156 faßte Dönitz einen schwerwiegenden Entschluß. „Nie wieder", schwor er, „dürfen U-Boote den Gefahren eines Rettungsunternehmens ausgesetzt werden." An alle U-Boote funkte er den berüchtigt gewordenen Befehl: JEGLICHE RETTUNGSVERSUCHE VON ANGEHÖRIGEN VERSENKTER SCHIFFE, ALSO AUCH AUFFISCHEN VON SCHWIMMENDEN UND ANBORDGABE AUF RETTUNGSBOOTE, AUFRICHTEN GEKENTERTER RETTUNGSBOOTE, ABGABE VON NAHRUNGSMIT-

Briten, Italiener und Polen stehen dichtgedrängt an Deck von U 507, nachdem sie am 15. September 1942 aus dem Südatlantik geborgen worden waren. U 156 hatte am 12. September den britischen Truppentransporter „Laconia" torpediert. Als man entdeckte, daß italienische Kriegsgefangene – Deutschlands Verbündete – an Bord waren, sandte U 156 einen Hilferuf aus. U 507 antwortete und beteiligte sich an einer der denkwürdigsten Rettungsoperationen des Zweiten Weltkrieges.

Auf der zum Krupp-Konzern gehörenden Germania-Werft in Kiel nimmt ein U-Boot Gestalt an. Teile des Kieler Hafens sind durch die massiven Spanten undeutlich zu erkennen. Der Befehlshaber der U-Boote, Dönitz, hatte eine umfassende Anstrengung vorgesehen, mit der monatlich fast 30 U-Boote gebaut werden sollten. Tatsächlich überstieg der monatliche Ausstoß aber niemals mehr als 20 Boote.

TELN UND WASSER HABEN ZU UNTERBLEIBEN, RETTUNG WIDERSPRICHT DEN PRIMITIVSTEN FORDERUNGEN DER KRIEGFÜHRUNG NACH VERNICHTUNG FEINDLICHER SCHIFFE UND BESATZUNGEN.

Gnadenlos zog sich der U-Bootkrieg, in dem von nun an Pardon nicht mehr gewährt wurde, in einen Winter hinein, den keiner vergessen sollte. In den letzten drei Monaten des Jahres 1942 herrschten an 63 von 92 Tagen Stürme auf dem Nordatlantik, sieben davon mit Wind bis zur Stärke zehn. Über sechs Millionen Tonnen alliierten Schiffsraum vernichteten die U-Boote in diesem Jahr. Das war mehr als in den Jahren 1939, 1940 und 1941 zusammen, und weniger als die Hälfte davon konnte durch Neubauten ersetzt werden. In der erbitterten Zermürbungsschlacht stiegen die Verluste der U-Boote von 35 im Jahre 1941 auf 87 Boote im Jahre 1942. Jetzt aber erhielt Dönitz monatlich 17 neue U-Boote und verfügte im Dezember 1942 über 212 einsatzfähige Unterseeboote – mehr als zu irgendeiner früheren Zeit in diesem Krieg. Die langen Nächte auf dem Nordatlantik voll ausnutzend, setzte er sie zur Intensivierung der Rudelangriffe ein.

Am 5. März 1943 erfuhr der B-Dienst des deutschen Marinenachrichtendienstes aus entzifferten Funksprüchen der Royal Navy, daß drei riesige Geleite von New York nach Großbritannien bestimmt waren. Von den Alliierten mit den Bezeichnungen SC-122, HX-229 und HX-229A versehen, enthielten die drei Geleitzüge 141 Schiffe aus zehn Nationen. Sie beförderten 920 000 Tonnen Erdöl, Gefrierfleisch und andere Nahrungsmittel, Tabak, Getreide, Bauholz, Mineralien, Stahl, Schießpulver, Zünder, Bomben, Granaten, Lokomotiven, Lastwagen, Landungsboote für die Invasion,

Eine Flut von Frachtschiffen aus amerikanischen Werften

Präsident Franklin D. Roosevelt nannte sie abschätzig „häßliche Entlein“ – jene 7200-Tonnen-Frachter, die unter dem Namen Liberty-Schiffe bekannt wurden. Indessen waren sie die richtige Antwort auf die Bedrohung durch deutsche U-Boote. In Massenproduktion gebaut – schneller, als die U-Boote sie versenken konnten –, transportierten sie für die Alliierten über 100 Millionen Tonnen Kriegsmaterial.

Das erste in den Vereinigten Staaten gebaute Liberty-Schiff lief im September 1941 in Baltimore vom Stapel. Es trug den Namen *Patrick Henry* und war einem aus dem Jahre 1939 stammenden britischen Prototyp eines bauchigen Frachtschiffes nachgebaut. In den nächsten vier Monaten wurden weitere sieben Schiffe fertiggestellt. Aber erst der kalifornische Baulöwe Henry J. Kaiser schöpfte voll die Möglichkeiten aus, die der einfache, aber robuste Entwurf bot, indem er die in der Fließbandherstellung von Kraftfahrzeugen erprobten Verfahren auf die noch altmodische Schiffbauindustrie übertrug.

Kaiser wußte so wenig von Schiffen, daß er anfänglich Bug und Heck immer Vorder- und Hinterteil nannte. Aber er kannte die Methoden, technische Gebilde mit vollständig gegeneinander auswechselbaren Einzelteilen zu entwerfen, diese Teile vorzufertigen und sie so zu lagern, daß sie praktisch jederzeit griffbereit waren und ohne Vergeudung von Arbeitszeit zusammengebaut werden konnten.

Sehr bald stellten die Werften der Vereinigten Staaten Liberty-Schiffe in einer Menge her, wie Detroit seine Autoblechkisten produzierte. Die durchschnittliche Zeit für den Zusammenbau der Schiffe, von denen jedes aus 30 000 Einzelteilen bestand, wurde von 244 Tagen im Jahr 1941 auf unglaubliche 42 Tage im Jahr 1944 gedrückt. Es gab einen Zeitpunkt, da sogar vier Schiffe am Tag vom Stapel gelassen wurden.

Alles in allem wurden 2710 Liberty-Schiffe gebaut, jedes von ihnen nach Roosevelts Worten „ein Werkzeug für die Freiheit der freien Völker der Welt“ und nach Henry Kaisers Meinung „ein von Gott gegebenes Wunder und Verkörperung des Geistes des freien amerikanischen Arbeiters“.

Mit einem Transparent geschmückt, läuft das Liberty-Schiff „Robert E. Peary“ im Jahr 1942 vom Stapel.

In der Bethlehem-Fairfield-Werft in Baltimore, in der 385 Liberty-Schiffe gebaut wurden, erhellen Flutlichter die vorgefertigten Deckssektionen.

Flugzeuge und Panzer. Ungefähr 9000 Seeleute und 1000 Passagiere fuhren auf den Geleiten. Um sie abzufangen, ließ Dönitz die größte Konzentration an U-Booten in der Geschichte aufmarschieren – 38 Boote, verteilt über ein Seegebiet von 200 000 Quadratkilometern.

Die inzwischen bis zur Perfektion entwickelte Rudeltaktik war etwas ganz anderes als die einsamen Taten der U-Boot-Asse während der Glücklichen Zeit. Dönitz faßte seine Flotte im Nordatlantik in drei Gruppen zusammen: Gruppe Raubgraf, Gruppe Stürmer und Gruppe Dränger. Gruppe Raubgraf sollte vor der Küste von Neufundland kreuzen. Die anderen beiden Gruppen sollten in der mittelatlantischen Lücke stehen, das heißt in dem etwa 300 bis 500 Kilometer breiten Seegebiet, welches bislang noch außerhalb der Reichweite alliierter Flugzeuge lag, und sich dort über eine Strecke von rund 1000 Kilometern in Nord-Süd-Richtung verteilen. Mit Abständen von 30 bis 80 Kilometern zwischen den Booten sollten sie wie die Zinken eines riesenhaften Rechens den Ozean abkämmen. Sichtete ein U-Boot den Geleitzug, durfte es nicht sofort angreifen, sondern sollte vielmehr am Feind Fühlung halten und der U-Bootführung regelmäßige Meldungen liefern, aus denen sich alle wesentlichen Erkenntnisse wie Standort, Kurs und Fahrt des Gegners, Anzahl der Schiffe, System des Geleitschutzes und Wetterbedingungen ergaben, die benötigt wurden, um das Rudel zum gemeinsamen Angriff zusammenzuziehen.

Der Zufall wollte es, daß das Geleit HX-229A, das um die Gruppe Raubgraf herumfuhr, zwar ein Schiff an einem Eisberg verlor, sonst aber Großbritannien unbehelligt erreichte. Weniger glücklich waren die Geleite SC-122 (50 Handelsschiffe, ein Rettungsschiff, neun Sicherungsfahrzeuge) und HX-229 (38 Handelsschiffe und fünf Sicherungsfahrzeuge).

Zuerst geriet Geleit HX-229 in die Zange zwischen die von Westen kommende Gruppe Raubgraf und die von Osten kommenden Gruppen Stürmer und Dränger. In den frühen Stunden des 16. März sichtete Steuermann Heinz Theen, der gerade Brückenwache auf U 653 ging, zum ersten Mal das Ziel. Theen berichtete später: „Der Wind war sehr stark, es war sehr dunkel. Für nur zwei Sekunden sah ich direkt voraus ein Licht. Ich nehme an, daß sich ein Seemann an Deck des Dampfers eine Zigarette ansteckte. Ich schickte dem Kommandanten eine Meldung, und bis er auf die Brücke gekommen war, konnten wir überall um uns Schiffe sehen, das nächste auf Backbordseite zwischen 500 Metern und einer halben Seemeile entfernt. Wir führten ein Alarmtauchen aus. Als die Schiffe des Geleits über uns hinwegfuhren, konnten wir deutlich die verschiedenen Maschinen an ihren Geräuschen unterscheiden – Dieselmotoren mit schnellen Umdrehungen, Dampfmaschinen mit langsamen und die Turbinen der Sicherungsfahrzeuge mit ihrem singenden Geräusch. Nach etwa zwei Stunden tauchten wir hinter dem Geleit auf und funkten eine Sichtmeldung.“

Nur Minuten nach Empfang der Meldung sendete das Stabsquartier von Dönitz das folgenschwere Signal: ALLE U-BOOTE MIT HÖCHSTFAHRT ZUM GELEIT PLANQUADRAT BD 14 FAHREN. MEHR ALS 60 SCHIFFE. KURS NORDOST, NEUN KNOTEN.

37 weitere U-Boote, deren Funkgeräte wie Schakale piepsten, darunter auch U 230 unter dem Kommando von Oberleutnant zur See Paul Siegmann, drehten auf die Beute zu. U 230 stürmte während des ganzen 16. März vorwärts, um den Geleitzug einzuholen. Er kam einige Stunden nach Sonnenuntergang in Sicht, als ein Ausguck namens Borchert, bekannt für seine scharfen Augen, meldete: „Zerstörer auf Nordkurs, Entfernung 4000.“ Bald verschwand der Zerstörer, und für die nächsten zwei Stunden kämpfte sich U 230 schweigend weiter durch die Nacht. Dann meldete Borchert um 22.40 Uhr: „Schatten an Backbord, Entfernung 6500“, und konnte sich nicht zurückhalten hinzufügen: „Das ist ja die ganze Herde!“

Der Kommandant, der das Geleit aus Südwesten anlief, manövrierte sich in eine Position ungefähr 3300 Meter südlich und hinter der Steuerbord-

Admiral Karl Dönitz, Befehlshaber der deutschen U-Boote, studiert mit seinem Chef des Stabes, Eberhardt Godt (rechts), und dem Operationsoffizier, Adalbert Schnee, eine Seekarte, auf der die Positionen feindlicher Geleitzüge eingetragen sind. Dönitz schätzte Godt wegen seiner „unerschütterlichen Gelassenheit" und Schnee, der über 100 000 Tonnen Schiffsraum versenkt hatte, wegen seiner Erfahrung in den Geleitzugschlachten.

kolonne. Dort steuerte das U-Boot parallelen Kurs mit dem Geleit, während Siegmann versuchte, in der Dunkelheit den Wert der Schiffe zu bestimmen und die vorrangigen Ziele auszumachen. Um 23.30 Uhr löste sich ein Zerstörer vom Geleit und kreuzte, gefolgt von einem zweiten Geleitsicherer, mit Höchstfahrt das Kielwasser von U 230. Das U-Boot drehte ab und schwang zurück in Angriffsposition.

„Zerstörer von achtern, schnell näherkommend", meldete ein Wachoffizier. Siegmann jedoch hielt hartnäckig den Angriff durch. Durch den Wind rief er seinem Ersten Wachoffizier zu: „Wählen Sie Ihre Ziele!"

„Rohr eins bis fünf fertigmachen zum Überwasserschuß", befahl der Offizier nach kurzer Pause.

„Was machen die Burschen hinter uns?" fragte Siegmann. Die Zerstörer näherten sich bedrohlich.

„Zeit ist abgelaufen", schrie Siegmann. „Schuß!" Fünfmal zog der Erste Wachoffizier am Abfeuerhebel, und Siegmann begann sofort mit Ausweichbewegungen, drehte zuerst auf das Ende des Geleits zu und lief dann in die Deckung eines Schneeschauers. Noch während er das tat, zerrissen Explosionen die Nacht und drei brennende Schiffe scherten aus der Formation aus. Zwei davon brachen fast augenblicklich auseinander, das dritte trieb hilflos fort in die Dunkelheit des Nordatlantiks.

Für U 230 war dies das Ende der Geleitzugsschlacht. Schon vorher hatte das Boot auf dieser Feindfahrt einige Torpedos verschossen, nun war der Vorrat erschöpft, und das Boot wandte sich heimwärts. Es ließ aber einen wilden Kampf hinter sich, in dem Dönitz seine U-Boote mit dem Funkspruch anfeuerte: BRAVO, DRANBLEIBEN, DASSELBE NOCHMAL.

Auch für das Geleit SC-122 war es eine harte Nacht. Kurz nach Mitternacht traf U 338 auf SC-122 und fuhr so dicht heran – weniger als 200 Meter –, daß die Brückenwache des Unterseebootes einen mit einer Taschenlampe an Deck eines Dampfers gehenden Mann erkennen konnte. Bei diesem gewagten Vorstoß in das Geleit wurden vier Schiffe torpediert, und während 40 Mann ihrer britischen und niederländischen Besatzungen ertranken oder in der Wasserwüste an Erschöpfung starben, feierte die U-Bootbesatzung ihren Erfolg bei einem Frühstück mit Knackwurst.

Der heraufziehende Tag, der 17. März, sah noch mehr Versenkungen, mehr brennende Schiffe und mehr Ertrunkene, während der geschlagene Geleitzug sich weiter nach Osten quälte. Selbst die mutigen Flüge einiger neuer Langstrecken-Liberator-Maschinen, die von ihrem 1500 Kilometer entfernten Fliegerhorst der britischen Luftwaffe kamen, brachten nur vorübergehende Erleichterung. Die Flugzeuge starteten einzeln zur Geleitsicherung, flogen die letzten Reserven ihrer Treibstoffvorräte aus – ein Flugzeug hielt sich für noch nie dagewesene 20½ Stunden in der Luft –, kreisten über den Geleitzügen, griffen die U-Boote mit Wasserbomben und Maschinengewehren an und stießen dabei manchmal so tief herab, daß ihre Tragflächen das Wasser zu berühren schienen. Als die Geleite sich allmählich der englischen Küste näherten, wurde die Luftsicherung stärker, und die Angriffe der U-Boote ließen nach. Ein Boot nach dem anderen setzte sich ab und ging auf Heimatkurs. Für sie war die Geleitzugsschlacht zu einem durchschlagenden Erfolg geworden. Bis zum 20. März, als sich das letzte U-Boot von den zerrupften Geleitzügen zurückzog, hatten sie 22 alliierte Handelsschiffe mit zusammen 146 596 Bruttoregistertonnen versenkt. Ein Viertel aller Seeleute und Passagiere auf den Geleiten hatte den Tod gefunden. Nur ein U-Boot war verlorengegangen. Den heimkehrenden U-Bootfahrern übermittelte Dönitz die triumphierende Nachricht: „Dies ist der größte Erfolg, der je in einer einzigen Geleitzugsschlacht erzielt wurde."

Dönitz sollte sich nicht mehr lange freuen können. Denn unmittelbar nach dem Gemetzel in den Geleiten HX-229 und SC-122 wendete sich das Glück im U-Bootkrieg und kehrte sich endgültig gegen die Deutschen.

Fröhliche Heimkehr nach langer Fahrt

Ein Mann der Besatzung von U 557 erinnerte sich an die Rückkehr von der ersten Feindfahrt im Jahre 1941, als eine jubelnde Menge Marinepersonal die Pier füllte, und erzählte: „Nun wußten wir, daß wir tatsächlich dem Teufel von der Schippe gesprungen waren, daß das Leben süß und lohnend sein konnte." Damals erwarteten tumultuarische Szenen jedes von einer Atlantikfahrt im Triumph heimkehrende U-Boot in allen Stützpunkten an der Küste des besetzten Frankreichs – sei es Lorient, Saint-Nazaire, Brest, La Pallice oder Bordeaux. Während der hohen Zeit der U-Booterfolge – von 1940 bis 1942 – war Admiral Karl Dönitz oft persönlich anwesend, um seine Männer zu begrüßen und ihnen Eiserne Kreuze oder U-Bootabzeichen zu verleihen. „Ich habe die Besatzungen immer sofort besucht", erinnerte sich Dönitz. „Wenn ich sie dann sah, abgezehrt, angespannt, die bleichen Gesichter von Bärten umrahmt und ihre Lederjacken ölverschmiert, dann gab es ein fühlbares Band zwischen uns."

Die Feiern auf der Pier mit ihrer Musik, den hübschen Wehrmachtshelferinnen und den Glückwünschen lächelnder höherer Offiziere waren nur ein Vorgeschmack der Freuden, die die U-Bootfahrer während ihres Urlaubs von der Hölle erwarten konnten. Zunächst begleitete man die Männer zu ihren Landquartieren. Einem heißen Bad und dem Kleiderwechsel folgte ein festliches Essen, das sich oft bis weit in die Nacht hinzog. Die größte Wohltat war aber ein mehrwöchiger Urlaub. Die U-Bootfahrer konnten entweder auf das, was sie scherzhaft „die U-Boot-Weide" nannten, geschickt werden – elegante französische Schlösser, Kurorte in den Alpen oder an der See, wo jeder geäußerte Wunsch Befehl war –, oder sie konnten auf Wunsch Heimaturlaub erhalten, um ihre Familien in Deutschland wiederzusehen.

Der Krieg ließ sie jedoch nicht los, selbst wenn sie in die Idylle der Ruhe und Erholung versanken. „Während der stillen, einsamen Stunden in meinem Zimmer", erinnerte sich ein Urlauber, „blitzte die Erinnerung an die Zerstörung, die wir angerichtet hatten, lebhaft durch mein Gedächtnis. Die dröhnenden Explosionen von Torpedos, Wasserbomben und Flugzeugbomben klangen mir in den Ohren nach."

Gegen Mitte des Jahres 1943, als sich das Blatt gewendet hatte und mehr und mehr der Schreckgespenste des U-Bootkrieges Wirklichkeit wurden, nahmen auch die fröhlichen Willkommengrüße ab. Im Frühjahr 1944 bemerkte ein Offizier von U 415 beim Einlaufen in Brest: „Die Pier war schwach erleuchtet. Nur wenige der höheren Offiziere der Flottille hatten sich Zeit genommen, uns zu begrüßen." Und gegen Mitte des Jahres 1944 machte die schwindende Anzahl heimkehrender Besatzungen oft an einem Kai fest, der so still dalag wie die düsteren Tiefen der See.

Geschmückt mit Blütenzweigen und Erfolgswimpeln, macht U 552 nach erfolgreichem Unternehmen im Jahre 1942 in Saint-Nazaire fest. Der Kommandant mit weißer Mütze ist Erich Topp, dritterfolgreichster deutscher U-Bootkommandant, der nicht weniger als 193 684 Tonnen Schiffsraum versenkte. Er gehört zu den verhältnismäßig wenigen U-Bootfahrern, die den Krieg überlebten.

Besatzungsmitglieder eines U-Bootes teilen sich beim Anlaufen von Saint-Nazaire 1942 eine Flasche Wein. „Wir waren überzeugt", erzählte ein U-Bootfahrer, „daß der Sieg nur wenige Monate entfernt war und wir uns beeilen mußten, unseren Anteil an Feindsschiffen zu versenken."

Die Männer von U 558 genießen Erdbeeren, die ihnen eine deutsche Krankenschwester in Brest anbietet. Frisches Obst war eine Delikatesse, an der sich U-Bootfahrer nur selten erfreuen konnten. Auf Feindfahrt mußten sie oft mit verschimmeltem Brot und Fleisch auskommen.

Eine Gruppe eben heimgekehrter U-Bootmänner mit dem Edelweißabzeichen von U 124 an den Mützen liest die neuesten Zeitungen, um sich über die Taten ihrer Kameraden zu informieren. Die nationalsozialistische Propaganda versuchte, der Öffentlichkeit wie den U-Bootfahrern einzureden, daß die Versenkungserfolge den Feind in die Knie zwingen würden.

Einen Willkommensstrauß im Arm und eine Zigarette rauchend, stützt sich ein U-Bootfahrer auf den Arm einer Wehrmachthelferin, als er 1942 in Saint-Nazaire an Land geht. Viele U-Bootmänner standen unsicher auf den Beinen, wenn sie nach Monaten auf See zum erstenmal festen Boden unter den Füßen hatten.

U-Bootoffiziere sonnen sich in Le Treshier, einem Erholungsort für U-Bootfahrer in der Nähe von Brest. Über einen Aufenthalt in Südfrankreich schrieb ein U-Bootkommandant: „Ich genoß das Leben in vollen Zügen, lag in der Sonne und ging mit braungebrannten Mädchen schwimmen."

Auf Landurlaub in Lorient begutachten U-Bootmänner feine französische Spitzen an einem Verkaufsstand. U-Bootfahrer erhielten Zulagen, mit denen sie sich Luxuswaren für ihre Frauen, Freundinnen oder Mütter leisten konnten.

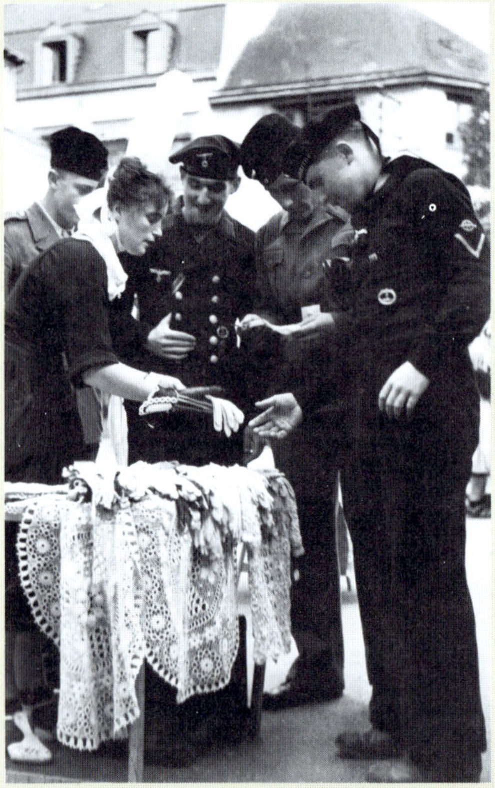

U-Bootfahrer zechen und tanzen in einer Bar im Sommer 1942. Admiral Karl Dönitz ordnete persönlich die Einrichtung derartiger luxuriöser Erholungsstätten an.

Zwischen Abfahrten auf einem alpinen Skihang haben U-Bootmänner und ihre hübsche Begleiterin die Ski für eine Ruhepause in frischer Luft zusammengestellt.

Kapitel 6

Ein wachsendes Risiko

Nach den Geleitzugsschlachten um SC-122 und HX-229 Mitte März 1943 blieben den Deutschen kaum sechs Wochen, sich in ihrem Erfolg zu sonnen. Bereits in der ersten Maiwoche liefen bei Karl Dönitz, der inzwischen zum Großadmiral befördert worden war und in der Seekriegsleitung in Berlin residierte, aus den Weiten der See traurige Rufe in schneller Folge ein. Tag für Tag funkte irgendein U-Boot Notsignale wie diese:

VON ZERSTÖRER ANGEGRIFFEN, SINKE.

ANGEGRIFFEN VON ZERSTÖRERN, WASSERBOMBEN, VERLASSEN BOOT.

VON KORVETTE ANGEGRIFFEN, SINKE.

FLUGZEUGE, BOMBEN, VON ZERSTÖRER GERAMMT, SINKE.

LUFTANGRIFF, SINKE, 47N, 5W.

In ihren einsamen und abgeschlossenen kleinen Welten auf See fingen andere U-Bootmänner diese Notrufe auf und grübelten über ihre schicksalsschwere Bedeutung nach. Herbert A. Werner, Erster Wachoffizier auf U 230, überlegte: „Was verursachte diese plötzliche Flut von Nachrichten, die uns nur vom Sterben erzählten?"

Über die Antwort – hätten Werner und seine Kameraden sie gekannt – wären sie entsetzt gewesen. Denn erstens war es den Briten gelungen, den Funkschlüssel zu entziffern, mit dem Dönitz und seine U-Bootfahrer miteinander in Verbindung standen. Es sollte nicht mehr lange dauern, bis der ständige Austausch von Funkmeldungen, der so wichtig für die Koordination der Rudelangriffe war, zu ihrem Verderben wurde. Zweitens begann sich die volle Stärke der amerikanischen Macht auszuwirken. Und drittens hatten sich britisches und amerikanisches technisches Wissen verbunden und eine Anzahl neuer Wundergeräte herausgebracht, die es ermöglichten, die Deutschen selbst in den abgelegensten Weiten der See zu verfolgen und zu vernichten. Der Zuwachs an Menschenpotential und Material, die fortgeschrittene Technologie und vor allem das tapfere Zusammenwirken aller alliierten U-Bootabwehrkräfte ließen das Pendel des Krieges nach der anderen Seite ausschlagen.

Der größte Fortschritt in der alliierten Gegenoffensive, ohne den der Einsatz all der Männer, Geschütze, Flugzeuge, Schiffe und Geräte bei weitem nicht so wirkungsvoll gewesen wäre, wurde durch das Entziffern des deutschen Funkschlüssels erzielt. Es war dies ein nachrichtendienstlicher Sieg von allergrößter Bedeutung. Der Triumph hing mit einem Holzkasten zusammen, nicht größer als ein kleiner Handkoffer – ein Kasten mit einer verwickelten und abwechslungsreichen Geschichte.

Weit zurück, im Jahre 1926, hatten deutsche Techniker eine Maschine für die elektrische Verschlüsselung von Nachrichten erfunden. Das Gerät, einfach zu bedienen, in seiner Arbeitsweise jedoch höchst kompliziert, war praktisch eine Schreibmaschine mit einem Satz von drei Walzen, die sich drehten, wenn sie durch elektrische, von den Schreibtasten ausgehende Impulse aktiviert wurden. Jede Walze besaß 26 Kontaktpunkte, einen für jeden Buchstaben des Alphabets, jedoch in verwürfelter Anordnung. Entsprechend der Anfangsstellung der Walzen löste Druck auf eine Schreibtaste eine Drehbewegung der ersten Walze und somit einen anderen Buchstaben aus. Diese Walze wiederum setzte die beiden anderen Kontaktwalzen in Bewegung, und am Ende erschien auf der Anzeige vor den Augen

Tödlich getroffen von dem neuen akustischen Torpedo FIDO der Alliierten, der von einem Flugzeug geworfen wurde, rollt U 185 im August 1943 mit überspültem Deck hilflos im Nordatlantik. In diesem Jahr hatten die Deutschen große Mühe, mit den technologischen Fortschritten der Alliierten Schritt zu halten.

des Schreibenden noch wieder ein anderer Buchstabe. Schrieb der Bedienungsmann seine Nachricht auf den Schreibtasten, dann notierte er die in der Anzeige erscheinenden Buchstaben. Das war dann die verschlüsselte Nachricht, die nun im Morsealphabet einem Empfänger an einem entfernten Ort übermittelt werden konnte. Am Empfangsort konnte jemand mit der gleichen Maschine und einem Kodebuch, das die Anfangsstellung der Walzen angab, den Vorgang umgekehrt ablaufen lassen und die Mitteilung entschlüsseln. Aus guten und berechtigten Gründen nannten die Erfinder dieses Gerät „Enigma".

Die in Reihe angeordneten Walzen der Enigma, deren jede ihr eigenes Verwürfelungsmuster für die Buchstaben enthielt, konnten untereinander ausgetauscht werden. Da jede Walze 403×10^{24} verschiedene Verbindungen hatte und da es sechs mögliche Kombinationsfolgen für die Walzen gab, erreichten die sich daraus ergebenden Verschlüsselungsmöglichkeiten eine astronomische Zahl. Als die Enigma während der dreißiger Jahre weiterentwickelt wurde, führte man Zusatzwalzen für die Maschine ein. Mit fünf Zusatzwalzen stieg die Zahl der möglichen Walzenfolgen von sechs auf 336 und die Anzahl möglicher Verschlüsselungen entsprechend. Später (es ist nicht genau bekannt wann) kam durch Einführung von Steckerverbindungen – ähnlich denen an einem Telephonvermittlungsschrank – eine weitere Verfeinerung hinzu. Durch Vermehrung der Anzahl elektrischer Schaltkreise wuchsen auch die Verschlüsselungsmöglichkeiten mit der Kombination von Walzenstellung und Steckverbindung. (Die Steckverbindungen erhöhten außerdem die Sicherheit, da sie unabhängig von den mechanischen Teilen der Maschine arbeiteten.) In ihrer endgültigen Form, die die Enigma während des Krieges erreichte, besaß die Maschine drei Walzen, fünf Wechselwalzen und zehn Steckverbindungen mit einer sinnverwirrenden Zahl möglicher Buchstabenverwandlungen.

Zu Beginn des Zweiten Weltkrieges hatten die Deutschen eine ausreichende Menge Enigma-Maschinen hergestellt, um die Ausstattung der Wehrmacht damit beginnen zu können. Im Laufe der Zeit überspannte dann ein mit Enigma-verschlüsselten Funksignalen betriebenes Nachrichtennetz das ganze von den Nationalsozialisten beherrschte Europa, vom Ärmelkanal bis zur Wolga. Da die Marine bei der Belieferung Vorrang genoß, waren schon bei Kriegsbeginn jedes Überwasserschiff und jedes U-Boot mit einer Schlüsselmaschine ausgerüstet.

Die englischen Horchstellen konnten ihr pausenloses Geschnatter auf den Funkwellen hören, das jedoch kein erkennbares System aufzuweisen schien. Denn die Kommandostellen der Marine änderten die Anfangseinstellung alle 24 Stunden (und das deutsche Oberkommando der Wehrmacht hatte den verschiedenen Teilstreitkräften verschiedene Grundeinstellungen zugewiesen). Trotzdem waren die Briten entschlossen, die in den Enigma-Kasten verpackten Geheimnisse zu entschleiern.

Diese beängstigende Aufgabe fiel der Government Code and Cipher School (Regierungsanstalt für das Schlüsselwesen) zu, welche inoffiziell nach ihren Anfangsbuchstaben die Golf, Cheese and Chess Society (Golf-, Käse und Schach-Gesellschaft) genannt wurde. Ein Haufen winziger Büros in dem aus viktorianischer Zeit stammenden hübschen Backsteinschlößchen in Bletchley Park in der Grafschaft Buckinghamshire bildete ihre Unterkunft – gut 100 Kilometer vom nächsten für eine Invasion brauchbaren Strand entfernt. Dort und in einer Gruppe von Wellblechhütten, die das Hauptgebäude umgaben, mühte sich ein Stab hervorragender Fachleute aus den Universitäten von Oxford und Cambridge, Mathematiker, Sprachwissenschaftler, Schachexperten und Kreuzworträtselzauberer endlose Monate lang mit dem deutschen Schlüsselsystem ab.

Die Spur führte nach Polen und in die Zeit um 1920 zurück, eine Zeit, während der in Europa Frieden herrschte, und die Enigma-Maschine, eine

Neuheit auf dem Markt, brauchbar zum Beispiel für vertrauliche Geschäftsmitteilungen, wie irgendein anderes Gerät frei gekauft werden konnte. Eine davon kaufte der polnische Geheimdienst. Im folgenden Jahrzehnt entwikkelten polnische Erfinder, die mit der Enigma arbeiteten, eine andere Maschine, die sie „Bombe" nannten, eine Art Vorläufer eines Computers, der ihnen Berechnungen ermöglichte, mit denen man die Walzeneinstellungen der Enigma bestimmen konnte. Mit der „Bombe" gelang es den Polen zumindestens gelegentlich, den Sinn der Sprüche auf den zahlreichen deutschen Funklinien zu erkennen, als in den dreißiger Jahren die Nazis an die Macht kamen.

Im Juli 1939 gefährdete die sich abzeichnende Bedrohung durch die Nazis die gesamte Existenz Polens. Gerade noch rechtzeitig – nur wenige Wochen bevor die Deutschen in Polen einmarschierten und damit den Zweiten Weltkrieg begannen – reiste eine Gruppe polnischer Geheimdienstleute auf Anweisung ihrer Regierung nach Frankreich. Mit sich führten sie die Konstruktionszeichnungen der „Bombe", eine Bedienungsanleitung sowie eine in Polen gebaute Kopie der Enigma. In Paris übergaben sie ihr unbezahlbares Gepäck dem Chef des französischen Nachrichtendienstes, der seinerseits damit nach London reiste. Im Victoria-Bahnhof traf er seinen britischen Kollegen, der wiederum die Gegenstände den erwartungsvoll geöffneten Händen in Bletchley Park überreichte.

Zu dieser Zeit war das neueste deutsche Modell, die Enigma M, schon so vielseitig geworden, daß es eine Unzahl Schaltkreise für Schlüsselkombinationen aufnehmen konnte, die die verschiedenen Einheiten benötigten. Allein der Marine waren 13 Schaltkreise zugeteilt (später sollte sie über 40 verfügen), welche, wie die Briten im Laufe der Zeit erkannten, mit je einem Kennwort bezeichnet wurden. „Ägir" hieß der Schlüssel für Überwasserschiffe in fremden Gewässern, „Tetis" galt für die U-Bootausbildungseinheiten in der Ostsee, „Hydra" war den Einsatzbooten zugeteilt. Die „Bombe" konnte sie durchaus nicht voll entziffern, sie blieb lediglich Werkzeug, mit dem man beginnen konnte, in die Geheimnisse der Enigma einzubrechen. Ein Abteilungsleiter in Bletchley Park erinnerte sich: „Wir kamen uns vor wie Pygmäen vor einem Drachen. Wir spürten das Zittern eines Nervs, die Anspannung eines Muskels, und dann wandte sich der riesige Kopf einer neuen Beute zu."

Den Männern des englischen Nachrichtendienstes wurde bald klar, daß der einzig gangbare Weg, „Hydra" zu entschlüsseln, über den Erwerb einer modernen Ausführung der Enigma führte, vollständig mit der derzeit gültigen Walzenausgangsstellung, den geheimen Schlüsselbüchern für „Hydra" und den dazugehörigen Geheimunterlagen. An die Kommandanten der Kriegsschiffe der Royal Navy erging daher Befehl, jede Möglichkeit zu nutzen, deutsche Marineschiffe mit ihren Funkunterlagen unbeschädigt zu erbeuten. Stück für Stück halfen kleine Beutezüge, durchgeführt auf eroberten Schiffen, deren Besatzungen nicht mehr Zeit fanden, alle Geheimsachen zu zerstören, die Einzelteile des „Hydra"-Puzzles richtig zusammenzusetzen. Im Februar 1940 fiel U 33 einem britischen Schiff in die Hände, dabei wurden drei Enigma-Walzen erbeutet. Im März 1941 kaperte ein anderes britisches Schiff einen bewaffneten deutschen Fischdampfer, was den Entzifferern eine weitere Enigma-Walze eintrug. Am 7. Mai schließlich brachte ein drittes britisches Kriegsschiff ein deutsches Wetterschiff auf – und mit ihm ein Schlüsselbuch, das einige der Enigma-Einstellungen für die nächsten drei Monate enthielt. Und nur zwei Tage später fiel den Briten eine Prise in die Hände, deren Wert unschätzbar war.

Das Opfer war kein anderer als Kapitänleutnant Fritz-Julius Lemp, der Mann, der den ersten Torpedo in diesem Krieg geschossen und damit im September 1939 den Passagierdampfer *Athenia* versenkt hatte. Jetzt, mehr als eineinhalb Jahre später, verfolgte Lemps U 110 vor der Südküste

Grönlands einen stark gesicherten, nach Osten fahrenden Geleitzug. U 110, ein brandneues U-Boot des Typs IX, befand sich auf seiner ersten Feindfahrt. Um 11.59 Uhr fuhr Lemp einen getauchten Angriff auf das Geleit und traf mit einem Fächerschuß von drei Torpedos zwei Frachtschiffe. Der Nachglanz der Glücklichen Zeit war noch nicht ganz erloschen, und Lemp verhielt sich zu selbstsicher. Anstatt schleunigst abzulaufen, hielt er sich auf Sehrohrtiefe, um die Wirkung der Torpedotreffer an seinen Opfern zu beobachten. Innerhalb von ein oder zwei Minuten sichtete die Geleitkorvette *Aubretia* das Sehrohr, schlug sofort zu und warf zehn Wasserbomben. Durch Tieftauchen und harte Kursänderung um 90 Grad nach Steuerbord entging Lemp den Explosionen. Der ASDIC-Strahl der *Aubretia* hielt ihn jedoch unbarmherzig fest, und etwa 20 Minuten nach dem ersten kam der zweite Wasserbombenangriff, der das U-Boot über das Heck auf mehr als 100 Meter Tiefe absacken ließ, bevor Lemp Befehl gab, die Haupttauchtanks auszublasen.

Bei der *Aubretia* hatten sich inzwischen zwei weitere Sicherungsfahrzeuge eingefunden, die warteten und beobachteten, wie das Unterseeboot aus der Tiefe aufstieg und die Wasseroberfläche durchbrach. Dann eröffneten sie aus allen nur einsatzfähigen Rohren das Feuer. Lemp und viele seiner Männer sprangen ins Wasser. Andere wurden getroffen, als sie sich aus dem Turm von U 110 drängten. Korvettenkapitän A. J. Baker-Cresswell raste mit dem Zerstörer *Bulldog* herbei, um zu rammen, erkannte aber plötzlich, daß es vielleicht möglich wäre, das Unterseeboot zu kapern. Mit „Äußerster Kraft zurück" brachte er die *Bulldog* 100 Meter vor dem im

Der britische Zerstörer „Bulldog" setzt am 9. Mai 1941 vor der grönländischen Küste ein Beiboot aus, um ein Prisenkommando auf das beschädigte U 110 zu bringen. Der Kommandant des U-Bootes, Fritz-Julius Lemp (unten), hatte die Enigma-Schlüsselmaschine nicht zerstört. Ihre Erbeutung verhalf den Briten zu einem der folgenschwersten Durchbrüche des Krieges auf dem Gebiet der Funkaufklärung.

Wasser dümpelnden U-Boot zum Stehen und befahl sofort: „Boot mit bewaffneter Besatzung aussetzen!" Ein Enterkommando, bestehend aus Unterleutnant David Balme und acht Mann, die mit Gewehren, Pistolen und Handgranaten bewaffnet waren, ruderte zum U-Boot.

In der kurzen Zeit seit Verlassen von U 110 hatte Lemp seiner wehrlos im Wasser treibenden Besatzung Mut zugesprochen. Üblicherweise wurden in einem kampfunfähig gewordenen Unterseeboot Sprengladungen angebracht, die die Versenkung des Bootes besorgten. Aus unbekannten Grunde zündeten die Ladungen diesmal nicht. Als Lemp bewußt wurde, daß alle seine Kodebücher und Schlüsselunterlagen, Gitternetzkarten mit Eintragungen und sonstige Sonderausrüstung, einschließlich der Enigma-Schlüsselmaschine, dem Feind in die Hände fallen würden, scheint er verzweifelte Maßnahmen ergriffen zu haben.

Es ist nie bekanntgegeben worden, was ihm in den nächsten Augenblikken wirklich zustieß. Nach einer absichtlich unbestimmt gehaltenen Darstellung, welche die Briten nach dem Krieg veröffentlichten, als die volle Bedeutung dieser Beute noch streng gehütetes Geheimnis war, soll Lemp seine Arme hochgeworfen und Selbstmord durch Ertrinken begangen haben. Ein späterer Bericht, der wahrscheinlicher klingt, besagt jedoch, Lemp sei zum U-Boot zurückgeschwommen – vielleicht in der aussichtslosen Hoffnung, die Sprengladungen noch aktivieren zu können. Als er versuchte, wieder an Bord zu klettern, sei er von einem Matrosen des britischen Enterkommandos erschossen worden. Sicher ist nur, daß er nicht aus dem Wasser geborgen wurde. So endete einer der angriffsfreudigsten U-Bootkommandanten des Dritten Reiches – und leistete bei seinem Tode unbeabsichtigt einen nicht unbeträchtlichen Beitrag zur schließlichen Niederlage seines Vaterlandes.

Das britische Enterkommando fand im Inneren des verlassenen Unterseebootes eine gespenstische Szenerie vor. In dem naßkalten Dunkel brannten die blauen Notlampen. „Überjacken lagen herum, die Kojen waren unaufgeräumt", schrieb Unterleutnant Balme. In demselben Seegebiet warfen andere Geleitsicherer Wasserbomben auf weitere U-Boote. „Im Boot herrschte Totenstille", fuhr Balme fort, „außer dem fortgesetzten Donnern der Wasserbomben unserer eigenen Schiffe." Schall ist im Wasser fünfmal lauter als in der Luft, und die Schockwellen trafen den U-Bootkörper wie Schläge mit einem riesigen Hammer. Balme berichtete: „Das war ein sehr unerfreulicher Klang, vor allem wenn die Explosionen näher kamen." Auch bestand die gräßliche Möglichkeit, daß die Wasserbomben die Sprengladungen in U 110 zum Detonieren bringen könnten.

Die Entergruppe verlor keine Minute. Balme suchte sofort die Seekarten und Schlüsselunterlagen, während ein Signalgast im Funkraum daranging, die schwere Schlüsselmaschine abzubauen. Die britischen Seeleute bildeten eine Kette und gaben das wertvolle Gerät und die Dokumente vorsichtig von Hand zu Hand die Turmleiter hinauf, über das glitschige Deck, in das Beiboot. Nach vier Stunden angespannter Arbeit war die Bergung vollendet. U 110 wurde ins Schlepp genommen, sank aber an einem der nächsten Tage.

Am 12. Mai lief die *Bulldog* mit den Überlebenden des U-Bootes und mit zwei großen Behältern voll Enigma-Material in Scapa Flow ein, das jetzt, 19 Monate nach Priens Eindringen, wieder der Hauptstützpunkt der britischen Heimatflotte war. Sofort kamen Offiziere des geheimen Marinenachrichtendienstes an Bord, prüften jedes erbeutete Stück und lichteten jede Seite der Dokumente sorgfältig ab. Einer von ihnen gab dem Geschehen mit typisch britischer Untertreibung Ausdruck: „Das ist es, wonach wir gesucht haben."

400 Mann waren Augenzeugen der Erbeutung von U 110 und seiner Enigma-Maschine gewesen, die es dem britischen Nachrichtendienst in Bletchley Park zu guter Letzt möglich machte, die deutschen Funksprüche zu lesen. Obgleich wohl nur wenige begriffen hatten, was aus dem U-Boot

herausgenommen worden war, mußte allein schon die Tatsache der Kaperung des Bootes vor den Deutschen geheimgehalten werden, die nicht erkennen sollten, daß die Sicherheit ihrer Verschlüsselung verletzt worden war. Alle Männer erhielten Befehl, nicht über den Vorfall zu sprechen. Während des Krieges hat nicht einer der 400 auch nur ein Sterbenswörtchen darüber verlauten lassen. Das war an sich schon eine großartige Leistung, denn die sich bald einstellenden alliierten Erfolge wurden nur möglich, weil Dönitz und sein Stab nicht die geringste Ahnung hatten, daß die Engländer am Schlüsselloch lauschten. Tatsächlich wurde die ganze Angelegenheit für etwa 30 Jahre geheimgehalten, bevor die Alliierten die Verschlußsachen freigaben.

Die britische Regierung gab ihrer Dankbarkeit in geziemender Form Ausdruck. Korvettenkapitän Baker-Cresswell wurde sofort zum Kapitän zur See befördert, und König Georg VI. verlieh ihm und allen seinen Männern eine Kriegsauszeichnung. Allerdings mußten sie schwören, niemandem zu enthüllen, wofür sie diese erhalten hatten.

Das Enigma-Material, das eiligst von Scapa Flow nach Bletchley Park gebracht wurde, erwies sich als Gottesgeschenk. Die Schlüsselmaschine war komplett, mit allen bis Ende Juni reichenden Tageseinstellungen für eine dreimonatige Feindfahrt des U-Bootes. Mit ungeheurer Schnelligkeit drangen die Dechiffrierer in den „Hydra"-Kode der U-Boote ein. Nach nur einer Woche konnten sie den Einsatzfunkverkehr der U-Boote lesen, manchmal fast so schnell wie die deutschen Funker, die ihn aufnahmen. Es war, als ob man nach einem Leben in Taubheit plötzlich mit der Fähigkeit zum Hören gesegnet wäre. Der U-Bootkrieg trat in eine neue Phase ein. Der Lebenszyklus eines U-Bootes wurde jetzt zu einem offenen Buch. Alles – die Standorte eines U-Bootes, seine Ziele, oft sogar sein Bestand an Treibstoff und die Anzahl seiner Torpedos, die ihm für Angriffe noch zur Verfügung standen – wurde enthüllt.

Die Briten nutzten ihre neue Waffe in einem System, welches in seiner Einfachheit die Wirksamkeit kaum erkennen ließ. Das Netzwerk an Horchstationen, die den Funkverkehr fremder Staaten in der ganzen Welt überwachten – Y-Dienst genannt –, leitete die verschlüsselten Funkmeldungen der Unterseeboote an Bletchley Park weiter. Dort wurden sie entschlüsselt, übersetzt und dann über Fernschreiber der U-Bootüberwachungsstelle übermittelt, deren Aufgabe darin bestand, jegliche Information bezüglich deutscher Marineunternehmen zu sammeln, zu analysieren, mit anderen Meldungen zu vergleichen und an die zuständigen Stellen zu verteilen. Dieses lebenswichtige Anhängsel der Operativen Ausbildungsabteilung des Marinenachrichtendienstes lag im Herzen Londons, tief im Untergrund vergraben, unter dem Betonbunker „Zitadelle" der Admiralität.

Dort gelangte die Information in den Aufgabenbereich eines der unbesungenen Helden des Krieges, des unbekannten jungen ehemaligen Rechtsanwalts Rodger Winn, Reserveoffizier des britischen Marinenachrichtendienstes, eines humpelnden Mannes mit verkrümmter Wirbelsäule. Zusammen mit wenigen Kollegen in Großbritannien – später auch in Amerika – überwachte Winn die Bewegungen der deutschen Unterseeboote als Leiter eines Unternehmens, das so verschiedenartige Bezeichnungen trug wie „Special Intelligence" (Sondernachrichtendienst), „Z" oder „Fred." Churchill nannte die Nachrichten, die Winns Gruppe lieferte, „goldene Eier". Dieser wertvollste Teil aller Feindnachrichtengewinnung erhielt zu guter Letzt den Namen „Ultra" (von „Ultra-Geheim", noch geheimer als „Streng Geheim"). Weitergegeben an die Einsatzführung zur sofortigen Einleitung von Kampfmaßnahmen, waren die Ultra-Informationen nichts weniger als eine kriegsentscheidende Waffe.

Selbstverständlich traten auch Schwierigkeiten auf. Die Briten besaßen die Maschine erst neun Monate, als sie nicht mehr zu funktionieren schien.

Die Enigma-Schlüsselmaschine ermöglichte dem deutschen Schlüsselpersonal durch einfaches Auswechseln der Walzen und verschiedene Ausgangsstellungen den Schlüssel für die zwischen Schiff und Land gewechselten Funksprüche zu ändern. Die Maschine konnte jeden Text in eine fast unendlich große Zahl von Buchstabenkombinationen umsetzen.

Im Lageraum des Kommandos über die westlichen Zufahrtswege in Liverpool – dem Nervenzentrum der Gegenoffensive gegen die Bedrohung durch U-Boote – überwachen Flaggoffiziere und ihre Stäbe den Seekrieg. Alliierte Aufklärungsmeldungen mit deutschen entschlüsselten Funksprüchen kombinierend, bestimmten die Arbeitsgruppen die Standorte aller wichtigen Schiffe – eigener wie feindlicher – auf einer 24 mal 10 Meter großen Tafel.

Wieder waren alle Funksprüche ein unverständliches Kauderwelsch. Ursache war, wie sich herausstellte, die Einführung eines neuen Modells der Enigma bei der deutschen Marine am 1. Februar 1942. Da ohnehin die Umrüstung im Gange war, hatte Dönitz auch die Schlüsseleinstellung „Hydra" durch eine andere, namens „Triton", ersetzt. Bletchley Park arbeitete fast ein Jahr, bis auch Triton entschlüsselbar war. Wie dies genau geschah, ist nie bekanntgegeben worden. Aber während dieser verhängnisvollen Zwischenzeit stiegen die alliierten Verluste an Schiffsraum in katastrophalem Umfang an. Während des ersten Vierteljahres 1942, als der Wechsel noch nicht vollständig durchgeführt war, betrugen die alliierten Verluste 800 000 Tonnen. Im folgenden Quartal erreichten sie fast die doppelte Höhe, nämlich 1,4 Millionen Tonnen. Und sie stiegen für den Rest des Jahres noch weiter an.

Aber gegen Ende 1942, als Winn und seine Gruppe wieder in der Lage waren, den Funkverkehr der U-Boote zu verfolgen, verfügten die Alliierten schon über die massierte Kraft, um mit voller Wucht gegen die U-Boote loszuschlagen. Etwa um diese Zeit erhielt das britische Küstenfliegerkommando die ersten in Amerika gebauten und speziell umgerüsteten Liberator-Flugzeuge, deren Reichweite bis zu 1300 Kilometern reichte. Somit konnten sie die mittelatlantische Lücke schließen, in der bislang die U-Boote ihre Erfolge ohne Gegenwehr aus der Luft einheimsten. Überdies besaß die Marine der Vereinigten Staaten inzwischen ein eigenes, mit Ultra-Nachrichten versorgtes U-Bootlagezentrum, das engste Zusammenarbeit mit der Gruppe um Winn pflegte.

Trotzdem mußte Bletchley Park noch mit gelegentlich auftretenden Störungen kämpfen. Im März 1943, gerade als sich die Geleite SC-122 und HX-229 versammelten, um ihre unter einem schlechten Stern stehende Überfahrt nach Großbritannien anzutreten, tauschten die U-Boote ihre Schlüsselmaschinen gegen einen noch neueren Typ, die Enigma-M4 um, ausgerüstet mit vier Walzen anstatt der bisherigen drei. Während der wenigen entscheidenden Tage, in denen die Geleitzüge in die Falle der U-Bootrudel stolperten, war Winns Überblick durch die sich aus dem Austausch ergebenden Schwierigkeiten bei der Entschlüsselung getrübt. In weniger als zwei Wochen beherrschte Bletchley Park allerdings auch den M4-Schlüssel – eine bemerkenswerte Leistung des Dekodierwesens. Die Ergebnisse stellten sich fast sofort ein. Im April errangen die U-Boote fast überhaupt keine Erfolge. Der Mai, in dem Bletchley Park die Fährte wieder voll aufgenommen hatte, wurde bei den Deutschen als „der Monat der verlorenen U-Boote" berüchtigt.

Die ersten Schläge fielen in den Anfangstagen jenes blutigen Monats. Ein aus 20 U-Booten gebildetes Rudel lag mit nur je 7 Seemeilen Abstand zwischen den Booten quer über dem Kurs des nach Osten fahrenden Geleites ONS-5 auf der Lauer. Das Rudel stand 450 Seemeilen östlich des grönländischen Kap Farvel in schwerer See zwischen treibenden Eisbergen. Der Geleitzug umfaßte 37 Handelsschiffe und wurde von zwei Zerstörern, einer Fregatte, vier Korvetten und zwei Fischdampfern als Rettungsschiffe gesichert. Auf dem weiteren Weg des Geleites standen noch elf Unterseeboote in Reserve. Die U-Bootkommandanten wußten allerdings nicht, daß den Alliierten aus dem Ultra-Netzwerk eine Vorwarnung bezüglich des Hinterhaltes zugegangen war und daß sie bereits fünf Zerstörer zur Verstärkung der Sicherung aus St. John's auf Neufundland hatten auslaufen lassen. Später stießen noch das Geleitboot *Pelican,* drei weitere Fregatten und ein Kutter zum Geleitzug.

Am 4. Mai flaute der bisher in Sturmstärke wehende Wind so weit ab, daß Flugboote der kanadischen Luftwaffe die Luftdeckung über dem Geleit fliegen konnten. Eines von ihnen griff auch prompt U 630 an und versenkte das U-Boot mit Bomben. Bei Einbruch der Nacht schlugen die U-Boote zu und versenkten fünf Frachtschiffe. Gegen Morgen ließen die Kämpfe für kurze Zeit nach, nur um bei vollem Tageslicht am 5. Mai wiederaufzuleben, als die Korvette *Pink,* emsig mit dem Einsammeln von Nachzüglern beschäftigt, U 192 in Sicht bekam und versenkte. Im Laufe dieses Tages wurden noch vier weitere Frachter torpediert, und in der Nacht des 5. Mai griffen die U-Boote nach den Worten des Geleitführers „aus jeder Richtung, außer genau von vorne“ an.

Das Ende war tragisch – für die Angreifer. Die Korvette *Loosestrife* verfolgte und versenkte U 638, der Zerstörer *Vidette* setzte eine neue Waffe, Hedgehog (Igel), ein, um U 125 zu vernichten. Hedgehog war ein Werfer mit 24 Rohren, der kleine Bomben in bestimmter Verteilung vor den Bug des angreifenden Schiffes schoß, wenn das zum Ziel genommene U-Boot noch vom ASDIC-Ortungsstrahl erfaßt war. Abweichend vom Prinzip der Wasserbomben, die in einer vorher eingestellten Tiefe explodierten, zündeten die Hedgehog-Bomben nur beim Auftreffen auf den Bootskörper des Unterseebootes. Nur kurze Zeit später sichtete der Zerstörer *Oribi* das sich leise aus einer nahen Nebelbank schleichende U 531 und versenkte es durch Rammstoß. Schließlich kam um 4 Uhr morgens die Geleitzugschlacht zum Ende, als U 438 vom Geleitboot *Pelican* mit Wasserbomben angegriffen wurde und versank.

Als sich die U-Boote aus der Schlacht zogen, ließen sie zwölf sinkende Handelsschiffe hinter sich. Das Rudel selbst hatte aber sechs U-Boote verloren – und ein zusätzliches siebentes, das noch vor der Schlacht auf dem Anmarsch zum Treffpunkt von einer Flying Fortress (Fliegenden Festung) bombardiert worden war. Rein nach dem Zahlenverhältnis gerechnet, hatten die U-Boote wieder einen Sieg davongetragen. Aber die amerikanischen Werften stellten inzwischen monatlich 140 Frachter her, und ein solcher Zermürbungskrieg war etwas, was die U-Boote nicht lange durchstehen konnten.

Ein oder zwei Wochen später verlor ein aus 17 U-Booten gebildetes Rudel beim Angriff auf den von Halifax kommenden, aus 38 Schiffen bestehenden Geleitzug SC-130 sechs seiner Boote, ohne ein einziges Frachtschiff versenken zu können. Unter den U-Bootmännern, die damals starben, befand sich Dönitz' Sohn Peter, Besatzungsmitglied auf U 954. Die von Ultra vorgewarnten Geleitzüge fuhren ihre Zickzackkurse um die Standorte der U-Bootrudel herum. Mit jedem Tag nahm die Bedrängnis der U-Boote zu. Bis Ende dieses schrecklichen Mai gingen insgesamt 41 Boote verloren, die meisten wurden von Flugzeugen versenkt, die mit neuen Geräten auftraten – Ortungsanlagen, die aus der Luft das Magnetfeld getauchter U-Boote ausmachen konnten, und akustischen Torpedos, die, vom Flugzeug abgeworfen, ihren Weg zu den getauchten Unterseebooten durch Einsteuerung auf die Schraubengeräusche fanden.

Überfallen aus dem Himmel, angegriffen auf der Wasseroberfläche, in den Tiefen der See bedrängt von Wasserbomben und Torpedos, hatten die U-Bootfahrer jetzt mit einem Ausmaß an Gefahren zu kämpfen, wie sie es vorher nie gekannt hatten. Jahre später veröffentlichte Oberleutnant zur See Herbert Werner, der auf U 230 fuhr, die Beschreibung einer solchen Geleitzugschlacht aus der Sicht des Unterseebootmannes.

„0955. Ein Schrei in meinem Rücken: ‚Flugzeug!‘ Ich sah die einmotorige Maschine aus den Wolken auf uns herabstürzen. Die Überraschung war vollkommen.

„‚Alarrrrm!‘ Wir stürzten Hals über Kopf in den Turm. Das Boot reagierte sofort und schnitt schnell unter. Vier kurze Explosionen. Das Wasser um uns herum bebte, barst, brüllte. Das Boot zitterte, bäumte sich auf – und schoß dann mit fünfziggradiger Vorlastigkeit in die Tiefe . . . Als die Notbeleuchtung aufflackerte, schaute ich in die erstaunten Augen der Leute . . . Von woher war das kleine Flugzeug gekommen?

Wächter über die Geleitzüge

Mit dem Mikrophon in der Hand leitet Walker seine U-Jäger.

Der Kapitän der Royal Navy F. J. Walker schrieb 1942 über seine Erfahrungen bei der Geleitsicherung: „Die beste Verteidigung bleibt die Vernichtung des Gegners.“ Zu dieser Zeit war Walkers Recht, sich über seine Aufgabe deutlich zu äußern, schon unbestritten. Mit 21 Versenkungen wurde er schließlich der erfolgreichste U-Bootjäger des Krieges. Lange Jahre waren seine im Ersten Weltkrieg als Leutnant auf einem Zerstörer gewonnenen Ansichten über die Bekämpfung von U-Booten jedoch auf wenig Zustimmung gestoßen. Er war als Einzelgänger verschrien, 1938 wurde ihm sogar die Beförderung zum Kapitän zur See vorenthalten.

Im Jahre 1941 erhielt er endlich das Kommando über eine Sicherungsgruppe und setzte seine Auffassung sofort in die Tat um. Er begnügte sich nicht damit, Geleitfahrzeuge als nur defensive Puffer zu sehen, sondern führte am Tage das zwar riskante, aber auch erfolgreiche Verfahren ein, Sicherungsfahrzeuge auf die aktive Jagd nach georteten U-Booten zu schicken, selbst wenn er das Geleit dadurch zeitweilig seines Schutzes entblößte. Griff ein U-Bootrudel während der Nacht an, nahmen seine Sicherungsfahrzeuge eine vorher festgelegte Formation ein, in der jedes Schiff einen ihm zugewiesenen Sektor mit Wasserbomben abdeckte und über die Absetzwege der U-Boote Leuchtgranaten schoß.

Walkers Taktiken zahlten sich schnell aus. Bereits auf einer seiner ersten Unternehmungen im Atlantik im Jahre 1941 leitete er die Vernichtung von vier Unterseebooten in nur fünf Tagen. Danach wurden seine Verfahren in der ganzen Royal Navy eingeführt.

„1035. U 230 ging auf Sehrohrtiefe. Ein sorgfältiger Rundblick mit unserem Luftzielsehrohr ließ kein Flugzeug erkennen. Wir tauchten mit hoher Fahrt auf. Die Jagd ging weiter.

„1110. Ich erspähte ein Glitzern von Metall, hoch über uns in den Wolken. Eine Maschine setzte zum Sturzflug an.

„‚Alarrrrm'. Fünfzig Sekunden später belehrten uns vier harte Detonationen, daß der Pilot auch ein guter Bombenschütze war. Die Druckwellen schüttelten das Boot, es prasselte, krachte, bellte . . .

„1125. Aufgetaucht. Wir schäumten vorwärts, immer vorwärts, und hängten uns an die Ausläufer des Geleits . . . Trotz der lauernden Gefahr aus der Luft karrten wir weiter gegen die Spitze des Geleits.

„1142. ‚Flugzeug – Alarrrm . . .!'"

U 230 stürzte in die Tiefe. Vier gewaltige Aufschläge peitschten den Druckkörper. Im Laufe des Nachmittages griffen Flugzeuge noch viermal das Unterseeboot an, dabei zweimal so überraschend, daß es nicht mehr rechtzeitig tauchen konnte.

Von einem der Angriffe berichtet Werner: „Die anfliegende Maschine wuchs im Bruchteil von Sekunden zu einem Ungetüm. Da stürzte sie auch schon auf uns nieder und feuerte aus allen Bordkanonen in unsere offene Brücke. Das Boot drehte nur langsam an. Ich drückte verzweifelt auf den Abzug meiner 2-cm-Kanone – Versager. Rocher brüllte vor Wut – Versager. Dann klinkte die Maschine ihre Bomben aus. Ich sah die schwarzen Koffer auf mich zufallen; die Maschine zog hoch, schoß tief über unsere Brücke und jagte heiße Abgase in unsere Gesichter. Dann vier Explosionen. Vier Fontänen entlang unserer Steuerbordseite. Die harten Schläge warfen uns zur Seite. Dann brachen die Geyser über uns zusammen." Dieses Flugzeug flog nach Abwurf aller Bomben ab, aber das nächste erschien etwa eine Stunde später auf der Bildfläche.

Ein Matrose des britischen Zerstörers „Hesperus" malt sorgfältig eine U-Bootsilhouette an die Seite des Ruderhauses und bringt damit die Erfolgsliste auf den letzten Stand: fünf vernichtete U-Boote im Mai 1943. Die alliierten Streitkräfte versenkten in diesem Monat in immer besser koordinierten Angriffen auf See und aus der Luft insgesamt 41 deutsche Unterseeboote.

„Zu spät zum Tauchen. Die einmotorige Maschine kam im Tiefflug und in gerader Linie über unsere Hecksee auf uns zugeschossen. Wieder fingerte ich an meiner Kanone, wieder war sie verklemmt. Ich stieß mit dem Stiefel gegen das Magazin – da hackte sie los, stockte wieder . . . Nur langsam schwang das Boot nach Steuerbord – aber genug, um den Anflug um wenige Meter zu vereiteln. Die Maschine röhrte voraus, drehte zu neuem Anflug an, unser Boot schwang träge nach Backbord – da war die Maschine heran, kam mit Genauigkeit von rechts voraus dahergeschossen, tief und schnell . . . Plötzlich begann der Motor der Maschine zu spucken, sie schwankte, berührte mit einem Flügel den Kamm einer Welle, krachte dann mit voller Wucht in die nächste, schmetterte das Ende eines Flügels gegen unsere Aufbauten und brach im Schaum der Welle entzwei. Ich sah, wie der Pilot aus der Maschine geschleudert wurde, sah noch im Vorbeirauschen, wie er den Arm hob und um Hilfe winkte, und sah dann, wie er von den Explosionen seiner vier Bomben, die für uns bestimmt gewesen waren, zerrissen wurde."

Werner glaubt sich zu erinnern, daß sein Unterseeboot während dieses kampferfüllten Nachmittags Notrufe von drei anderen Booten des Rudels, von U 89, U 186 und U 456, auffing. Alle drei Boote waren getroffen worden und sanken. „Mit Schaudern", schrieb Werner später, „stellte ich mir vor, was uns zustoßen würde, wenn der Bootskörper aufgerissen war." Um 16.38 Uhr erreichte U 230 endlich die Position, aus der heraus es den Geleitzug angreifen konnte.

„Rohr eins bis fünf fertig zum Unterwasserschuß", kommandierte Oberleutnant zur See Paul Siegmann, die Augen am Sehrohr. Dann schrie er plötzlich auf: „Runter mit dem Boot, L. I., runter um Gottes Willen, Zerstörer in Rammlage, runter auf 200 Meter."

Das U-Boot tauchte hinunter, und der Wasserbombenangriff setzte ein. Die Bomben fielen in Salven von je 24 Stück, alle 20 Minuten lagen die den

Druckkörper durchschüttelnden Explosionen einer neuen Serie um das Boot. Weiter und weiter ging das Unterwasserbombardement.

„2000. Wir saßen hilflos unter einer Wassersäule von 265 Metern . . . Die Bilgen verbreiteten einen üblen Gestank, waren von Seewasser, Urin und Öl überflutet. Unsere Waschräume waren verschlossen. Die Öffnung eines Außenbordverschlusses hätte das Boot sofort überflutet. Büchsen, halb gefüllt mit Treibstoff, wurden herumgereicht, damit sich die Männer erleichtern konnten . . . Der Gestank von Exkrementen, Dieselöl und Schweiß vermischte sich mit dem üblen Geruch der Batteriegase. Die zunehmende Feuchtigkeit schlug am Druckkörper nieder, rann in die Bilgen, tropfte von Röhren und durchnäßte unsere Kleidung. Um Mitternacht erkannte Siegmann, daß die Briten nicht die Absicht hatten, die Bombardierung einzustellen. Er befahl Kalipatronen zu verteilen, um das Atmen zu erleichtern und Sauerstoff zu sparen." Zweck des Kaliums war, das Kohlendioxyd aus der Atemluft für die Besatzung herauszufiltern. „Bald hatte jeder eine der großen Metallbüchsen umgeschnallt. Mit einem Gummischlauch zwischen den Zähnen und einer Nasenklemme im Gesicht sahen wir aus wie Ungeheuer von einem anderen Planeten. Und weiterhin hockten wir und warteten, warteten . . ."

Das Wasserbombenwerfen setzte sich den ganzen nächsten Tag, den 13. Mai und Werners Geburtstag, fort. „Ich fragte mich, ob es mein letzter sein würde." Die ganze Nacht hindurch donnerten die Explosionen. „Gegen Mitternacht waren wir auf eine Tiefe von 280 Metern gesunken, und das Boot fiel noch weiter, schneller, unaufhaltsam. Ich schleifte mich durch den Mittelgang, und stieß einen Mann hier und schüttelte einen Mann dort, zwang sie so, wach zu bleiben. Wer jetzt einschlief, hatte keine Chance, wieder aufzuwachen."

Erst in der Morgendämmerung des 14. Mai, rund 35 Stunden nach Beginn des Angriffs, gaben die Sicherungsschiffe auf und liefen ab. Um 4.30 Uhr tauchte U 230 auf. „Noch gefühllos von der mörderischen Schlacht und steif von der Kälte der Tiefe, zogen wir Bilanz", erinnerte sich Werner. „Drei Boote unserer Gruppe waren versenkt worden. Dem Verlust standen über einhundert alliierte Schiffe gegenüber, die an uns vorbeigepflügt waren. Wir konnten mit ziemlicher Sicherheit annehmen, daß damit über 700 000 Tonnen Kriegsmaterial die Britische Insel erreichen würden. Das war in der Tat ein nicht sehr ermutigendes Bild."

Großadmiral Dönitz wußte, was seine Männer auszuhalten hatten. Er litt mit ihnen, fühlte sich aber immer noch verpflichtet, sie voran zu treiben. SEID IM KAMPF HART UND RÜCKSICHTSLOS, ermahnte er sie. GREIFT AN UND VERSENKT, VERSCHWENDET KEINEN GEDANKEN AN TREIBSTOFFVORRAT. Nachdem er den nördlichen Geleitzugsweg mit vier U-Bootrudeln in gestaffelten Auffanglinien besetzt hatte, funkte Dönitz: MIT 31 U-BOOTEN KANN UND MUSS ETWAS ERREICHT WERDEN. Nichts wurde erreicht. Als wiederum ein Geleit ohne einen einzigen Verlust durch das Netz der U-Boote zu schlüpfen drohte, ließ Dönitz funken: DAS GELEIT MUSS UNBEDINGT WIEDERGEFUNDEN WERDEN. TUT EUER BESTES. HEUTE NACHT MUSS DER ERFOLG KOMMEN. Der Erfolg kam jedoch nicht, und ein enttäuschter Dönitz konnte nur feststellen: WIR HABEN KEINE ERKLÄRUNG FÜR DEN FEHLSCHLAG.

Schließlich fand der Großadmiral so etwas wie eine Erklärung, die er allen U-Booten mitteilte: UNSERE SCHWEREN U-BOOTVERLUSTE DES LETZTEN MONATS SIND IN ERSTER LINIE DER DERZEITIGEN ÜBERLEGENHEIT DER FEINDLICHEN ORTUNGSGERÄTE UND DER ÜBERRASCHUNG AUS DER LUFT ZUZUSCHREIBEN, DIE DIESE GERÄTE ERMÖGLICHT HABEN. MEHR ALS DIE HÄLFTE UNSERER GESAMTVERLUSTE SIND DURCH DIESE ÜBERRASCHUNG ENTSTANDEN.

Auf der Suche nach den unbekannten Ursachen der bekannten Wirkungen stellten Dönitz und seine Fachleute fruchtlose Überlegungen an, wie die alliierten Ortungsgeräte wohl arbeiteten. Konnte der Feind irgendeine

Erfaßt vom Scheinwerferstrahl des Schiffes „George W. Campbell" der amerikanischen Küstenwache, wird die Besatzung von U 606 mit einem Feuerhagel überschüttet. Bei einem Rudelangriff auf einen atlantischen Geleitzug im Februar 1943 versenkte die „Campbell" das U-Boot, wobei 36 Mann von dessen Besatzung fielen. Der Kriegsmaler Anton Otto Fischer fuhr damals auf der „Campbell" und hat das Geschehen im Bild festgehalten.

vom U-Boot erzeugte Strahlung auffangen – Infrarot, Wärmewellen, elektronische Ausstrahlungen verschiedener Art? Selbst den ausgefallensten Hinweisen wurde nachgegangen. Oberleutnant zur See Hans-Helmuth Bugs auf U 629 vermutete, die Alliierten setzten in raffinierter Weise ein seltsames neues Luftfahrzeug ein. Er meldete, sein Boot sei querab von einer fliegenden Scheibe angeflogen worden, die weiß, rot und gelb blinkte.

Am Ende schrieb die U-Bootführung ihre erschreckenden Verluste dem Radar zu und war so überzeugt, die wahre Lösung gefunden zu haben, daß sie alle anderen Möglichkeiten verwarf. Als der Verdacht, die Alliierten könnten den Funkverkehr der U-Boote mitlesen, auch nur geäußert wurde – was ja tatsächlich der Fall war –, spotteten Dönitz' Fachleute über eine derartige Vorstellung. „Ein Einbruch in unsere eigene Verschlüsselung kommt nicht in Betracht", stellte ein Bericht des Führungsstabes der Unterseeboote kategorisch fest. „Unsere Schlüsselverfahren wurden geprüft und wieder geprüft", schrieb Dönitz, „und bei jeder Gelegenheit hielt der Leiter der Marinefunkaufklärung an seiner Meinung fest, es sei unmöglich, sie zu entziffern."

Der „Triton"-Kode für die U-Boote wurde daher beibehalten, die Briten und Amerikaner lasen weiterhin den deutschen Funkverkehr mit, und noch mehr U-Boote wurden versenkt. Nachdem acht von 33 gegen zwei Konvois angesetzte U-Boote verlorengegangen waren, ohne daß ein einziger Torpedo geschossen werden konnte, sandte Dönitz am 24. Mai 1943 an alle

Unterseeboote einen folgenschweren Funkbefehl. Sie sollten sich von den Geleitzugrouten im Nordatlantik auf weniger gefährdete Positionen im Süden zurückziehen. Vorgeblich war die plötzliche Verlegung nur ein taktischer Rückzug, der ermöglichen sollte, neue Waffen und bessere Verteidigungsmaßnahmen einzuführen. In Wirklichkeit aber bedeutete sie, daß Deutschland, das 45 Monate seinen Vorsprung im U-Bootkrieg hatte halten können, nun seine Vormachtstellung auf See verlor.

Die Mehrzahl der deutschen militärischen Führer – Adolf Hitler eingeschlossen – erkannte nicht, wie stumpf die U-Bootwaffe geworden war. In einer Konferenz mit Dönitz, nur eine Woche später, stimmte Hitler, der einst, als sie die Entscheidung hätten bringen können, der Marine eine ausreichende Anzahl U-Boote verweigert hatte, der Ankurbelung des Baus von Unterseebooten zu. „Von einer Einstellung des U-Bootkrieges kann keine Rede sein", betonte der Führer. „Der Atlantik ist meine erste Verteidigungslinie im Westen. Selbst wenn ich dort einen defensiven Krieg führen muß, ist er dem Zuwarten, bis ich mich an der Küste Europas verteidigen muß, vorzuziehen. Unser U-Bootkrieg bindet gewaltige Feindkräfte, selbst wenn die tatsächlichen Verluste, die wir ihnen zufügen, nicht mehr groß sind. Ich kann es mir nicht leisten, diese Kräfte durch Einstellung des U-Bootkrieges freizusetzen."

Dönitz' U-Bootflotte sollte den ihr aufgetragenen Kampf noch weitere zwei Jahre fortsetzen, doch tat sie es von diesem Zeitpunkt an ohne die geringste Aussicht auf einen Sieg. Innerlich schien Dönitz einige böse Vorahnungen zu haben, behielt sie notwendigerweise aber für sich, bis der Krieg vorbei war. Rückblickend schrieb er: „Die Frage war, ob die U-Bootwaffe die bittere Notwendigkeit eines Kampfes, bei dem es keine großen Erfolge mehr zu erringen gab, einsehen und diesen Einsatz selbstlos und opferbereit auf sich nehmen würde."

Sie tat es – bis zum letzten Augenblick. In den schrecklichen Monaten des Sterbens, die den U-Booten noch bevorstanden, wurden ihre Unternehmen getragen von der Hingabe ihrer Kommandanten und dem vorzüglichen Geist ihrer Besatzungen. Unterstützt allerdings auch durch die Tatsache, daß viele U-Bootmänner zu dieser Zeit nur noch wenig besaßen, wofür sich zu leben lohnte. Ihre Heimatstädte waren ausgebombte Trümmerhaufen geworden, überrannt von feindlichen Armeen. Ihre Familien und Freundinnen gehörten zu den zahllosen getöteten Zivilpersonen. Anonyme Anschläge in den Ruinen entsprachen ihren eigenen Empfindungen: UNSERE STÄDTE GEHEN UNTER, UNSERE MAUERN BERSTEN, NIE ABER BRECHEN UNSERE HERZEN. Beurlaubte U-Bootmänner, die in der Heimat feststellen mußten, daß ihr Zuhause nicht mehr existierte, brachen den Urlaub nach kurzer Zeit ab und eilten zurück auf ihre Boote, zu den Kameraden der Besatzung – zurück in die einzige Welt, der sie sich noch zugehörig fühlten. Der Tod schien ihnen so unausweichlich wie die Nacht. Und seit April fanden täglich die Besatzungen von zwei bis drei U-Booten den Tod.

Viele Kommandanten waren scharfe Beobachter der menschlichen Psyche. Einer davon war Kapitänleutnant Wolfgang Lüth, mit 43 Versenkungen und 225 712 Tonnen vernichteten Schiffsraums der zweiterfolgreichste U-Bootkommandant des Krieges. Bei einer Zusammenkunft von Marineoffizieren 1943 in Weimar erläuterte er in einem Vortrag einige seiner Hilfen, um die Kampfmoral der Besatzung aufrechtzuerhalten. Er ließ seine Männer durch das Sehrohr blicken oder abwechselnd auf die Brücke kommen, damit sie einen sinkenden Dampfer, einen blasenden Wal oder das Nordlicht hoch am Himmel sehen konnten. Er verfaßte eine Bordzeitung, veranstaltete Schachwettkämpfe, Wettbewerbe um die Meisterschaft im Erzählen von Lügengeschichten, im Reimen witziger Verse oder im Singen. Erster Preis war eine zusätzliche Freiwache, zweiter Preis für einen Mann des seemännischen Personals das Anlassen eines Dieselmotors und

Das Ölgemälde von Norman Wilkinson zeigt ein britisches Sunderland-Flugboot, das unbeirrt durch das ihm entgegenschlagende Abwehrfeuer zum Angriff auf eine Gruppe U-Boote ansetzt. Mit einer Reichweite von fast 5000 Kilometern und starker Bewaffnung mit Wasserbomben, Bomben und Maschinengewehren spielte die Sunderland in dem Luftkrieg, den die Alliierten 1943 gegen die U-Boote zu führen begannen, eine wesentliche Rolle.

für einen Mann der technischen Gruppe das Fahren des Bootes für kurze Zeit von der Brücke, als wäre er Kommandant. Lüth förderte Vorschläge für Verbesserungen an Bord und ließ Vorträge halten über den Atlantik, seine Klimazonen und seine Tierwelt, den Golfstrom, fliegende Fische oder die Passatwinde. Zu Weihnachten zündete die Besatzung Kerzen auf Ersatztannenzweigen an, gefertigt aus zusammengedrehten Handtüchern und grünem Klosettpapier. Im Bugtorpedoraum überreichte ein mit einem Bettlaken ausstaffierter Weihnachtsmann jedem Mann der Besatzung ein paar Süßigkeiten und ein Buch mit persönlicher Widmung.

Ungehorsam war selten, und Lüth fand es nur in wenigen Fällen angebracht, zu Strafmaßnahmen zu greifen – glücklicherweise, gab es doch auf einem U-Boot keine Möglichkeit, einen Mann einzusperren, und nur sehr wenige Mittel, seine sonstigen Freiheiten einzuschränken. Bei Verstößen gegen die Disziplin entzog Lüth in einigen Fällen dem Untergebenen die Koje und ließ ihn zur Strafe drei Tage ohne Decken und Matratze im Bugraum auf den blanken Decksplatten schlafen. Nur in einem Fall ging er soweit, dem Mann anzudrohen, er würde ihn am Ende der Feindfahrt in ein Strafbataillon an der Ostfront abschieben. Nie verlor er jedoch das Zutrauen

Heimgekehrt von der Jagd, tastet sich ein U-Boot vorsichtig an den verbunkerten Liegeplatz in Saint-Nazaire heran. Die U-Bootbunker in den Häfen am Golf von Biscaya besaßen eine 5 Meter starke Stahlbetondecke, die selbst den schwersten Bomben der Alliierten widerstand.

zu seiner Besatzung. Er meinte: „Es ist Pflicht jedes Kommandanten, Vertrauen zu seinen Männern zu haben, selbst wenn sie ihn das eine oder andere Mal enttäuscht haben."

Solches Vertrauen trug viel dazu bei, die Kampfmoral zu erhalten. Die vereinten Abwehrkräfte, welche die U-Boote nach ihrem Rückzug aus den nordatlantischen Geleitzugwegen von allen Seiten bedrängten, konnte es jedoch nicht zurückschlagen. Die Alliierten hatten die Verantwortlichkeit für die verschiedenen Kriegsschauplätze unter sich aufgeteilt, und während des Sommers 1943 trugen im gesamten Südatlantik die Amerikaner die Hauptlast der U-Bootbekämpfung. Seit sie im Vorjahr in ihren eigenen Hoheitsgewässern die demütigenden Niederlagen hatten hinnehmen müssen, waren die U-Bootabwehrkräfte der neuaufgestellten amerikanischen Zehnten Flotte erheblich verstärkt, verbessert und vollständig reorganisiert worden. Nun forderten sie von den U-Booten, die westlich der Azoren ein neues lohnendes Einsatzgebiet finden wollten, einen brutalen Blutzoll. Dönitz hatte die Leistungsfähigkeit der Flugzeugträger als Geleitschutz nicht richtig eingeschätzt.

Geleitsicherungsträger schlossen jetzt die mittelatlantische Lücke, die landgestützte Flugzeuge nicht decken konnten. Trägerflugzeuge der Typen Wildcat und Avenger, mit Ultra-Meldungen aus dem amerikanischen U-Bootlagezentrum auf die Fährte der Boote gesetzt, griffen diese mit Bomben, Wasserbomben, Torpedos und Maschinenkanonen an. Von 489 ab Januar 1943 auf See versenkten U-Booten fielen 93 den Streitkräften der Vereinigten Staaten mit direkter oder indirekter Unterstützung durch Ultra zum Opfer. Der amerikanische Angriff war so durchschlagend, daß Dönitz es untragbar fand, weiterhin Gruppen von U-Booten zu versammeln, und gezwungen wurde, sie statt dessen einzeln einzusetzen. Die Tage des Wolfsrudels waren vorbei.

Selbst dann verblieben noch zwei neuralgische Punkte, an denen die Alliierten U-Boote zuhauf finden konnten. Einer war die Umgebung der Versorgungs-U-Boote, der Milchkühe, wo sich die Kampfboote zur Übernahme des auf ihren langen Südatlantikfahrten so lebenswichtigen Treibstoffs zusammendrängten *(S. 124–129)*. Bis Oktober 1943 hatte die Marine der Vereinigten Staaten die gesamte U-Tankerflotte praktisch ausgelöscht und damit das Operationsgebiet der U-Boote drastisch eingeschränkt.

Der andere kritische Ort war die Biscaya, die alle U-Boote passieren mußten, um zu ihren Stützpunkten in Frankreich zu gelangen. Kaum hatten sich die Unterseeboote aus dem Nordatlantik zurückgezogen, da eilten bereits starke britische Abwehrkräfte in das Seegebiet vor Frankreichs Küste, um konzentriert auf den Durchfahrtsrouten zu wirken. Im Juli 1943 wurde hier mit 18 vernichteten U-Booten der Höhepunkt erreicht. Bis Anfang August betrugen die Gesamtverluste 41 Unterseeboote.

Damals war die U-Bootführung am Ende ihrer Weisheit angelangt. „Tauchen ist tödlich", ermahnte Dönitz seine Kommandanten. Er argumentierte, die Geschwindigkeit eines angreifenden Flugzeuges erlaube, auf ein wegtauchendes U-Boot ein oder zwei Bomben zu werfen, bevor dieses die für ein Entkommen notwendige Tiefe erreicht habe. Besser sei es, aufgetaucht zu bleiben und zu kämpfen. Die U-Boote versuchten, die Biscaya in Gruppen zu durchfahren, denn sie hofften, daß die zusammengefaßte Kraft ihrer Flakgeschütze genügend Wirkung bringe, um die Flugzeuge zu vertreiben. Als sich auch diese Taktik als Fehlschlag erwies, wurde ihnen befohlen, durch die küstennahen Gewässer um Spanien nach Hause zu schleichen. Aber selbst für die U-Boote, denen es gelang, den alliierten Jägern in der Nähe ihrer Stützpunkte zu entrinnen, gab es keine Atempause. Selbst aus der so weit entfernten Amazonasmündung funkte Kapitänleutnant Gerhard Thäter von U 466 seine Klage, die durchaus als allgemeingültig angesehen werden konnte: LUFTÜBERWACHUNG WIE IM GOLF VON BISCAYA, TAG UND NACHT RADAR. Im Jahre 1943 wurden insgesamt nicht weniger als 237 U-Boote versenkt.

Saint-Nazaire liegt im Bombenhagel amerikanischer Flugzeuge. Im Frühjahr 1943 wurden täglich Luftangriffe gegen die Häfen an der Biscaya geflogen. Am Ende der Luftoffensive bemerkte Admiral Dönitz: „Kein Hund, keine Katze ist in diesen Städten übriggeblieben. Nur die U-Bootbunker stehen noch."

Allem in diesem verhängnisvollen Jahr über seine einst so stolze Streitkraft hereingebrochenen Unglück zum Trotz hegte Dönitz noch Hoffnungen auf eine Wiederbelebung der Macht der U-Boote. Offensichtlich gab es für ein U-Boot nur einen Weg, den Luftangriffen zu entgehen – getauchtes Fahren über längere Zeiträume. Ab Januar 1944 stand den Deutschen auch die technische Lösung des Problems zur Verfügung. Sie hatten die wahrscheinlich bedeutsamste ihrer vielen Weiterentwicklungen des Unterseebootes eingeführt: den Schnorchel *(S. 161)*.

Der Schnorchel war ein langes Rohr, ähnlich einem Sehrohr, durch das Luft von der Oberfläche angesaugt wurde. Das U-Boot konnte damit auf Sehrohrtiefe, in etwa 14 Metern, mit Dieselmotoren fahren und seine Akkumulatoren aufladen. Sicher, auch der Schnorchel hatte seine Grenzen. Während eines Angriffs konnte das Boot seine Dieselmotoren nicht laufen lassen, weil ihr Lärm vom Feind leicht aufgefaßt werden konnte. Auch durfte das getauchte U-Boot mit Diesel nicht mehr als sechs Knoten Fahrt machen, da bei höherer Geschwindigkeit das Kielwasser des Schnorchelkopfes an der Wasseroberfläche zu auffällig wurde. Immerhin verminderte der einfache und billige Schnorchel drastisch die Gefahr der Ortung aus der Luft und schenkte den U-Booten eine neue Lebensfrist. Wie das amerikanische U-Bootlagezentrum berichtete: „Es war halbwegs eine Revolutionierung des U-Bootkrieges, ein gradueller, aber nicht grundsätzlicher Unterschied, eine Entwicklungsstufe auf dem Weg der Wandlung vom Tauchboot zu einem echten Unterwasserkreuzer."

Die Fertigung von Schnorcheln und ihr Einbau auf den vorhandenen U-Booten erhielt in der Marine höchste Priorität. Trotzdem ging die Umrüstung quälend langsam vonstatten, und von den 61 in den Stützpunkten an der Biscaya stationierten U-Booten waren Anfang Juni 1944 weniger als die Hälfte Schnorchelboote. Damals standen die Alliierten bereit, ihre gewaltige Invasion an der Küste der Normandie ins Werk zu setzen. Und am 6. Juni, als die Landung anlief, kam kein einziges U-Boot nahe genug an die Invasionsflotte heran, um einen Torpedo zu schießen.

Es war allgemein bekannt, daß sich auf alliierter Seite ein Großunternehmen zusammenbraute. Die deutsche Marine und das Oberkommando der Wehrmacht waren jedoch völlig im unklaren, wo die Landung stattfinden würde. Selbst als schon 5000 alliierte Schiffe den Kanal überquerten, hielt Dönitz, der befürchtete, es handele sich um ein Ablenkungsmanöver, seine Boote in den Häfen der Biscaya zurück, um die Entwicklung abzuwarten. Erst am Abend des Invasionstages liefen 15 U-Boote, acht davon mit Schnorchel ausgerüstet, aus Brest aus. Ihr vom Großadmiral formulierter Einsatzbefehl besagte: „Das Boot, das dem Feinde bei der Landung Verluste beibringt, hat seine höchste Aufgabe erfüllt und sein Dasein gerechtfertigt. Auch wenn es dabei bleibt."

Ihre Aussichten auf Erfolg waren verschwindend gering. Ständige, mit starken Kräften durchgeführte Luftaufklärung und Seeüberwachung riegelten die Zugänge zum Invasionsgebiet an beiden Seiten des Kanals ab. Von den aus Brest ausgelaufenen U-Booten ohne Schnorchel kehrten nur drei im Laufe der Zeit zum Stützpunkt zurück – eines davon so stark beschädigt, daß sein Leitender Ingenieur mehr als 500 größere Reparaturarbeiten anforderte. Den Schnorchelbooten erging es etwas besser, doch auch sie waren großen Schwierigkeiten ausgesetzt. Bei der Intensität der Luftangriffe und den außerordentlichen Schwierigkeiten, in den flachen Gewässern des Kanals mit ihren starken Gezeitenströmen zu schnorcheln und zu navigieren, betrug die durchschnittliche Marschgeschwindigkeit über Grund nur eineinhalb Knoten. Erst mehrere Tage nach Beginn der Invasion gelang es einem einzigen U-Boot, bis in das Landungsgebiet vorzustoßen. Bevor es vertrieben wurde, konnte es ein Panzerlandungsschiff versenken. Bis Ende August wurden weitere 22 Fahrzeuge auf den Grund geschickt. Dies blieben aber die einzigen Erfolge der U-Bootflotte bei ihrem ebenso heldenhaften wie hoffnungslosen Versuch, Hitlers erste Verteidigungslinie im Westen zu bilden.

Bis Ende Juni wurden zwölf U-Boote versenkt, und die Boote ohne Schnorchel waren für immer aus den Seegebieten um Großbritannien vertrieben. Es zeichnete sich ab, daß auch die U-Bootstützpunkte demnächst von den vordringenden alliierten Heeren überrannt sein würden. Dönitz befahl seinen U-Booten, die französischen Häfen zu räumen und sich auf norwegische Stützpunkte zurückzuziehen. Um allerdings die Überführung mit irgendeiner Aussicht auf Erfolg durchführen zu können, mußte vorher jedes Boot mit Schnorchel ausgerüstet werden. Die Verlegung nahm daher viel Zeit in Anspruch. Die sich in den U-Bootstützpunkten abspielenden Szenen gaben einen Vorgeschmack von Deutschlands endgültiger Auflösung. Deutsche Zivilpersonen versuchten, Besatzungen zu bestechen, um mitgenommen zu werden; Etappenoffiziere des Heeres forderten arrogant Unterbringung ihrer französischen Mätressen und Mitnahme ihrer privaten Bestände an Wein und Champagner; weinende französische Kollaborateure mußten mit Waffengewalt daran gehindert werden, die U-Boote zu stürmen, um dem ihnen drohenden Schicksal zu entrinnen. Immerhin lief das letzte U-Boot am 23. August aus Bordeaux aus, womit die Unterseeboote Frankreich endgültig verlassen hatten.

Bis zum Winter 1944/45 hatte sich die Mehrzahl der 349 U-Boote in den norwegischen Stützpunkten Bergen und Drontheim eingerichtet. Und – so unglaublich es klingt – Dönitz plante, aus diesen nebelerfüllten nördlichen Fjorden einen verzweifelten, umfassenden Angriff, den er den „Totalen Unterwasserkrieg" nannte, in dieselben Seegebiete vor den britischen Küsten vorzutragen, aus denen die deutschen Seestreitkräfte schon so ungestüm vertrieben worden waren.

U-Bootkommandanten, die vor dem neuen Unternehmen zum Großadmiral befohlen wurden, fanden ihn sehr verändert vor. Er bewohnte jetzt ein scharf bewachtes Hauptquartier in den Kiefernwäldern östlich von Berlin, sah gealtert aus, in seiner Haltung gedrückt, und sprach eintönig. Alles stand in scharfem Gegensatz zu seinem frischen, knappen Stil früherer Jahre. Sie fanden ihn jedoch so entschlossen wie immer. In seiner

Ein altes Gerät, das neue Hoffnungen weckte

Der Schnorchel, der getauchten U-Booten ermöglichte, Frischluft anzusaugen, war weder eine deutsche Erfindung noch etwa eine neue Idee. Schon im Jahre 1897 lief in einem primitiven amerikanischen Unterseeboot die Verbrennungsmaschine unter Wasser weiter, wenn Luft von der Oberfläche durch einen Schlauch angesaugt wurde. Die Beweglichkeit des U-Bootes war jedoch stark eingeschränkt, denn das obere Ende des Schlauches wurde mittels eines Floßes über Wasser gehalten.

In den dreißiger Jahren dieses Jahrhunderts experimentierte die niederländische Marine mit Luftrohren, die verschließbar waren, wenn die U-Bootfahrer tiefer tauchen wollten und ihre Dieselmotoren abstellten. Als die Deutschen die Niederlande überrannten, fanden sie diese Schnorchel und begannen 1943 – veranlaßt durch die sich verschlechternde Lage zur See – ähnliche Geräte herzustellen. In den von den Alliierten beherrschten Seegebieten hatte ein mit Schnorchel ausgerüstetes U-Boot eine Überlebenschance – wenn vielleicht auch nur das.

Normalerweise hielt sich ein solches U-Boot bei Tage in einer Tiefe von ungefähr 50 Metern auf, um nicht entdeckt zu werden. Bei Anbruch der Nacht tauchte es dann bis kurz unter die Oberfläche auf und fuhr den Schnorchel aus, bis dessen Kopfventil eben über die Wellen ragte. Auf den Booten des Typs VII war der Schnorchel umklappbar; der Typ XXI besaß schon ein ausfahrbares Modell. Beim Auftauchen gab ein Schwimmerventil den Luftstrom frei, der über einen Lüfter ins Boot gesogen wurde. Die Dieselmotoren wurden angelassen und die Batterien des U-Bootes für die nächste tiefgetauchte Unterwasserfahrt aufgeladen.

Schnorcheln erforderte ein Fahren mit Umsicht und Behutsamkeit. Tauchte das U-Boot zu tief unter die Oberfläche, dann schloß sich das Kopfventil, und die Diesel saugten die Luft aus dem Boot. Der entstehende Unterdruck konnte das Trommelfell der Männer schädigen. Lief hingegen das Boot zu flach, konnte der Schnorchel entdeckt werden, was einen Hagel von Wasserbomben nach sich zog.

Theoretisch brauchte ein mit Schnorchel ausgerüstetes U-Boot in See niemals aufzutauchen; ein Unterseeboot legte eine Feindfahrt von 69 Tagen nur getaucht zurück. Allerdings hielten nur wenige deutsche Kommandanten ihre Boote auch nur annähernd so lange unter Wasser; diejenigen, die den Schnorchel hatten, zogen aber den höchstmöglichen Nutzen daraus.

Auf den U-Booten des Typs XXI überragte das Sehrohr den Schnorchel, damit das Blickfeld uneingeschränkt blieb. Ansaugrohr und Auspuff hatten getrennte Rohre, die im Schnorchelkopf verbunden waren, um ihnen mehr Halt zu geben. Der Schnorchelkopf trug eine Beschichtung aus synthetischem Gummi, die Radarstrahlen verschluckte und somit die Ortung des Bootes durch den Feind erschwerte.

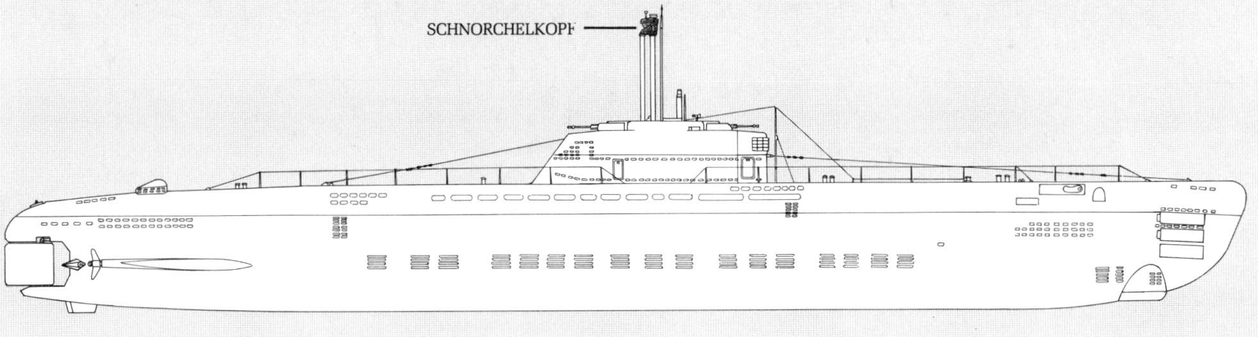

Ansprache erinnerte er sie an das Beispiel des Kommandanten der preußischen Festung Graudenz, G. R. Courbière, der sich im Jahre 1807 geweigert hatte, vor den Franzosen zu kapitulieren. Als ihm mitgeteilt wurde, weiterer Widerstand sei sinnlos, weil das Königreich Preußen nicht mehr bestehe, erwiderte der Mann in aller Ruhe: „Dann gibt es den König von Graudenz, denn ich kenne keine andere Pflicht, als diese Festung zu verteidigen.“ Mitten im Zusammenbruch seiner Hoffnungen und Erwartungen gelang es Dönitz irgendwie immer noch, seine U-Bootmänner mit Kampfgeist zu erfüllen. „Wir glaubten, wir vertrauten, und wir fuhren weiter“, erinnerte sich einer der Kommandanten.

Dönitz' Pläne für den Totalen Unterwasserkrieg stützten sich auf die Tatsache, daß zwei neue Typen von Wunderbooten jetzt in Dienst gestellt wurden – die Elektroboote der Typen XXI und XXIII. Beide besaßen große Akkumulatoren, deren Kapazität ihnen gestattete, länger als die früheren U-Boote und mit höherer Geschwindigkeit unter Wasser zu fahren. Die schweren alliierten Luftangriffe zerstörten jedoch die deutschen Verkehrsverbindungen und durchtrennten damit die Wege, auf denen die vorgefertigten Sektionen der Boote transportiert wurden, wodurch wiederum die Ablieferung an die Marine sich verzögerte. Bis Weihnachten 1944 war es den deutschen Werften gelungen, 90 der großen, schlanken Boote vom Typ XXI und 31 des winzigen Typs XXIII, der nur zwei Torpedos tragen konnte, fertigzustellen. Noch mit anderen Hemmnissen mußte die Marine kämpfen. In der stark verminten Ostsee wurde es schwierig, die Besatzung auf diese Hochgeschwindigkeitsboote umzuschulen, die stark spezialisierte Tätigkeiten erforderten. Nicht vor dem 29. Januar 1945 konnte das erste Boot des Typs XXIII zu einer Einsatzfahrt auslaufen. Es gelang ihm bald, vor der Nordostküste Englands ein Frachtschiff zu versenken. Im Februar und März waren fünf weitere XXIIIer Boote für den Verlust von noch sechs Feindschiffen verantwortlich – nach vielen Monaten der erste Hoffnungsschimmer für die Deutschen.

Es wurde fast Ende April, bis der Typ XXI in See ging. Das Boot wurde von Korvettenkapitän Adalbert Schnee geführt, einem begabten und erfolgreichen U-Bootkommandanten, der schon 1942 mit dem Eichenlaub zum Ritterkreuz ausgezeichnet worden und seitdem im Stabe von Dönitz tätig war. Jetzt war ihm das Kommando über U 2511 übertragen, ein hochkompliziertes Waffensystem, das allen Ansprüchen moderner Unterseebootskriegführung gerecht wurde und eine enorme Verbesserung des Kampfwertes der U-Bootwaffe mit sich brachte.

U 2511 war fast doppelt so groß wie der alte Typ VIIC. Es besaß einen stromlinienförmigen Schiffskörper, geräumige Besatzungsunterkünfte und sogar einen Tiefkühlschrank für Lebensmittel. Mit Knopfdruck konnten in nur 12 Minuten alle sechs Torpedorohre automatisch wieder geladen werden (auf den alten Booten nahm das Wiederladen eines Torpedorohres zwischen 10 und 20 Minuten in Anspruch), und bis zu 18 Torpedos konnten in einem Zeitraum von nur 20 Minuten aus einer Tiefe von 45 Metern abgeschossen werden. Seine Unterwasserhorchanlage konnte bis zu 45 Seemeilen entfernte Schiffe ausspüren. Es konnte ungefähr 200 Meter tief tauchen, somit um 20 Meter tiefer als die älteren Unterseeboote, und erreichte eine Unterwassergeschwindigkeit von 16,5 Knoten, war also doppelt so schnell wie seine Vorläufertypen. Der Typ XXI war das kompromißlose Unterseeboot – absolut tödlich und kaum verwundbar. Endlich verfügte Dönitz über eine Waffe, die jedem Gegner gewachsen war.

Aber es war zu spät. Das Boot von Schnee blieb das einzige U-Boot vom Typ XXI, das jemals in See ging. Am 30. April 1945 beging Hitler Selbstmord. Als seinen Nachfolger im Amt des Staatsoberhauptes hatte er keinen anderen bestimmt als den Befehlshaber der U-Boote und Oberbefehlshaber der Kriegsmarine, Großadmiral Karl Dönitz. Nun übernahm

Ein angsterfüllter junger U-Bootmann wird aus dem Atlantik geborgen, nachdem sein U-Boot von der angriffsfreudigen kanadischen Fregatte „Swansea" Ende 1944 verfolgt und vernichtet worden war. Als in der Atlantikschlacht die Alliierten die Initiative gewonnen hatten, stellten die U-Jäger fest, daß ihre Gegner mit immer jüngeren, unerfahrenen und den Schrekken des U-Bootkrieges nicht gewachsenen Besatzungen bemannt wurden.

Dönitz zum ersten Mal in seiner beruflichen Laufbahn eine Last der Verantwortung, weit schwerer als die bislang für den U-Bootkrieg im Atlantik getragene. Doch Dönitz war klargeworden, daß weiterer Widerstand völlig zwecklos sei. Am 4. Mai, vier Tage nach seiner Amtsübernahme, sandte Dönitz um 15.14 Uhr seiner geliebten Flotte folgenden Funkbefehl: ALLE U-BOOTE – AB SOFORT SICH JEGLICHER ANGRIFFSHANDLUNG ENTHALTEN UND RÜCKMARSCH ANTRETEN. DÖNITZ. Am nächsten Tag erhielten die U-Boote von ihrem Befehlshaber die letzten Abschiedsworte:

„Meine U-Bootmänner! Sechs Jahre U-Bootkrieg liegen hinter uns. Ihr habt gekämpft wie die Löwen. Eine erdrückende Materialübermacht hat uns auf engstem Raum zusammengedrängt. Von der verbleibenden Basis aus ist eine Fortsetzung unseres Kampfes nicht mehr möglich. U-Bootmänner! Ungebrochen und makellos legt ihr nach einem Heldenkampf ohnegleichen die Waffen nieder. Wir gedenken in Ehrfurcht unserer gefallenen Kameraden, die ihre Treue zu Führer und Vaterland mit dem Tod besiegelten. Kameraden, bewahrt euren U-Bootgeist, mit dem ihr lange Jahre hindurch tapfer und unbeirrt gekämpft habt, auch in Zukunft zum Besten unseres Vaterlandes. Es lebe Deutschland! Euer Großadmiral."

Der U-Bootkrieg, der längste aller Kämpfe des Zweiten Weltkrieges, hatte sein Ende gefunden.

Am 7. Mai, dem Tag der bedingungslosen Kapitulation Deutschlands, funkte Dönitz an die U-Boote den Befehl, aufzutauchen, ihren Standort zu melden und sich in die von den Alliierten bestimmten Häfen zu begeben. In der folgenden Nacht verschoß Kapitänleutnant Emil Klausmeier, mit U 2336 auf seiner ersten Feindfahrt als Kommandant, weil er den Funkbefehl von Dönitz nicht erhalten hatte, den letzten Torpedo des U-Bootkrieges und versenkte damit einen kanadischen Frachter vor der Ostküste Schottlands. Das Schiff war das letzte Opfer des Seekrieges.

Während der nächsten Wochen gehorchten die meisten U-Boote widerwillig und langsam dem Kapitulationsbefehl von Dönitz *(S. 166–171)*. Kaum mehr als 14 Tage nach der Kapitulation traf am 23. Mai Dönitz persönlich die Rache des Gegners. Ein schwerbewaffneter Zug britischer Soldaten brach in die Morgenbesprechung an seinem Regierungssitz bei Flensburg ein und brüllte: „Hände hoch!"

In einem vorbedachten Akt öffentlicher Entehrung mußten sich alle anwesenden Deutschen, einschließlich Dönitz, völlig entkleiden und wurden einer genauen körperlichen Durchsuchung unterworfen. Vorgeblich suchte man nach Zyankali-Giftkapseln. Nach dem Wiederankleiden wurden sie mit den Händen auf dem Kopf unter Bewachung in den Hof geführt. Dort photographierten und filmten mehr als 60 Reporter aus den alliierten Staaten die Gefangenen, deren Unterkünfte derweil durchsucht und geplündert wurden. Dann pferchte man sie auf bereitstehenden Lastwagen zusammen. Unter Bedeckung von 30 bis 40 gepanzerten Fahrzeugen schaffte man sie mit großer Eile in Gefangenenlager – Dönitz zu seinem Gerichtsverfahren als Kriegsverbrecher.

In dem großen Nürnberger Justizpalast saßen Dönitz und 20 andere führende Persönlichkeiten des Dritten Reiches für fast ein Jahr – von November 1945 bis Oktober 1946 – auf der Anklagebank des Internationalen Militärgerichtes, das mit acht britischen, amerikanischen, französischen und russischen Richtern besetzt war. Während der ganzen Zeit schien es sehr wahrscheinlich, daß Dönitz am Strang enden würde. Als das Verfahren am 1. Oktober 1946 endete, standen die ersten zehn Angeklagten einzeln auf, um Urteilsspruch und Strafzumessung zu vernehmen. Jeder einzelne wurde schuldig gesprochen und zum Tode durch Erhängen verurteilt. Dann erhob sich Karl Dönitz. Von der Anschuldigung, den Krieg geplant zu haben, wurde er freigesprochen. Hingegen wurde er schuldig befunden, den Krieg geführt zu haben – was er ja in der Tat getan hatte – und zusätzlich in zwei sehr nebensächlichen Anklagepunkten schuldig gesprochen: Er hatte Hitlers Kommandobefehl nicht widerrufen, der die sofortige Tötung ohne Gerichtsverfahren aller hinter den deutschen Linien aufgegriffenen Angehörigen von Kommandotruppen erlaubte, und er hatte den Einsatz von Zwangsarbeitskräften auf den deutschen Werften nicht verhindert. Karl Dönitz hörte, er sei zu zehn Jahren Gefängnis verurteilt und verzog schweigend den Mund.

In dem abweisend grauen Gefängnis im Berliner Stadtteil Spandau hielten die Sieger Dönitz zehn Jahre lang gefangen. Während dieser ganzen langen Zeit hielt sich in ihm noch ein Funke des Mannes am Glimmen, der in dem einen Krieg selbst auf U-Booten gefahren war und sie in dem nächsten hinaus auf See geschickt hatte. Wie im Ersten Weltkrieg hatte auch die U-Bootwaffe von Dönitz das Ende des Zweiten Weltkrieges nicht in verächtlicher Unterwerfung, sondern im Geist trotziger Kapitulation hingenommen. Tatsächlich war sie ja auch der einzige Teil der deutschen Wehrmacht, der nicht besiegt worden war.

In beiden Kriegen waren die U-Boote dem Punkt gefährlich nahegekommen, an dem Großbritannien zum Einlenken gezwungen gewesen wäre. Obwohl sie im Zweiten Weltkrieg eine geringere Anzahl Schiffe versenkt hatten (2828 gegenüber 4837 im Ersten Weltkrieg), war doch mehr feindlicher Schiffsraum vernichtet worden (14,5 Millionen Tonnen gegenüber 11 Millionen Tonnen im Ersten Weltkrieg).

Im Verlauf dieses zweiten großen Kampfes hatte der standfeste Mut von Dönitz' U-Bootmännern die Bewunderung selbst ihrer erbittertsten Feinde gewonnen. Keine Zwangsmaßnahmen waren notwendig gewesen, sie zu veranlassen, mit ihren eisernen Särgen in See zu gehen. Bis an das bittere Ende standen sie unerschütterlich treu zu ihrem Befehlshaber, zu ihrem Vaterland – selbst zu ihrem launischen Führer. Feste Grundlage des Geistes der U-Bootwaffe blieb eine Verbindung ruhiger Hinnahme des Schicksals mit ehernem Pflichtgefühl.

Viel von diesem Geist kam von Dönitz selbst – eine weit und breit anerkannte Tatsache. Während der dunklen Tage seiner Gefangenschaft schrieben ihm mehr als 100 amerikanische Admirale und Kapitäne, um ihm mitzuteilen, er habe Deutschland so gedient wie sie ihren Vereinigten Staaten – ehrenvoll und tapfer kämpfend. Letztlich konnte Karl Dönitz in sich selbst den Rückhalt finden, der ihn aussprechen ließ: „Ich habe mich für nichts zu entschuldigen und würde alles nochmal tun, geradeso wie ich es damals getan habe."

Als Dönitz diese Worte sprach, waren die U-Boote, die er geleitet und umsorgt hatte, schon ihrem endgültigen Schicksal anheimgefallen. Die von den Alliierten überwachten Kapitulationsmaßnahmen hatten 377 Unterseeboote zusammengebracht. Nur zwei Boote befanden sich noch in Freiheit. Eines der beiden war U 977, geführt von Oberleutnant zur See Heinz Schäffer. Zusammen mit vielen seiner Männer hatte er beschlossen, den Ruinen des Krieges für immer den Rücken zu kehren. Sie hofften auf der anderen Seite des Atlantiks ein neues Leben beginnen zu können. Nachdem die verheirateten Besatzungsmitglieder und alle anderen, die sich noch an das unterworfene Vaterland gebunden fühlten, an Land gesetzt worden waren, warf U 977 Anfang Mai in einem norwegischen Fjord die Leinen los und glitt in die See hinaus. Damit begann eine merkwürdige Odyssee, die 104 Tage dauern sollte.

Getaucht schnorchelte das Boot um die nördlichen Ausläufer der Britischen Inseln, an der europäischen Küste nach Süden bis Spanien und an Gibraltar vorbei. In der Nähe der Kapverdischen Inseln tauchte es nach 66 Tagen zum ersten Mal auf. Dann fuhr es nach Westen. Erst als sie weit draußen in See standen, ließ die Wachsamkeit der Besatzung nach. Die Männer hängten ihre Hängematten am Geschütz auf, sonnten sich auf dem

Großadmiral Karl Dönitz, nach dem Selbstmord des Führers als Nachfolger von Hitler das Staatsoberhaupt Deutschlands, wird am 23. Mai 1945 von britischen Soldaten verhaftet und abgeführt. Später schrieb der stoische Dönitz in seinen Erinnerungen: „Im Gefühl der Unausweichlichkeit unseres Schicksals waren meine beiden Kameraden und ich völlig ruhig."

Turm, fuhren an vom Bug geschorenen Leinen Wasserski und sangen Shanties in den tropischen Nächten unter dem Kreuz des Südens. Drei Monate nach Kriegsende, am 17. August 1945, erreichten sie endlich die südamerikanische Küste. Auf Asyl in Argentinien hoffend, näherten sie sich der Hafeneinfahrt im Rio de la Plata und blinkten in Englisch ihr Erkennungssignal: DEUTSCHES UNTERSEEBOOT.

Leider fanden sie nicht den erwarteten freundlichen Empfang. Gleich zu Anfang stellten sie fest, daß sie praktisch im Kielwasser des einzigen sonst noch fehlenden U-Bootes, U 530, eingelaufen waren. Wilde Gerüchte gingen um, Hitler lebe noch und sei aus Deutschland herausgeschmuggelt worden. Was für ein besseres Werkzeug hätte es für eine solche Tat geben können als ein U-Boot. Man berichtete sogar, er sei in der Antarktis abgesetzt worden, wo er bereits ein neues Hauptquartier errichte.

Für Schäffer und seine Bordkameraden war der schöne Traum von einem Leben in der Sonne schnell verflogen. Prompt schaffte man sie nach Washington, wo sie scharf verhört wurden, bis sie ihre Häscher überzeugen konnten, daß alles Gerede um Hitler auf reiner Phantasie beruhte. Später brachte man sie nach Deutschland und entließ sie ohne weitere Umstände aus der Kriegsgefangenschaft. Immerhin bewies ihre traurige Irrfahrt eines: Noch die letzten U-Boote von Dönitz wirkten genau in der ihnen allen eigenen Wesensart – selbst in ihrem allerletzten Bestimmungshafen verbreiteten sie Furcht vor Unheil.

Eine ganze Armada von U-Booten des neuen Typs XXI liegt im Mai 1945 noch auf den Hellingen der Werft Blohm & Voss im bombenzerschlagenen Hamburg – zu spät, um die Alliierten ihre tödliche Macht noch spüren zu lassen. Einen Monat früher waren 120 dieser Boote praktisch fertig für den Einsatz, aber nur ein einziges von ihnen ging jemals auf Feindfahrt.

Kapitulation ohne Niederlage

Auf technisch fortschrittlichen Unterseebooten mit Schnorchel, verbesserter Bewaffnung und neuen Verteidigungsmöglichkeiten bereiteten im Frühjahr 1945 die unerschrockenen Grauen Wölfe der deutschen U-Bootwaffe eine neue Offensive gegen die vordringenden Alliierten vor – aber das Dritte Reich brach um sie herum zusammen. Unbesiegt, jedoch gehorsam wie eh und je befolgten die U-Bootmänner die Befehle und übergaben dem Feind ihre tödlichen eisernen Schiffe. Für die meisten von ihnen war es ein bitterer Augenblick, einigen bot er Anlaß zu einer letzten, wenn auch sinnlosen Trotzreaktion.

Als Großadmiral Dönitz den Befehl zur Feuereinstellung gab, standen 45 U-Boote in See. Am 7. Mai 1945, dem Tage der deutsche Kapitulation, befahl er ihnen, aufzutauchen und die von den Alliierten bestimmten Häfen anzulaufen.

Widerwillig gehorchten während der nächsten Wochen die meisten Boote dem Befehl; 23 gingen in britische Häfen, drei nach den Vereinigten Staaten, vier nach Kanada, zwei nach Argentinien und der Rest nach Norwegen oder Kiel. Zwei U-Boote wurden von ihren Besatzungen vor Lissabon versenkt, eines lief vor Holland auf Grund. Auf U 2511 drang Korvettenkapitän Adalbert Schnee nördlich der Faröer-Inseln in einen englischen Flottenverband ein, nahm einen britischen großen Kreuzer ins Visier, simulierte unentdeckt einen letzten Torpedoangriff und kehrte enttäuscht in seinen Stützpunkt zurück, wo er interniert wurde.

Insgesamt 377 bei Kriegsende in den nordeuropäischen Häfen liegende Unterseeboote erhielten ihre Übergabeanweisungen von der britischen Admiralität. Sie wurden angewiesen, sich aufgetaucht zu bestimmten britischen Ankerplätzen zu begeben. Den Befehl befolgten 156 U-Bootbesatzungen. Die Männer wurden in Kriegsgefangenenlager gebracht, die Mehrzahl ihrer Boote zu einem Ort 50 Kilometer nördlich von Malin Head in der Republik Irland geschleppt und dort versenkt. Die Besatzungen von 221 weiteren U-Booten jedoch beschlossen – unabhängig voneinander –, sich dem Niederlageritual des Feindes zu entziehen, und versenkten ihre Boote.

Ihr Kampf hatte schreckliche Opfer gefordert. Von 1162 in den Jahren 1939 bis 1945 gebauten U-Booten waren 784 verlorengegangen – davon 632 auf See versenkt worden. 40 000 Mann hatten in den Besatzungen der U-Boote gedient, von ihnen waren 28 000 Mann gefallen und 5000 gefangengenommen. Immerhin hatten sie den Punkt fast erreicht, an dem sie Großbritannien besiegt und den Lauf des Krieges geändert hätten. Manches Mal wurden ihr Mut und ihre Hingabe erschüttert, aber versagt haben sie nie. So schufen sie die ruhmvolle Überlieferung einer mächtigen Streitkraft, wie sie in der Seekriegsgeschichte kaum ihresgleichen findet.

Die Besatzung des von Oberleutnant zur See Hermann Neumeister geführten U 291 wendet die Köpfe ab, als ein britischer Photograph das Anlegemanöver ihres U-Bootes in Wilhelmshaven aufnimmt. Im Hintergrund sind andere einlaufende U-Boote zu sehen.

Ein unstarres Luftschiff der U.S. Navy überwacht die Übernahme von U 858 durch amerikanische Soldaten, etwa 13 Seemeilen vor Cape May, New Jersey. U 858 gehörte zu den zehn Unterseebooten, die die USA gemäß interalliierter Abmachung als Kriegsbeute erhielten.

U.S.NAVY

Das nach seiner Übergabe die Themse hinauffahrende U 776 paßt schlecht zu der Ansicht von Big Ben und den Türmen des Parlamentsgebäudes in London. Das U-Boot lag für einige Zeit als Sehenswürdigkeit am Themseufer. Dann wurde es nach Nordirland verbracht und mit mehr als 100 anderen U-Booten versenkt.

Bibliographie

Auten, Harold: *Q-Boat Adventures.* Herbert Jenkins, London 1919

Bailey, Thomas A., und Paul B. Ryan: *The Lusitania Disaster.* Free Press, 1975

Buchheim, Lothar-Günther: *Das Boot.* Verlag R. Piper & Co. München 1973

Busch, Harold: *So war der U-Bootkrieg.* Deutscher Heimat-Verlag, Bielefeld 1952

Campbell, Gordon: *Wir jagen deutsche U-Boote.* Bertelsmann-Verlag, Gütersloh 1937

Chatterton, E. Keble: *Q-Ships and Their Story.* Conway Maritime Press, London 1972

Clark, William Bell: *When the U-boats Came to America.* Little, Brown, 1929

Costello, John, und Hughes Terry: *Atlantikschlacht.* Gustav Lübbe Verlag, Bergisch Gladbach, 1978

Dönitz, Karl: *Zehn Jahre und zwanzig Tage.* Athenäum-Verlag, Bonn, 1958

Frank, Wolfgang: *Die Wölfe und der Admiral. Der Roman der U-Boote.* ‚Gerhard-Stalling-Verlag, Oldenburg 1953

Fritzsche, Hans: *Das Schwert auf der Waage.* Vohwinkel-Verlag, Heidelberg 1953

Gibson, R. H., und Maurice Prendergast: *The German Submarine War 1914–1918.* Richard R. Smith, 1931

Grant, Robert M.: *U-Boat Intelligence 1914–1918.* Archon Books, 1969

Gray, Edwyn: *The Killing Time.* Charles Scribner's Sons, 1972

Gretton, Peter: *Crisis Convoy. The Story of HX231.* Peter Davies, London 1974

Hashagen, Ernst: *U-Boote westwärts. Meine Fahrten um England 1914–1918.* Verlag E. S. Mittler & Sohn, Berlin 1931

Hoehling, A. A., und Mary Hoehling: *The Last Voyage of the Lusitania.* Henry Holt, 1956

Horton, Edward: *The Illustrated History of the Submarine.* Doubleday, 1974

Hoyt, Edwin P.: *From the Turtle to the Nautilus.* Little, Brown, 1963

Lewin, Ronald: *Ultra Goes to War.* McGraw-Hill, 1978

Macintyre, Donald:
The Naval War against Hitler. Batsford, London 1971
U-boat Killer. Weidenfeld & Nicolson, London 1956

McKee, Alexander: *Black Saturday.* Holt, Rinehart & Winston, 1959

Middlebrook, Martin: *U-Bootjagd auf die Geleitzüge SC122 und HX229.* Ullstein-Verlag, Frankfurt 1977

Neave, Airey: *On Trial at Nuremberg.* Little, Brown, 1978

Neureuther, Karl, und Claus Bergen (Herausgeber): *U-boat Stories.* Richard R. Smith, 1931

Preston, Antony: *U-boats.* Arms and Armour, London 1978

Prien, Günther: *Mein Weg nach Scapa Flow.* Deutscher Verlag, Berlin 1940

Reynolds, Clark G.: *Command of the Sea.* Robert Hale, London 1974

Robertson, Terence: *Night Raider of the Atlantic.* E. P. Dutton, 1956

Rohwer, J., und Hümmelchen, G.: *Chronik des Seekrieges 1939–1945.* Gerhard-Stalling-Verlag, Oldenburg 1968

Rohwer, J.: *Geleitzugschlachten im März 1943.* Motorbuch-Verlag, Stuttgart 1975

Roskill, S. W.: *The War at Sea, 1939–1945.* Vols. 1, 2. Her Majesty's Stationery Office, London 1976

Showell, Jak P. Mallmann: *U-Boote gegen England. Kampf und Untergang der U-Bootwaffe 1939–1945.* Motorbuch-Verlag, Stuttgart, 1974

Simpson, Colin: *Die Lusitania.* Fischer-Verlag, Frankfurt 1973

Snyder, Gerald: *The Royal Oak Disaster.* William Kimber, London 1976

Spiess, Johannes: *U-Boot-Abenteuer, Sechs Jahre U-Bootfahrten.* Steiniger, Berlin 1925

Spindler, Arno: *Der Handelskrieg mit U-Booten.* Bd. 1–5, Mittler u. Sohn, Berlin 1932, 1933, 1934, 1941 und 1966

Thomas, Lowell: *Ritter der Tiefe.* Deutsche Verlagsgesellschaft, Berlin 1931

Watts, A. J.: *The U-Boat Hunters.* Macdonald and Jane's, London 1976

Werner, Herbert A.: *Die Eisernen Särge.* Hoffmann & Campe-Verlag, Hamburg 1970

Winton, John (Hrsg.): *The War at Sea. 1939–1945.* Hutchinson, London 1967

Quellennachweis der Abbildungen

Die Quellen der Abbildungen sind unten nachgewiesen. Die Nachweise sind bei Abbildungen von links nach rechts durch Semikolons, von oben nach unten durch Gedankenstriche getrennt.

Einband: Henry Maitek, mit frdl. Genehmigung von Gerd Rose, Remscheid. Vorsatzblätter vorn und hinten: Zeichnungen von Peter McGinn.

Seite 3: Frank Lerner, mit frdl. Genehmigung von Herbert A. Werner. 6–11: Erich Lessing von Magnum, mit frdl. Genehmigung einer Privatsammlung. 12, 13: Tom Tracy, mit frdl. Genehmigung von Chris Rose. 14: Bundesarchiv, Koblenz. 16: Mit Genehmigung der British Library. ROY. 19.D1.Folio 37. 18: Foto Drüppel, Wilhelmshaven. 20: Imperial War Museum, London. 21: Mit frdl. Genehmigung von Greg Schröder – Norbert Nordmann, mit frdl. Genehmigung von Kapitän zur See Kurt Diggins und der Marine-Offiziers-Vereinigung, Bonn. 22, 23: Zeichnungen von John Batchelor. 24: Bildarchiv Preußischer Kulturbesitz, Berlin. 25: Library of Congress. 26: Brown Brothers. 27: Brown Brothers. 28, 29: *The Illustrated London News.* 31: Radio Times Hulton Picture Library, London. 33–35: Zeichnungen von John Batchelor, 37: Marineschule Mürwik, Flensburg/Mürwik. 38: Gemälde von Achille Beltrame, *Domenica del Corriere,* Mailand. 43: Mit Genehmigung von Her Majesty's Stationery Office, London. 44: Library of Congress. 46, 47: Zeichnungen von John Batchelor. 49: Radio Times Hulton Picture Library, London. 50, 51: Library of Congress. 52, 53: Imperial War Museum, London. 56, 57: Charles Phillips, mit frdl. Genehmigung des U.S. Naval Academy Museum. 59: Karte von Bill Hezlep. 60: Naval Historical Center. 62: Imperial War Museum, London. 64, 65: Bildarchiv Preußischer Kulturbesitz, Berlin – Tom Tracy, mit frdl. Genehmigung der Hoover Institution on War, Revolution and Peace, Stanford University. 67: National Archives. 69: Aus *Mein wechselvolles Leben* von Karl Dönitz, mit frdl. Genehmigung des Muster-Schmidt-Verlages, Göttingen. 70: Zeichnungen von John Batchelor. 74, 75: National Archives. 76, 77: Foto Urbahns, Eutin; Einsatzbild, Süddeutscher Verlag, Bilderdienst, München. 78: Henry Maitek, mit frdl. Genehmigung der Bibliothek für Zeitgeschichte, Stuttgart. 80: Wide World Photos. 85: Bibliothek für Zeitgeschichte, Stuttgart. 87: Derek Bayes, mit frdl. Genehmigung von John Costello, London. 88: Bundesarchiv Koblenz. 92: Fox Photos, London. 94: Sammlung Dr. Bernartz, Deutsches Schiffahrtsmuseum, Bremerhaven. 97: Karte von Bill Hezlep. 100: Deutsches Schiffahrtsmuseum, Bremerhaven. 101: Foto Urbahns, Eutin. 102, 103: Lothar-Günther Buchheim, Feldafing. 104, 105: Lothar-Günther Buchheim, Feldafing, außer oben links, B. L. Davis Collection, London. 106, 107: Archives Tallandier, Paris – Hoover Institution on War, Revolution and Peace, Stanford University; Ullstein Bilderdienst, Westberlin. 108, 109:

Bundesarchiv, Koblenz. 112: Erwin Böhm, mit frdl. Genehmigung des Bundesarchivs, Koblenz. 115: Bundesarchiv, Koblenz – Deutsches Schiffahrtsmuseum, Bremerhaven. 117: Wehrgeschichtliches Museum, Rastatt – B. L. Davis Collection, London; Ullstein Bilderdienst, Berlin (West). 119: Imperial War Museum, London. 120: Zeichnungen von Peter McGinn. 124–129: Zeichnungen von Roy Andersen. 130: U.S. Navy, National Archives. 131, 132: Bundesarchiv, Koblenz. 133: Erwin Böhm, mit frdl. Genehmigung der Bibliothek für Zeitgeschichte, Stuttgart. 134: Bundesarchiv, Koblenz. 135: National Archives. 137: Erwin Böhm, aus *Signal,* mit frdl. Genehmigung der Bibliothek für Zeitgeschichte, Stuttgart. 138, 139: Bundesarchiv, Koblenz. 140: Sammlung Jacques Alaluquetas, Paris – Deutsches Schiffahrtsmuseum, Bremerhaven. 141: B. L. Davis Collection, London – Sammlung Jacques Alaluquetas, Paris. 142: Frank Lerner, mit frdl. Genehmigung von Herbert A. Werner – Bundesarchiv, Koblenz (2). 143: B. L. Davis Collection, London. 144, 145: Imperial War Museum, London. 148: The Honorable Mr. Justice Sheen, Richter am Admiralty Court, London – Bundesarchiv, Koblenz. 150: Mit frdl. Genehmigung der CRYPTO AG, Zug. 152, 153: Imperial War Museum, London. 155: Charles Phillips, mit frdl. Genehmigung des U.S. Army Center of Military History. 157: National Maritime Museum, London. 158: Bundesarchiv, Koblenz. 159: UPI. 161: Zeichnung von John Batchelor. 163: Imperial War Museum, London. 164: Süddeutscher Verlag, Bilderdienst, München. 165–167: Imperial War Museum, London. 168, 169: U.S. Navy, National Archives. 170, 171: Wide World Photos.

Danksagungen

Das Register dieses Buches wurde von Gale Partoyan erstellt. Die Herausgeber sind folgenden Künstlern und Beratern zu Dank verpflichtet: Roy H. Andersen, Künstler, und Karl-Wilhelm Grützemacher, Berater (Seiten 124–129); John Batchelor, Künstler, und Antony Preston, Berater (Seiten 22–23, 33–35, 46–47, 70); Thomas O. Paine, Berater (Seite 161); Bill Hezlep, Künstler, und Karl-Wilhelm Grützemacher, Berater (Seite 97); Peter McGinn, Künstler (Seite 120 und Karten auf den Vorsatzblättern).

Der besondere Dank der Herausgeber gilt: In den Niederlanden: Den Helder – Korvettenkapitän Philip Bosscher, Dozent an der Königlich Niederländischen Marineakademie. In der Schweiz: Zug – Kirk Kirchhofer. In der Bundesrepublik Deutschland: Bonn – Kapitän zur See a. D. Kurt Diggins; Wilhelm Baumann, Karl August Hüpper, Klaus Schubert, Marine-Offiziers-Vereinigung; Aumühle – Großadmiral a. D. Karl Dönitz; Berlin – Dr. Roland Klemig, Heidi Klein, Bildarchiv Preußischer Kulturbesitz; Axel Schulz, Ullstein Bilderdienst; Bremerhaven – Arnold Kludas, Bibliothekar, Deutsches Schiffahrtsmuseum; Koblenz – Dr. Matthias Haupt, Bundesarchiv; Köln – Dr. Hanswilly Bernartz, Inge Sturm-Prien; Düsseldorf – Jochen Brennecke; Essen – Martin Weber, Presseabteilung Fried. Krupp; Feldafing – Lothar-Günther Buchheim; Freiburg – Dr. Gerd Sandhofer, Bundesarchiv; Hamburg – Dr. Jürgen Meyer, Altonaer Museum; Jochen Ahme, Deutscher U-Bootfahrer Verband; Kiel – Admiral a. D. Eberhard Godt; München – Ulrich Frodien, Süddeutscher Verlag, Bilderdienst; Georg Högel; Mürwik – Franz Hahn, Bibliothekar, Marineschule; Oberwinter – Konteradmiral a. D. Erich Topp; Oldenburg – Hans Wessels; Rastatt – Henning Volle, Ulrich Schiers, Kuratoren, Wehrgeschichtliches Museum; Remscheid – Gerd Rose; Stuttgart – Dr. Jürgen Rohwer, Direktor der Bibliothek für Zeitgeschichte. In Belgien: Brüssel – Jean Lorette, Leitender Kurator des Armeemuseums; Korvettenkapitän Philippe van der Stichelen, Belgische Luftwaffe. In Großbritannien: London – Terry Hughes; J. Lucas, E. Hine, M. Willis, J. Pavey, Department of Photographs, D. Nash, Department of Printed Books, J. Simmonds, Art Department, Imperial War Museum; P. Russell, Lloyd's Register of Shipping; Joan Moore, Photographic Sales Department, National Maritime Museum; David Brown, M. W. Thirkettle, Alan Francis, Naval Historical Branch; M. Willis, Radio Times Hulton Picture Library; Karl Heinz Wahnig; Guildford – N. T. Davies; Maidenhead – J. Adams Newton, Commonwealth War Graves Commission; Portsmouth – Richard Kerr; Chief Petty Officer Knibbs, RN, Submarine Museum, H.M.S. *Gosport;* Kapitänleutnant R. S. C. Robinson, RN, H.M.S. *Vernon;* Sherborne – Konteradmiral a. D., RN, B. C. J. Godfrey Place, V.C., D.S.C.; Telford – Jak P. Mallmann Showell; Winchester – Martin Brice; Stenness, Orkney – Peter Leith. In Kanada: Vancouver – Ed Ogle, Chris S. V. Rose. In Frankreich: Paris – Jaques Alaluquetas; Hervé Cras, Direktor für Historische Studien, Denise Chaussegroux, Geschichtsforscherin, Marjolaine Mathikine, Musée de la Marine. In Italien: Rom – Kapitänleutnant Flavio Serafini, Marineministerium; Gräfin Maria-Fede Caproni, Museo Caproni; Bologna – Arrigo Barilli.

Der Dank der Herausgeber gilt auch: In den Vereinigten Staaten: Washington, D.C. – Jerry L. Kearns, Leiter der Reference Section, Prints and Photographs, Elena Millie, Kuratorin für Posters, Library of Congress; Donald S. Lopez, Assistant Director for Aeronautics, Robert C. Mikesh, Curator of Aircraft, National Air and Space Museum; James Trimble, Bureau of Ships, Harry Rilley, Modern Military Branch, William Leary, Paul White, Still Pictures, National Archives; Charles R. Haberlein jr., Agnes Hoover, Photographic Section, John C. Reilly jr., Ships History, U.S. Naval Historical Center; Brielle, New Jersey – Herbert A. Werner; Carrollton, Texas – Robert C. Stern, Squadron/Signal Publications; Cicero, Illinois – Greg Schröder; Groton, Connecticut – Carl H. Hochstetler, Direktor, Terry Cass, Bibliothekar, Submarine Force Library and Museum, Naval Submarine Base; Los Angeles, California – Korvettenkapitän a. D. USN Donald D. Foulds, Northrop Corporation; New York, New York – John E. Costello; Nashville, Tennessee – Gerald W. George, Direktor, American Association for State and Local History; Salem, Massachusetts – The Peabody Museum of Salem; Upper Montclair, New Jersey – Hellmuth Walter.

Besonders wertvolle Quellen für Zitate waren: *When the U-boats Came to America* von William Bell Clark, Little, Brown and Company, 1929; *The Killing Time* von Edwyn Gray, Charles Scribner's Sons, 1972; *Die Lusitania* von Colin Simpson, Fischer-Verlag, 1973; *The Royal Oak Disaster* von Gerald Snyder, William Kimber, 1976; und *Die Eisernen Särge* von Herbert A. Werner, Hoffmann und Campe-Verlag, 1970.

Register

Kursiv gedruckte Seitenzahlen verweisen auf eine Abbildung zu dem betreffenden Stichwort